돈은 중요하다! 돈은 사랑의 대상을 넘어 경배의 대상이 되기까지 한다. 게다가 부모와 경험과 문화를 통해 습득된 돈에 대한 우리의 태도는 어지간한 교회의 가르침 앞에서 난공불락의 요새다. 저자의 말대로, 우리가 하나님과 맺는 관계가 어느 정도는 우리가 돈을 다루는 방식에 의해 형성된다는 점을 생각할 때, 우리는 돈에 대해서 더 진지해져야 하고 돈이 가지는 영적인 성격과 권세를 성경의 렌즈로 파악할 수 있어야 한다. 이 책은 그 수고를 감당하려는 당신을 위한 책이다. 돈에 대한 뿌리 깊은 이원론을 배격하는 기독교 세계관의 관점에서 균형 있게 접근한다는 점에 이 책의 장점이 있다. 돈 앞에 무릎을 꿇은 듯 보이는 한국교회 속 참된 성도들과 동료 목회자들에게 일독을 권한다. 그리고 하나님의 것으로 하나님을 섬기는, 하나님께 부요한 인생들이 되기를!

김형익 벧샬롬교회 담임목사, 『은혜와 돈』 저자

가장 일상적이면서도 무척 다루기 힘든 주제인 '돈'에 대한 일상생활의 신학적 성찰(theological reflection)의 정수를 보여 주는 책이다. 저자들의 돈과 관련한 성경 본문 해석과 역사적·사회적 분석은 예리하며 특히 동양과 서양의 관점을 대조하는 대목이 돋보인다. 남성과 여성의 돈에 대한 관점의 비교, 암호화폐에 대한 언급, 모금하는 삶에 대한 통찰 등은 매우 흥미롭다. 단언하건대, 일상생활과 관련한 책의 저자 이름에 '폴 스티븐스'가 있다면 어떤 책이든지 선택하는 데 전혀 주저할 필요가 없다.

지성근 일상생활사역연구소 및 미션얼닷케이알 대표

고대에 돈의 출발점이 상인이 아니라 성전이었음을 상정하고, 돈의 세속적 사용뿐 아니라 성스러운 사용을 제안하면서, 두 저자는 우리의 삶에서 이처럼 중요한 차원을 바라보는 개인적·역사적·철학적·신학적 시각들로 다채로운 모자이크를 만들어 낸다. 세상을 부정하는 기독교가 아니라 세상을 형성하는 기독교를 살아 내기 위해 애쓰는 신앙 공동체들에서, 중요하지만 자주 홀대당하는 주제를 다루는 이 책이 모든 교회의 소그룹에서 읽고 논의되길 바란다.

찰스 링마 Hear the Ancient Wisdom 저자

마음으로 배우는 것은 가장 중요한 것들에 관해 배우는 가장 깊고 진실한 길이다. 그리고 바로 그것이 클라이브 림과 폴 스티븐스의 이 새 책이 주는 훌륭한 선물이다. 그들은 자신들의 삶의 이야기를 들려줌으로써 우리가 돈의 의미에 관해 더 신중하고 비판적으로, 그리하여 더 그리스도인답게 생각할 수 있게 해 준다. 첫 장부터 우리는 문화적·역사적 시각들과 통합적으로 연결된 성경적이며 신학적인 흔치 않은 통찰력에서 나오는 그들의 지혜와 경험에 은혜를 받는다. 이 모든 것은 두 사람이 일 세계에서 보낸 수십 년 생애와 긴밀하게 얽혀 있다. 이 책에서, 이 탁월한 두 스승은 전 세계의 진지한 사람들이 돈에 대해 씨름하는 가장 도전적인 질문들과 가장 어려운 사안들, 그리고 그 문제가 그토록 중요한 이유를 다룬다.

스티븐 가버 The Seamless Life 저자

하나님 나라를 염두에 두고 지상의 부를 다루는 데 관심이 있는 이들이라면 꼭 읽어야 할 필독서다. 성경적 기초와 신학적 기초를 통합함으로써, 돈의 영적인 뿌리와 하나님의 계획에서 우리의 청지기적 역할을 일깨워 주며, 돈을 사용하는 데서 하나님을 진정으로 영화롭게 하려는 우리의 창조성에 불을 지핀다.

윌리엄 첸 홍콩 Crown Financial Ministries 대표

폴과 클라이브는 돈에 관한 훌륭한 연구를 통해, 아주 오래되었지만 열악하게 이해되어 온 이 주제에 대한 새로운 깊이의 성경적 이해를 발견하도록 도와준다. 이들의 박식한 학문적 열정은 돈에 대한 견실한 성경적 해석을 가능하게 한다. 이 책이 일깨워 주는 것처럼, 돈은 영혼의 지표다. 그러나 설교자들은 십일조와 헌금 같은 명백한 주제 외에는 돈에 대해 거의 주의를 기울이지 않는다. 많은 신자들이 몇몇 오류에 빠지는 것도 놀랍지 않다. 특히, 성과 속을 가르는 이원론이 그렇다. 폴과 클라이브는 기독교 세계관을 왜곡시켜 온 이러한 분열을 설득력 있게 무너뜨리며, 돈을 중립적으로 보는 널리 통용되는 시각에도 의문을 제기한다. 이 책은 신도들이 돈에 대한 통합적 이해를 갖추고, 이 중요한 주제에 대한 오류들을 제거하도록 도와주는 꼭 필요한 자원이다.

조지 리 싱가포르 Gatekeepers 전국 대표

신앙-일-경제 운동에서 폴 스티븐스만큼 영향력 있는 사람은 드물다. 종교적 믿음과 경제적 활동의 교차점에 대한 그의 전설적인 책들은 세대를 이어 일터의 그리스도인들을 계속해서 격려하고 도전한다. 이제, 우리 수고의 열매를 독특하고 흥미로운 시각으로 바라보는 이 책에서, 폴 스티븐스는 공저자 클라이브 림과 함께 새로운 영역을 모험한다. 이들은 자신들의 인생 이야기로 시작하여, 부에 대한 문화적 서사와 성경적 서사를 양쪽 모두 깊이 있게 들여다보면서, 그와 함께 고삐 풀린 자본주의와 '건강과 부의 복음'이라는 우상을 둘 다 무너뜨린다. 이 책의 근본적 핵심은 돈이 도덕적으로 중립적이지 않으며, 하나님은 우리가 돈과 맺는 관계에 매우 관심이 있으시다는 대담한 주장일 것이다. 어느 쪽이든, 맘몬을 제자리에 돌려놓고 하나님 나라의 목적을 위해 활용하기를 소망하는 이들이 반드시 읽어야 할 이 책은 의심의 여지 없이 신앙-일-경제 영역의 또 다른 고전이 될 것이다.

케네스 반스 *Redeeming Capitalism* 저자

폴 스티븐스와 클라이브 림은 독자들을 개인적 성찰로 이끌어 돈을 "합당한 제자리에 두고, 돈을 다루는 것과 관련해 일관성을 가지고 행동할 수 있게" 하고자 한다. 그들은 이 목적을 아주 잘 달성했다. 모든 진지한 그리스도인은 돈에 대한, 특히 돈을 다루는 것에 대한 개인적 견해를 갖고 있어야 한다. 두 저자는 자신들의 (연령, 훈련, 소질, 성장 배경, 인종 등에서) 상이한 경험과 전문성을 조합하여, 역사적·동시대적·사회적·신학적 각도에서의 관점들과 관련 사안들을 조사하는 과정에서 서로를 편안하게 보완해 준다. 책에서 다루는 주제들은 훌륭하게 선별되었으며 적실하다. 그리고 이 책은 쉽게 읽힌다. 한 자리에서 서너 시간 만에 다 읽을 수도 있고, 제기되는 문제들을 성찰하고 공부하고 미주까지 꼼꼼하게 읽으면서 며칠에 걸쳐 읽을 수도 있다. 그런 까닭에 이 책은 모든 사람에게 유용하다!

호펑키 싱가포르 전 장관

이 책은 돈에 관한 가장 적실하고 광범위한 논의를 제공한다고 단언한다. 개인적이고 깊이 있는 이 책에서, 스티븐스와 림은 수십 년간의 사업 경험 이야기를 깊은 신학적 성찰과 함께 나누어 준다. 그들은 우리가 돈과 맺는 관계가 어떻게 우리의 정체성에 스며들고, 우리의 사업체와 기관 운영 방식을 결정하며, 우리가 정말 가치 있게 여기는 것을 드러내는지 보여 준다. 종종 혼란스럽고 소홀히 여겨지는 주제에 대하여, 이 책은 강력하고 삶을 변화시키는 방식으로 명료성과 소망을, 그리고 하나님 나라를 위해 의식적으로 살아가라는 도전을 제공한다. 돈에 관한 책이 이처럼 영감을 불러일으킬 줄을 누가 상상이나 했겠는가?

데이브 헤이테그 *Good Work* 저자

돈에 대해 **기독교적으로** 사고하는 것은 동서양을 막론하고 오늘날 그리스도를 따르는 이들이 직면한 가장 중요하면서도 가장 어려운 도전 가운데 하나다. 림과 스티븐스는 동양과 서양의, 서로 매우 다른 개인적 서사 안에서 돈에 대한 논의를 시작함으로써, 이 책을 읽는 이들에게 오늘날 돈이 우리의 삶에서 맡고 있는 무소부재의 역할에 대한 수많은 중요한 통찰뿐만 아니라 지혜를 선사한다.

크레이그 게이 Modern Technology and the Human Future 저자

나는 클라이브처럼 싱가포르에서 가난하게 자랐고, 한동안 폴처럼 북미에 살면서 그곳의 풍족함을 목격했다. 돈처럼 논쟁적인 사안에 대하여 그토록 대조적인 동양과 서양의 세계관을 하나로 엮어 내는 두 저자가 우리에게 있다는 것은 실로 큰 선물이다. 분명한 성경적 관점으로 훈련된 그들의 경험과 통찰은 이원론과 자본주의 그리고 무엇보다 번영복음에 있는 수많은 균열들을 철저하게 검토해 볼 수 있는 값진 기회를 준다. 하나님과 돈을 동시에 섬길 수는 없지만, 이 책은 돈으로 하나님을 섬길 수 있도록 우리의 마음과 생각을 열어 줄 것이다.

데이비드 웡 Finishing Well Ministries 지도자 멘토

돈은 중요하다

IVP(InterVarsity Press)는
캠퍼스와 세상 속의 하나님 나라 운동을 지향하는
IVF(InterVarsity Christian Fellowship)의 출판부로
생각하는 그리스도인을 위한 문서 운동을 실천합니다.

© 2021 R. Paul Stevens and Clive Lim
Originally published in English as *Money Matters*
by Wm. B. Eerdmans Publishing Co.
4035 Park East Court SE, Grand Rapids, Michigan 49546, USA.
All rights reserved.

This Korean translation edition © 2022 by Korea InterVarsity Press
156-10 Donggyo-ro, Seoul 04031, Republic of Korea.
This Korean edtion is published
by arrangement of Wm. B. Eerdmans Publishing Co.
through rMaeng2, Seoul, Republic of Korea.

이 한국어판의 저작권은 알맹2를 통하여
Wm. B. Eerdmans Publishing Co.와 독점 계약한 IVP에 있습니다.
신 저작권법에 의하여 한국 내에서 보호받는 저작물이므로
무단 전재와 무단 복제를 금합니다.

돈은 중요하다

거룩하게, 가치 있게, 슬기롭게

폴 스티븐스 · 클라이브 림 백지윤 옮김

Ivp

우리의 인생 여정에서,

특히 돈, 영성, 일상의 실천과 관련한 여정에서

우리와 동행해 준,

하나님이 허락하신 감사하고 복된 반려자

미셸(클라이브의 아내)과 게일(스티븐스의 아내)에게

이 책을 바칩니다.

차례

서론   13

1장 가난하게 자란 클라이브의 이야기   23

2장 유복하게 자란 폴의 이야기   45

3장 거룩한 돈: 간략한 역사 그리고 돈을 다루기가 그토록 힘든 이유   67

4장 하나님과 황제에게 바치기: 이원론의 단순하지 않은 종말   89

5장 자본주의와 슬기롭게 씨름하기   111

6장 돈으로 영원한 친구 사(귀)는 법   133

7장 돈이 '말하는' 이유: 돈의 사회적 가치   155

8장 결국 누구의 돈인가   179

9장 건강과 부의 복음   199

10장 하늘에 투자하기   221

성찰과 토론을 위한 질문   243

주   251

참고 문헌   275

인명 및 주제 찾아보기   285

성경 찾아보기   297

우리가 예배하는 신들은 자신의 이름을 우리 얼굴에 새긴다는 것을 분명히 알라.…우리는 우리의 경배가 마음속 어두운 구석에서 은밀히 드려진다고 생각하겠지만, 그것은 밖으로 드러날 것이다. 우리의 상상력과 우리의 생각을 지배하는 바로 그것이 우리의 삶과 성품을 결정할 것이다. 따라서 우리가 무엇을 예배하고 있는지에 주의를 기울이는 것이 마땅하다. 우리는 우리가 예배하는 바로 그것이 되어 가고 있기에.

- 개혁 유대교 기도서 『기도의 문』(Gates of Prayer)[1]

서론

돈은 어째서 그토록 모든 것의 중심에 있고, 그토록 편재하며, 그토록 매력적이고, 그토록 강력해서, 다들 "돈이 최고다"(money talks)라고 이야기하는가? 이 책은 이것을 밝히고자 하며, 특별히 돈을 어떻게 지혜롭게, 그리고 심지어 구속적으로 사용할 수 있는지 알아보고자 한다. 그런데 어째서 이 임무를 두 명의 저자가 맡았는가?

이 책은 동양과 서양을 아우른다. 클라이브 림은 싱가포르 출신으로, 기업가로 일하면서 비전임 신학 교육자로도 섬기고 있다. 폴 스티븐스는 캐나다 밴쿠버 출신이며, 교회 목회를 했고, 목수였으며, 사업을 운영했고, 최근에는 일터신학(marketplace theology) 교수였다. 우리는 우리 자신의 이야기, 즉 가난하게 자란 클라이브와 유복하게 자란 폴의 이야기로 책을 시작한다. 우리는 모두 돈과 관련해 나름의 여정을 걷고 있으며, 그 모든 여정은 가족과 출신지 문화 그리고 (우리가 살펴보겠지만) 신앙의 유무에 영향을 받기 때문이다.

폴이 사는 서양에서는 성(性)에 대해 자유롭게 말한다. 때로는 하나님과의 관계에 대해서도 어느 정도 이야기할 수 있겠지만, 돈은 침묵을 지켜야 하는 최후의 보루다. 무화과나무 잎(창 3:7)이 지갑을 가리고 있다. 클라이브가 사는 동양에서는 가장 쉽게 말할 수 있는 주제가 돈이다. 휴가에서 돌아왔다면 이런 질문을 받는다. "얼마나 썼어?" 누군가의 집에 초대받아 가면 이렇게 물을 것이다. "집 진짜 좋다. 얼마야?" 새로운 직장에 취직했다면 이런 질문이 따라온다. "월급은 얼마나 받아?" 동양에서 무화과나무 잎은 음부를 철저히 가리고 있다. 따라서 우리는 이러한 문화적 차이를 살펴볼 것이다. 오늘날 우리는 모두 전 지구적 문화와 전 지구적 경제 안에 살고 있기 때문이다.

돈이 사회 전체의 생산성에서 결정적 차원일 뿐 아니라 개인의 일상에서도 중요한 부분을 차지한다는 것은 새삼 확인하지 않아도 된다. 예수님도 기도와 천국에 대해서보다 돈에 관해 더 많이 말씀하신 것을 보면, 이것을 이해하셨던 것이 분명하다. 그 이유는 명백하다. 돈은 마음을 사로잡는다. 중립적이지 않다. 하나의 권력이다. 방사능처럼 위험한 사안일 수 있다. 우리는 돈을 소유하고 싶어 하지만, 돈도 우리를 소유하고 싶어 한다. 동시에, 돈은 영혼의 바로미터다. 돈은 우리가 가치 있게 여기는 것, 우리의 안전을 보장해 준다고 여기는 것, 그리고 우리가 예배하는 것이 무엇인지를 말해 준다. 그렇다. 돈은 문젯거리다. 그러나 또한 복이며, 심지어 성례전(sacrament)이기도 하다. 이에 대해 알아보기 위해, 우리는 우리 자신의 이야기를 하고자 한다.

훑어보기

처음 두 장에서 우리 자신의 돈 이야기를 일부 들려준 후에, 3장에서는 돈의 종교적 역사로 뛰어들어 돈이 처음부터 성전 및 성물들과 어떻게 연계되어 있었는지 살펴볼 것이다. 그런 다음 4장에서는 예수님의 슬기로운 말씀을 통해, 돈의 역사에서 출현한 한 가지 결정적 차원을 검토할 것이다. 바로, 우리가 돈을 다룰 때 단일한 시각과 통일된 양심을 가질 수 있는지 여부다. 우리는 예수님의 진술을 더 깊이 살펴보면서, 그것을 토대로 황제에게 바치는 것(이 세상에서 우리의 경제적 의무)과 하나님께 바치는 것이 **동시에** 가능한지 물을 것이다. 그 후에는 한 걸음 물러나 돈과 관련된 더 큰 그림, 즉 전체적인 화폐 제도를 살펴보면서 우리가 자본주의를 어떻게 다룰 수 있을지 물을 것이다. 5장은 세계를 지배하는, 그리고 많은 이들에게 종교의 한 형태가 되어 버린 이 제도에 대한 기본 고찰이라 할 수 있다.

6장에서는 다시 개인적인 차원에 초점을 맞추어, 우리를 천국으로 맞이할 영원한 친구를 사귀는 데 돈을 쓰라고 말씀하시는 예수님의 다소 터무니없는 비유를 살펴볼 것이다. 분명 우정은 돈으로 살 수 없는데, 그렇다면 예수님이 무엇을 의미하신 것일까? 그런 다음 7장에서는 다시금 광각으로 돈을 바라보면서, 우리가 돈을 다루는 방식이 성별과 동서양의 문화적 가치들을 어떻게 드러내는지, 그리고 돈의 출처에 따라 우리가 어떻게 좋은 돈과 나쁜 돈, 거룩하거나 세속적인 돈을 구분하는 경향이 있는지 등 사회적 가치를 살펴볼 것이다. 이 장은 요즘 떠오르는 암호화폐에 대한 짧은 언급으로 끝난다. 그러나 이 모든 고찰은 8장에서 청지기 역할의 문제를 제기한다. 청지기 역할은 다른 사람들의 유익을 위해 뭔가를 위탁받는 것에 대한 포괄적 개념이기 때문이다. 따라서 우리는 하나님이 우리의 돈을 포함한 모든 것의 주인이시라는 진리가 함축하는 의미와, 그렇다면 돈과 관련해 어떻게 살아야 하는지를 탐색할 것이다. 그리하여 8장은 기독교 사역자를 위한 재정 후원을 포함하여, 교회와 교회의 청지기 역할에 대한 몇 가지 고찰로 마무리될 것이다.

이는 전 세계의 교회에서 돈과 관련된 매우 중요한 운동인 건강과 부의 복음을 평가하는 9장으로 이어진다. 여기서 우리는 우리의 신앙이 이번 생에서 우리를 부유하게 만들어 줄 수 있는지 숙고한다. 마지막 10장은, 우리가 하늘에 투자하는 것을 통해 다음 생에 부유해질 수 있는 방법을 제안할 것이다. 어떻게 하늘에 투자할 수 있냐고? 바로 그것이 우리가 이 책에서 떠나는 여정이다.

이 책에서 기대할 수 있는 것

이 책에서 여러분은 돈이 무엇을 의미하는지, 돈이 무슨 일을 하는지, 돈이 할 수 없는 일이 무엇인지에 대한 분명한 이해를 얻을 것이다. 돈이 어디서 왔는지도 알게 될 것이다. 또한, 우리가 돈과 맺는 관계는 우리 영성의 외부에 있지 않으며, 매우 인격적이고 계시적임을 보게 될 것이다. 돈은 마음을 드러내고, 사람들을 사로잡고, 우리가 흔히 사용하는 '전능한 돈'(the almighty dollar)라는 표현이 암시하듯 우리 마음에 거의 신적인 소유권을 주장한다. 또한 여러분은 거대한 경제 체제가 어떻게 작동하는지, 그것은 어떻게 수정될 필요가 있는지, 그러나 동시에 그것이 어떻게 수백만의 사람들을 가난에서 구제해 주었는지, 그러는 동안 유감스럽게도 빈부간 격차를 어떻게 벌려 놓았는지도 이해하게 될 것이다. 그리고 성경이 돈에 관해 아주 특별한 관점을 제공한다는 것과 그에 대한 우리의 합당한 반응이 무엇일지 발견할 것이다. 그런데 성경의 관점은 한 가지 문제를 제기한다. 앞에서 우리는 돈이 복이고, 성례전이고, 문젯거리라고 말했다. 여기 그 이유가 있다.

돈에 대한 성경의 모호함

구약 혹은 구체적으로 히브리 성경은 부를 주로 복으로 제시한다.

성경은 이스라엘 백성에게 순종에 대한 보상으로 물질적 복을 약속한다. "당신들이 주 당신들의 하나님의 말씀을 귀담아 듣고…그 모든 명령을 주의 깊게 지키면…주님께서는 그 풍성한 보물 창고 하늘을 여시고…당신들이 하는 모든 일에 복을 주실 것입니다"(신 28:1, 12). 아브라함, 이삭, 야곱은 솔로몬왕 및 욥과 마찬가지로 재물의 복을 받았다. 그러나 이러한 구약의 '성인들'은 자신들이 부유하기 때문에 하나님을 찬양하는 이들과는 달리(슥 11:5), 자신들의 부가 아닌 하나님을 의지하는 사람들이었다. 돈, 특히 많은 돈은 복과 도움을 가져오는 일종의 성례전이며, 전도자가 말하듯 "하나님이 사람에게 주신 선물"이다(전 5:19). 그러나 그 동일한 전도자 ['에클레시아스테스'(ekklesiastēs)는 공동체의 지도자를 의미한다]는 자신이 하나님과 함께했던 삶과 함께하지 않았던 삶을 돌아보면서, 모순어법처럼 보이는 두 개의 기이한 문장을 쓴다. "돈은 만사를 해결한다"(전 10:19)와 "돈 좋아하는 사람은, 돈이 아무리 많아도 만족하지 못[한다]"(5:10). 제이콥 니들먼(Jacob Needleman)은 『돈과 삶의 의미』(*Money and the Meaning of Life*, 고려원)에서 다음과 같은 통찰력 있는 말을 한다. "돈으로는 우리가 원하는 거의 무엇이든 살 수 있다. 문제는 우리가 돈으로 살 수 있는 것들만 원하는 경향이 있다는 것이다."[2]

따라서 구약성경은 재물의 복에 대해 말하는 동시에, 재물 자체를 위해 재물을 추구하는 것이 자기 파괴적인 독립성으로 이끄는 헛되고 파괴적인 일이라고 단언한다(잠 30:8-9).[3] 부는 만족하는 법이 없다(전 5:10). 그래서 이 책의 9장에서 건강과 부의 복음을 다룰 때, 우리는 이스라엘에게 주셨던 하나님의 약속을 오늘날 그리스도인들에게 즉각적으로 또한 완전하게 적용할 수 있다는 이 운동의 주장이 우리를 향한 하나님의 가장 깊은 관심을 어떤 식으로 잘못 해석하는지 보여 줄 것이다. 구약성경에 따르면 돈은 복이고, 성례전이며, 문젯거리다. 성서신학자 크레이그 블롬버그(Craig L. Blomberg)는 두 진술을 이런 식으로 요약한다. "그렇다면 하나님의 복의 표지로서의 부와 사람의 수고에 대한 보상으로서의 부는, 대부분 신약성경으로는 이어지지 않는 구약성경 가르침의 주요한 두 줄기다."[4] 그는 적절하게 이렇게 덧붙인다. "그처럼 경건에 대한 물질적 보상을 상정하는 언약 모델은 예수님의 가르침에서 단 한 번도 다시 등장하지 않을 뿐더러, 계속해서 명시적으로 반박된다."[5] 따라서 신약성경에서는 '문젯거리로서의 부'라는 측면이 더 깊이 다루어진다.

사도 바울은 경고한다. "그러나 부자가 되기를 원하는 사람은 유혹과 올무와 여러 가지 어리석고도 해로운 욕심에 떨어집니다. 이런 것들은 사람을 파멸과 멸망에 빠뜨립니다. 돈을 사랑하는 것이 모든 악의 뿌리입니다"(딤전 6:9-10). 예수님도 돈에 대해 많이 말씀하셨고, 세상의 부를 추구하는 것이 마음에 영향을 끼친다고 말씀하셨다. "너의 보물이 있는 곳에, 너의 마음도 있을 것이다"(마

6:21). 가장 도전적인 대목은, 예수님이 어떤 이들에게 하늘의 보물을 얻으려면 가진 것을 전부 팔아서 가난한 사람들에게 주라고 요구하시는 부분이다(마 19:21을 보라). 우리는 이 도전적인 말씀들을 탐색할 텐데, 이 과정에서 우리는 어제와 오늘 그리고 영원히 돈을 연구할 때 적용되는 가장 중요한 관점을 가지고 임할 것이다.

하나님 나라의 관점

돈을 포함하여 삶의 모든 사안을 바라보는 예수님의 변혁적 관점은 현재와 미래에 침입하는 하나님 나라다.[6] 하나님 나라의 도래는 예수님을 지배한 생각이었다. 사복음서에서 예수님은 이에 대해 백 번 이상 말씀하신다. 이것은 그분이 돈을 보는 방식, 즉 돈을 추구하는 것과 투자하는 것 양쪽 모두를 보는 방식에 근본적으로 영향을 끼쳤다. 예수님이 선포하신 복음은 영혼 구원의 복음이 아니라, 하나님 나라가 왔으며 역사의 종말에 온전히 올 것이라는 좋은 소식이었다. 그 나라는 가장 깊은 의미에서 인간의 번영과 변혁을 가져오는, 이 세상에 대한 하나님의 개입이다. 블롬버그는 예수님이 행하신 사역의 핵심을 간명하게 요약한다.

> 하나님의 역동적 통치는 [예수님의] 인격과 사역을 통해 새롭고 결정적인 방식으로 인간 역사 안으로 침투해 들어왔고⋯하나님은 모

든 인류에게 의도하신 것이자 언젠가 새 시대에 완벽하게 창조하실 것을 현재에 부분적으로나마 드러낼 수 있는 자기 백성의 새로운 공동체를 창조하고자 하신다.⁷

따라서 하나님 나라를 말하는 한 가지 방법은 이것이다. **하나님의 새로운 세상이 온다**(지금 오고 있으며 또한 궁극적으로 나중에 올, 여기 있으며 또한 장차 올). 그것은 영혼으로 시작하지만, 결국 우리가 돈을 사용하는 것을 포함하여 모든 것을 아우른다.

'나라'라는 표현이 언제나 사용되지는 않더라도, 하나님 나라는 성경 전체를 통합하는 주제다. 처음부터 하나님은 자신의 창조 세계 전체에 통치권을 행사하고자 의도하셨다. 창조 이야기에서, 하나님은 하나님의 형상을 지닌 피조물(인간)에게, 모든 생명과 모든 창조세계를 위한 그러한 목적에 살을 입히는 임무를 위임하셨다. 구약 교수 브루스 월키(Bruce Waltke)는 그것을 이렇게 표현한다. "나는 '아담'(adam, 즉 인간)이 하나님 나라를 건설하기 위해 창조되었다고 주장한다."⁸ 죄가 그러한 계획을 망쳐 놓았지만, 은혜는 모든 사람들과 모든 창조세계에 변혁을 가져오시려는 하나님의 의도를 대부분 회복시켰다.

따라서 우리는 몇 가지 질문을 던져야 한다.

하나님 나라와 대립하는 상황 안에 있을 때, 우리는 어떻게 하나님 나라의 방식으로 돈을 사용할 수 있는가? 돈은 원래 하나님에 의해, 하나님을 위해 만들어졌지만, 스스로 자율적 생명을 취하여 부패하고 오염되었는가? 돈은 구속받을 수 있는가? 돈을 어떻게 하나님 나라의 방식으로 다룰 것인가?(청지기 역할에 관한 질문) 우리가 돈을 사용하는 방식은 하나님 나라의 가치를 반영하는가? 정확히 어떻게 우리가 돈을 하나님 나라에 투자할 수 있는가? 그리고 어떻게 새 하늘과 새 땅에서 성취될 하나님 나라에 투자할 수 있는가?

이 책은 예수님을 따르는 두 사람이 썼다. 그러나 우리가 믿기로, 여러분은 우리가 보편적인 내용을 다루고 있으며, 심지어 다른 여러 신앙에서도 찾을 수 있는 개념들을 다루고 있음을 알게 될 것이다. 그리고 우리의 여정을 듣기만 하는 것이 아니라, 돈과 관련된 우리의 경험을 통해 여러분 자신의 여정을 돌아보고 우리와 함께 여행을 떠나자고 여러분을 초대한다. 앞으로 살펴보겠지만, 돈은 단순히 교환의 도구가 아니며, 더욱이 단순한 도구는 결코 아니다! 이제 우리의 이야기를 들려줄 차례다.

1장
가난하게 자란 클라이브의 이야기

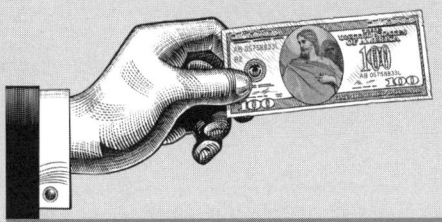

돈을 연구하는 것은 우리가 누구인지에서
아주 큰 부분을 연구하는 것이다.

— 제이콥 니들먼[1]

잠들려고 노력하고 있었는데, 부모님의 다급한 목소리에 잠이 확 달아나 버렸다. 어두운 침실에서 다른 세 형제는 깊고 규칙적인 숨소리를 내며 곤히 자고 있었다. 나는 잠들면 안 되겠다는 생각이 들었다. 부모님의 목소리는 절박했다. 뭔가 잘못된 것이 분명했다. 귀를 바짝 세우고 들으니, (또다시) 돈 이야기를 하고 계신 것을 알 수 있었다. 밀린 고지서에 대한 이야기였다. 부모님은 돈에 시달리는 사정을 우리에겐 비밀로 하셨지만, 두 분의 대화에서 돈 걱정은 좀처럼 빠지지 않는 주제였다.

그날 밤, 좁은 우리 방 안 공기는 긴장감으로 무겁게 가라앉아 있었다. 나 같은 어린아이가 부모님의 경제적 어려움을 어떻게 도와야 했을까? 부모님은 종종 돈 때문에 다투셨지만, 우리 자식들에게는 그런 사정과 어려움에 대해 한 번도 직접적으로 말씀하시지 않았다. 그래서 어렸을 때 나는 침대에 누워 돈에 대한 공상을 하곤 했다. 나는 텔레비전 광고에서 보았던 사탕과 초콜릿을 사는 꿈을 꾸었다. 그러나 내가 가장 절실하게 상상했던 것은, 부모님이 더 이상 싸우지 않고, 아버지가 매일 일하러 가지 않아도 되고 집에서 우리와 더 많은 시간을 함께 보낼 수 있게 되는 것이었다. 나는 주머니에 두둑한 돈 뭉치가 가득한 상상을 하곤 했다. 상상 안에서 나는 안전하다고 느꼈고, 편안한 잠에 스르르 빠져들었다.

싱가포르에서 자란 유년 시절-가족 배경

식민 시대를 빠져나온 1960년대 초반 싱가포르의 삶은 힘들었다. 범죄가 만연했고, 노동 분쟁과 민족 간 분쟁은 때로 폭동으로 이어져 건물과 사유지가 불에 탔다. 일자리는 부족했고, 일을 하더라도 많은 사람들이 정당한 보수를 받지 못하거나 임금 지급이 밀리는 일이 잦았다. 그리고 일자리를 잃을까 두려워서 아무리 상사가 비양심적이더라도 감히 이의를 제기하지 못했다. 내 아버지는 십 년 넘게 식당 점원으로 일하고도, 고용주가 빚을 산더미처럼 남긴 채 싱가포르를 떠났을 때 연금을 전부 잃었다. 아버지는 정직하고 성실한 분이셨다. 일주일 내내 쉬지 않고 일하셨고, 결국 폐결핵을 앓으셨다.

부모님은 남중국 이민자의 자녀였고, 2차 세계대전의 일본 점령기에 성장하셨다. 학교 교육을 길게 받지 못한 아버지는 가족을 부양하기 위해 평생 막일을 하셨다. 집을 장만할 만큼 오랜 기간 안정된 직장을 다녀 본 적이 없기 때문에, 내가 서른이 될 때까지 우리 가족에게 유일한 집은 날림으로 지은 정부 임대 아파트가 전부였다. 방이 두 개인 집이었는데, 부모님은 살림에 보태려고 그중 하나를 세 놓으셨다. 우리가 십대였던 시절까지 부모님과 나와 세 형제자매, 이렇게 여섯 식구가 전부 한 방에서 생활하고 한 방에서 잤다. 그 비좁은 공간에서 우리는 언제나 자리다툼을 했고 어느 구석이 누구 자리인지 표시해 놓곤 했다.

우리는 매일 배부르게 먹었지만, 그것이 부모님이 감당할 수 있는 전부였다. 교육비와 병원비는 늘, 마찬가지로 재정적으로 쪼들리는, 내켜하지 않는 친구와 가족에게서 빌려야 했다. 아버지는 가진 것이 많지 않았지만 관대한 분이셨고, 우리보다 더 궁핍한 친척들과 항상 나누셨다. 음력 설은 세계 전역의 모든 중국인 가정에서 큰 명절이다. 우리는 새 옷과 신발이 생기고 좋은 음식을 먹을 수 있다는 기대감에 신나 했다. 가족 공동 식사를 위해 최고의 음식이 준비되었다. 나중에야 나는 새 옷과 음식을 장만하기 위해 있는 돈 없는 돈을 다 끌어 모으는 것이 부모님께 재정적으로 매우 큰 부담이었음을 깨달았다. 많은 가정이 이런 선물들을 마련하기 위해 빚까지 졌지만, 그렇게 해야 새해가 복되리라고 믿었다.

어머니의 유년 시절은 사정이 많이 달랐다. 어머니는 3대째 살아온 싱가포르의 꽤 큰 집에서 자라셨다. 사업을 하는 그 집안에는 땅도 많고, 오늘로 치면 작은 슈퍼마켓 같은 가게와 식품 가공 사업, 그리고 농장을 소유하고 있었다. 아직 아이였던 어머니에게는 전담 하녀도 있었다. 그러나 아홉 살 때, 어머니의 인생은 완전히 뒤바뀌었다. 1942년 초, 일본 제국군이 싱가포르로 진군해 들어왔을 때, 지역 주민들은 두려움에 사로잡혀 폭동을 일으키기 시작했다. 슈퍼마켓에도 강도들이 난입하여 모든 식료품과 물건을 훔쳐 갔고, 가게는 아수라장이 되었다. 식품 사업과 땅은 일본 점령군 세력이 몰수해 갔다. 두 세대에 걸쳐 세웠던 가족 기업은 사라졌고, 다시 일어서지 못했다. 일본군이 점령했던 몇 주 사이에 가족의 모든 사업이 사라져 버렸고, 어머니의 가족에게는 완전히 새로운 역경의 삶이 시작되었다.

외할아버지와 외할머니는 두름성이 좋으셨기 때문에, 새로운 농부의 삶에 적응하셨다. 그러나 결국 가족이 살던 집과 농장마저 신생 독립 정부에 압류당하고, 조부모님은 공동묘지 옆의 땅 한 떼기를 경작하면서 최저 생계를 유지하는 처지로 몰락했다. 어릴 때 나와 내 형제들은 그 공동묘지에서 자주 놀았는데, 숨바꼭질을 할 때는 비석 뒤에 숨었다. 십대 때는 주말에 할머니를 도와서 동네 이웃집을 다니며 남은 음식들을 모아 오는 일로 용돈을 벌었다. 할머니는 거대한 솥에 그 음식들을 넣고 활활 타는 불 위에서 다시 한번 끓여서 기르던 돼지와 닭에게 줄 먹이를 만드셨다. 이런 반복되는 고생의 패턴은 아버지 삶에서도 마찬가지였다.

아버지는 늘 힘들게 사셨다. 할아버지는 아버지가 어릴 때 돌아가셨고, 고모 두 분도 젊은 나이에 심장병으로 세상을 떠났다. 할아버지는 남중국 이민자로, 싱가포르에 온 뒤에는 작은 땅에서 채소 농사를 지으셨다. 할아버지가 열대병으로 돌아가신 뒤 아버지는 학교를 그만두고 십대부터 일을 시작하셨다. 학교는 몇 년 다니지 못했지만, 아버지는 읽으려고 했던 책들을 수십 년간 애틋하게 보관하셨다. 그렇지만 젊을 때 군용 트럭에 치이는 안타까운 사고를 당해 청력을 부분적으로 상실했고, 평생 건강을 완전히 회복하지 못하셨다. 아버지는 부지런하셨고 매일 일하고자 하셨지만, 다니던 가게가 담보로 넘어가거나 문을 닫아 버려서 일을 할 수 없을 때가 많았다. 우리들이 일을 시작하면서 형편은 나아졌지만, 70세를 넘기신 뒤부터 아버지는 줄곧 병고에 시달리셨다.

공부 열심히 해서 돈 많이 벌어라

"돈 없으면 너는 아무것도 아니다." 내가 어렸을 때부터 부모님이 귀에 못이 박히도록 하신 말씀이다. 돈에 시달렸던 부모님은 내가 더 나은 삶을 살기를 바라셨다. 당신들의 끝없는 고역에서 탈출하는 유일한 길은 우리가 더 많은 돈을 벌 수 있는 능력을 키우는 것이었다. 부모님의 가르침은 단순했다. 돈을 많이 벌기 위해서는 공부를 열심히 해야 한다는 것이다. 불행히도, 힘들게 살아가는 수백만 중국인 디아스포라에게 교육은 더 나은 사람이 되기 위한 지식탐구가 아닌, 언제나 출세와 생존의 수단이었다. 수천 년 동안, 중국 사회는 위계질서에 의해 움직였고 고도로 계층화되어 있었다. 출세하는 유일한 수단은 학문적 시험이었다. 상위권 모범생들에게는 누구나 탐내고 군침을 흘리는 정부 요직이 보상으로 주어졌다. 싱가포르에서는 지금도 이런 일들이 일어나는데, 고등학교 때 선발된 학생들이 좋은 대학에 가고 이는 다시 고위 공무직으로 이어진다.

따라서 나의 정체성과 안녕에 대한 감각이 돈과 어떻게 얽혀 있는지 볼 수 있을 것이다. 내 가족에게 돈은 정말로 모든 것의 해답이다! 돈은 더 나은 삶의 희망이었다. 따라서 우리 가족과 우리 문화의 눈에, 좋은 사람이 된다는 것은 돈을 잘 버는 사람이 되는 것이다. 돈을 잘 버는 부자 남편, 부자 아빠는 설령 아내가 여럿이라 할지라도, 가족을 부양하느라 전전긍긍하는 정직한 남편이자 아버지보다 어떤 식으로든 더 훌륭한 사람으로 여겨진다. 돈은 전능하다고 느끼게 해 주고, 돈을 잘 버는 사람은 가족과 친척들에게 막대한 영향력을 행사하며 많은 잘못을 범해도 대체로 눈감아진다.

서른이 될 때까지 내가 내리는 모든 결정의 목표는 돈을 버는 것에 맞춰져 있었다. 다양한 직업의 보수에 근거해 학업을 선택했고, 직장을 구할 때에도 금전적 보상을 비교했다. 내가 하는 일이 싫고 아침마다 출근하는 것이 끔찍했지만, 매달 받는 월급이 그런 나의 고역을 충분히 보상해 준다고 생각하며 스스로 위안을 삼았다. 뒤돌아보면, 돈에 대한 불안이 내 눈을 가려 나의 소명을 발견하려는 내 필요를 보지 못하게 했음을 깨닫는다. 그래서 돈에 집중하면 할수록 더 불행해졌다. 그럼에도 불구하고, 나는 목표가 있었다.

수년간 나는 지갑 속에 명함 크기의 쪽지를 넣어 다녔다. 쪽지에는 "나는 서른다섯 살까지 백만장자가 될 것이다"라고 적혀 있었다. 나는 하루에도 몇 번씩 성실하게 그 문장을 읽으면서 내 삶의 목표를 스스로 상기하고 그 목표를 달성하기 위해 내가 가야 하는 길의 지도를 그려 보았다. 나는 가난하게 자랐지만, 나머지 인생에서는 가난 때문에 고생하지 않겠다고 굳게 다짐했다. 나에게는 계획이 있었다.

나는 빚을 안고 직장 생활을 시작했다. 경영학 공부를 마치기 위해 대출을 받았고, 그 뒤 결혼 축하연과 신랑 지참금을 위해서도 대출을 받았다. 재정이 아주 빠듯했다. 나는 일일 지출 예산을 짰고, 식사 때마다 음료수에 돈을 쓰는 대신 그냥 물을 마셨다. 역설적으로, 요즘은 식사할 때 건강상의 이유로 다시 물을 마신다. 아내와 내가 들어간 새 집에는 중고 가구 몇 개밖에 없었고, 가구를 다 갖추기까지는 몇 년이 걸렸다. 아내는 찢어진 소파를 몇 번이나 꿰매서 고쳤는데, 한번은 집에 온 손님이 그것을 보고 우리의 재정 상태를 매우 염려하기도 했다. 직장에서 차가 필요해서 작은 중고 트럭을 한 대 샀을 때는, 고급 승용차를 운전하던 동료들에게 놀림감이 되었다. 나는 억척스럽게 예산을 짰고, 빚에서 벗어나겠다고 다짐했다.

돈 그리고 평탄치 않은 영적 여정

삼십대를 지나면서 내가 돈을 대하는 태도에 점차 깊은 변화가 일어났고, 그 변화는 오늘날까지 계속되고 있다. 서른 살 때, 몇몇 동료가 나를 교회로 초대했다. 교회에는 전에 딱 한 번, 학생 시절 크리스마스에 가 본 것이 전부였다. 그때 우리는 사탕을 받았고, 회중과 함께 노래도 불렀다. 그러나 아버지는 기독교로 개종하면 우리의 중국 문화와 가족을 저버리게 될 거라고 두려워하셨기 때문에, 우리 가족에게 교회는 '출입 금지' 구역이었다. 교회 다니기를 시작하기 전에도 나는 언제나 다른 형제들에 비해 종교적이었고 어머니가 도교나 불교 사원에 가실 때 따라가곤 했다. 나는 병약한 아이여서 열 때문에 정신이 혼미해져 몇 주씩 누워 있어야 할 때가 많았다. 어머니는 내가 무심코 신들의 심기를 건드려서 나에게 악운과 질병이 따라붙는 것이 아닌지 걱정하셨다. 우리 가족은 아주 종교적인 편은 아니었지만, 부모님은 이 신들의 기분을 상하게 하기보다는 그들을 달래고 기쁘게 해 주는 편이 낫다고 믿으셨다. 어린 나에게 이 신들은 경박하고 옹졸하며 복수심이 강한 것이 인간과 아주 비슷해 보였다. 그런 신들과는 그다지 엮이고 싶지 않았다. 그런데 교회에서는 달랐다.

처음에 나는 교회가 어떻게 운영되는지, 특히 목사의 역할이 궁금했다. 어렸을 때 가 봤던 절의 스님들이 제대로 교육받지 못하고 훈련되지 않았던 것과는 다르게, 기독교 목사들은 일반적으로 대학을 나왔고 신학 분야의 대학원 학위도 있었다. 1980년대에는 싱가포르 경제가 빠르게 발전하면서 은행가, 법률가, 의사, 회계사가 많이 필요했고, 이런 직업들은 보수가 아주 좋았다. 나는 어째서 그런 고등 교육을 받은 사람들이 돈 잘 버는 전문직을 선택해서 자신과 자신의 가족을 부양할 책임을 다하지 않는 것일까 곰곰이 생각했다. 그러나 교회에 계속 나가면서 나의 이런 질문들을 가지고 목사님들과 함께 씨름하는 동안, 나는 점차 기독교에 매료되었다.

나는 교회가 놀라웠다. 진정한 환대의 마음 외에는 다른 어떤 뚜렷한 동기 없이도 모두가 친절하고 환영하는 것처럼 보였다. 나는 박학하고 세심하게 준비된 설교에 매료되었다. 그리스도인이 된 후, 나는 성 아우구스티누스(St. Augustine)의 회심과 그가 밀라노의 주교 암브로시우스(Ambrose)에게 받은 첫 인상에 관해 읽었다. "나는 그의 매력적인 언어에서 기쁨을 느꼈다. 그의 언어는 파우스투스(Faustus)의 언어보다 더 학식이 있었지만, 재치와 재미는 덜했다…."[2] 품위와 겸손이 함께 배어 있는 목사님의 태도는 나의 호기심을 자극했다. 그는 잘 교육받은 지성인처럼 말하면서도, 긍휼과 인자함을 분명하게 드러냈다. 나는 그가 왜 돈을 많이 벌지 못하는 기독교 목사로 기꺼이 섬기는지 궁금했다. 그러한 헌신 뒤에는 무엇이 있을까? 나는 매주 일요일 설교를 듣기 위해 가고 또 갔다. "깨닫지 못하고 있었지만, 나는 조금씩 하나님께 더 가까이 이끌리고 있었다"라고 수 세기 전 아우구스티누스는 말했다.[3] 아내와 내가 결혼하여 3개월 된 아기가 있었던 서른 살에, 우리는 기독교 신앙을 받아들이기로 결정했다. 내가 하나님을 발견한 것이 아니었다. 그분이 나를 찾고 계셨고, 기다리고 계셨다. "그러나 우리가 아직 죄인이었을 때에, 그리스도께서 우리를 위하여 죽으셨습니다"(롬 5:8).

평탄치만은 않은 영적 여정이 시작되었다. 보수적이고 가부장적인 아버지가 계신 유교 가정에서 자란 나는 부모님, 특히 아버지를 공경하고 순종하라고 배웠다. 아버지의 뜻과 다른 무엇이든 반항으로 간주되었다. 우리 문화에서 부자(父子) 관계는 다른 모든 관계에 앞선다. 아버지를 공경하고 순종하는 것은 아들이 아버지에게 보일 수 있는 최고의 존경이었다. 중국 가정에서 효(孝)는 최상의 덕목이다. 이것이 나의 영적 여정에 영향을 주었다.

나와 하나님의 관계 역시 동일한 방향으로 발전했다. 나는 하나님을 전능하고 까다로우며 마땅히 순종해야 하는 '슈퍼 아버지'로 보았다. 순종은 어렸을 때부터 내 안에 각인되어 있는 덕목이었다. 나는 거리감이 있고 불편한 아버지와의 관계를 하나님과의 관계에 투사했다. 하나님이 멀리 떨어진 곳에서 못마땅해하는 냉담한 '슈퍼 아버지'가 아니라는 것을 깨닫는 데는 몇 년이 걸렸다. 그분이 "자비롭고 은혜로우며, 노하기를 더디하고, 한결같은 사랑과 진실이 풍성한 하나님"(출 34:6)이심을 깨달았을 때에야 나는 하나님께 가까이 나아가는 모험을 감행했고, 그분과의 인격적인 관계를 발전시켰다. 이제 나는 열정적인 새신자로서, 나의 신앙이 내 삶 전체의 본질적 요소가 되길 원했다. 그러나 문제가 있었다. 돈과 복잡하게 얽힌 나의 관계였다.

나는 여전히 부자가 되고 싶었다. 그러나 목사나 선교사가 되어야 한다는 느낌이 끈질기게 나를 따라다녔다. 그것이야말로 모든 그리스도인이 열망하는 것처럼 보였기 때문이다. 나는 이에 대해 기도했고 분별하기 위해 씨름했다. 솔직히 내가 목사나 선교사가 될 준비가 되었다고는 느끼지 않았다. 우리 목사님도 은행가가 되기 위해 훈련받았지만, 선교 여행을 다녀온 뒤 목사가 되기 위해 공부하셨다. 그렇지만 현명하게도 우리 목사님은, 하나님이 나를 이끄시는 길이라는 생각이 든다면 기업체 임원으로 계속 일하라고 격려하셨다. 그러나 하나님과 다른 이들을 섬기는 한 방법으로 교회에서 봉사할 시간을 따로 떼어 놓아야 한다는 것 역시 분명히 하셨다. 그래서 나는 돈에 대한 나의 집착을 계속 유지했다.

나는 나 자신을 혹사시켰다. 경영 업무를 하면서 끊임없이 출장을 다녔고, 하루에 열두 시간씩 일했다. 나는 매년 승진했고, 다국적 기업의 최연소 간부가 되었다. 부정적으로는 두려움에, 긍정적으로는 성공에 대한 약속에 사로잡혀서, 나는 철저하게 일에 몰두했다. 나는 부자가 되고 싶었지만, 내가 정말로 구하는 것은 안정성이라는 사실을 깨닫기 시작했다. 내 부모님이 겨우겨우 살아가기 위해 겪어야 했던 분투를 나 또한 겪게 될까 봐 두려웠던 것이다. 그래서 나는 모든 것을 뒤로 미뤘다. 부모님과 함께 보내는 시간도, 아내와 아이들과 함께 보내는 시간도 모두 뒤로 미뤘다. 내 재정적 목표에 다다르고 나면 가족과 함께 보낼 시간이 있을 거라고 생각했다. 나는 수년 전 지갑 속에 넣어 다니던 "나는 서른다섯 살까지 백만장자가 될 것이다"라고 쓴 카드를 여전히 기억했다. 그리스도인이 되고 몇 년 뒤 나는 그 카드를 찢어 버렸지만, 돈에 대한 나의 갈망은 여전했다. 삼십대 초반 무렵, 나는 싱가포르에 기반을 둔 미국 다국적 기업에서 빠르게 승진하고 있었다. 부사장이 될 준비를 하고 있었지만, 마음 깊은 곳에서는 내 사업을 시작하고 싶은 생각이 늘 따라다녔다. 나는 임원이었지만, 내 재정적 목표를 달성하기 위해 사장이 되고 싶었다. 이것은 보기보다 쉽지 않은 일이고, 특히 가족이 있다면 더욱 그렇다.

사장이 되다

직장을 그만두겠다는 생각을 전했을 때, 가족들 특히 부모님은 당황하고 혼란스러워하셨다. 나는 직장에서 나이에 비해 매우 높은 자리에 올라 있었고, 성장하는 신생 무선통신 사업에서 아주 유망한 위치에 있었다. 왜 쓸데없이 위험을 무릅쓰며 보수 좋고 안정적인 직장을 그만둔다는 말인가? 가족 중 일부는 그런 내 행동이 무책임하고 순진하다고 여겼다. 부모님은 삼촌을 보내서 사업을 시작하는 것이 얼마나 힘든 일인지, 내가 얼마나 경험이 없는지 강조하고 나를 설득하려고 했다. 나는 부모님의 불안을 이해했다. 두 분은 한 번도 가져 보지 못한 모든 기회와 보장된 삶을 나는 가지고 있었기 때문이다.

부모님에게는 내가 스스로 나의 모든 복을 걷어차는 것처럼 보였을 것이다. 그럼에도 불구하고 나는 미국의 다국적 기업을 떠났고, 서른여섯 살이 되기 전에 사장이 되기로 결정했다. 이미 충분히 오래 기다렸다고 느꼈다. 나는 서른다섯 살 전에 백만장자가 되겠다는 목표도 이미 놓친 상태였다.

나의 새 벤처 기업은 빠르게 확장해 갔고, 자금이 돌기 시작했다. 2년 만에 직원이 두 명에서 2백 명으로 늘었다. 이제 나는 새로운 문제에 직면했다. 인생의 전반부에는 가난과 씨름했다면, 경제적 목표를 이룬 지금은 필요한 것보다 더 많이 가지고 있었다. 그리고 돈에 대한 또 다른 추악한 진실을 배웠다. 충분히 가지지 못했을 때 우리는 서로 싸운다. 너무 많은 것이 있을 때에는 더 지독하게 싸운다. 사업은 매년 규모가 두 배로 커지면서 아시아 지역으로 확장되어 갔고, 더 성장해 나갈 태세를 갖추고 있었다. 그러나 성공은 내가 한 번도 생각해 보지 못했던 갈등을 가져왔다.

둘 다 그리스도인인 나와 내 사업 파트너는 생각이 어긋나기 시작했다. 우리의 차이는 더 심화되었다. 그는 완전한 통제권을 갖길 원했다. 나는 그것에 저항했다. 적대심이 자랐고 분노가 우리 두 사람의 마음을 가득 채웠다. 내 인생의 이 시기 동안 나는 그리스도를 바라보는 데 실패했지만, 그분은 여전히 내 인생에서 일하고 계셨다고 믿는다(롬 8:28을 보라). 나는 주 80시간을 일했고, 새롭게 발견한 성공을 철저히 즐겼다. 꼭두새벽에 일을 시작했고, 종종 식사도 거르면서 지쳐 쓰러질 때까지 하루 종일 내달렸다. 매일 해가 지는 저녁이 되면 한숨을 내쉬었고, 어둠이 찾아왔다. 할 일이 아직도 너무 많았다! 이 시기에 대해 결국 나는 주님께 이렇게 말할 것이다. "주님 외에 누구도 성공과 부를 향한 저의 광기 어린 질주를 멈출 수 없었습니다. 주님은 저의 부풀어 오른 자만심과 돈벌이 한복판에서 저를 멈춰 세우셨습니다." 나는 갑자기 더운 날에도 몸이 덜덜 떨리는 정체 모를 병에 걸렸고, 몇 주 동안 점점 더 병약해지고 수척해졌다. 나는 피를 토하기 시작했다. 속도를 늦추어야 했다.

몇 달 후에 마침내 진단이 내려졌고, 치료도 성공적이었다. 그리고 휴식을 취하라는 말을 들었다. 나는 막 삼십대 후반에 접어들고 있었고, 그때까지 한 번도 길게 쉬어 본 적이 없었다. 이 질병은 나를 죽음의 문턱까지 데려갔다. 나는 이 땅에서 사는 인생이 얼마나 짧은지 성찰했고, 사랑하는 사람들과 많은 시간을 함께 보내지 못한 것을 한탄했다. 내가 병에 걸린 것은 주님이 하신 일임을 인정했다. "주님은, 당신이 사랑하시는 사람을 꾸짖으시니, 마치 귀여워하는 아들을 꾸짖는 아버지와 같으시다"(잠 3:12). 몇 달을 괴롭게 고민한 뒤, 나는 평안한 마음으로 내 지분을 동업자들에게 양도하고 내가 시작한 회사를 떠나기로 결정했다. 그리고 내 마흔 번째 생일 전에 1년간 안식년을 가졌다. 그러나 그다음은?

마흔 살은 은퇴하기에 너무 젊은 나이였다. 나는 내 삶을 향한 하나님의 부르심을 진지하게 묵상했고, 안식년 뒤에 사업으로 돌아가야 한다는 것을 깨달았다. 마침내 일터로 돌아갔을 때, 이번에는 나 자신이 더 여유롭고 균형 잡힌 것을 느꼈다. 사무실에 늦게까지 머무르지 않았고, 휴일은 꼭 챙겼다. 출장을 가지 않을 때에는 언제나 집에서 가족과 함께 저녁을 먹었다. 부에 대한 오래된 야망의 불꽃은 여전히 살아 있었지만, 이제 조금씩 깜박거리기 시작했고 더 이상 나를 불태우지 않았다. 나는 은퇴에 대해서도 뭔가를 깨달았다. 나는 은퇴하고 싶지 않다는 것! 내가 일에서 완전히 은퇴하는 일은 없을 것이고, 대신 나이가 들어 감에 따라 나의 힘과 능력에 맞추어 무급이든 유급이든 계속해서 의미 있는 일을 해 나갈 것이다.

돈이냐 인생이냐

나는 나의 경제적 목표를 달성했고, 의기양양했다. 불행히도 그러한 의기양양함은 몇 주밖에 가지 않았다. 나는 경제적 열반에 이를 때의 도취감이 짜릿할 거라고 기대했지만, 그것은 짧았고 순식간에 지나가 버렸다. 삶은 계속되고, 일상이 이어진다. 먹고 씻고 청소하는 일은 똑같이 반복되어야 한다. 나는 실망했다. 부는 많은 것을 약속하지만, 실제로 가져다주는 것은 별로 없다. 맞다. 돈이 있으면 삶은 훨씬 쉽다. 나는 가장 좋은 음식과 옷을 살 수 있고 가사 도우미를 쓸 수 있었지만, 그런 것들이 삶을 더 의미 있게 만들어 주지는 않았다. 갑자기 삶이 너무 쉬웠다. 그러나 돈의 전능함은 계속해서 나를 산만하게 만들었다. 나는 문제들에 대해 깊이 생각하기보다, 돈으로 그런 도전들을 빨리 해결하려는 유혹을 자주 받았다. 젊은 디모데에게 이렇게 충고한 바울이 옳았다. "그대는 이 세상의 부자들에게 명령하여, 교만해지지도 말고 덧없는 재물에 소망을 두지도 말고, 오직 우리에게 모든 것을 풍성히 주셔서 즐기게 하시는 하나님께 소망을 두라고 하십시오"(딤전 6:17). 나는 내 경제적 목표에게 사기를 당한 느낌이었다. 만약 내가 돈에 그토록 집착하지 않았다면 내 인생의 여정이 달랐을지 나는 스스로에게 물었다. 나는 내 삶을 위한 고귀한 동기를 원했다.

사실, 새롭게 얻은 부는 나에게 어떤 자유를 주었다. 나는 내 경제적 목표를 이루는 것에 너무 몰입해 있었기 때문에 가족과 함께 보낼 시간도, 나의 신앙에 대해 깊이 생각해 볼 시간도 없었다. 1년간의 안식년은 나의 가족과 신앙을 변화시켜 놓았다. 나는 가족과 하나님, 양쪽 모두와 새로운 친밀감을 발전시켰다. 새로운 사업을 실험하면서, 투자 회사와 무선통신 배급 회사를 시작했다. 두 사업 모두 거의 20년이 지난 지금까지 계속 성공적이다. 이렇듯 부는 나에게 새로운 경험과 관계를 실험하고 발전시킬 수 있는 능력을 주었다. 가난하게 자라 갑자기 부자가 된 나는, "부자의 재산은 그의 견고한 성이 되지만, 가난한 사람의 빈곤은 그를 망하게 한다"라는 말씀을 떠올렸다(잠 10:15). 그러나 잠언의 말씀에는 또 다른 측면이 존재한다.

나의 부는 불안의 새로운 원천이기도 했다. 나는 여전히 돈에 몰두하지만, 그 이유는 다르다. 유년기에 경험한 빈곤은 나에게 절제와 근면을 철저히 심어 주었지만, 이제 나는 나의 세 자녀가 우리의 부 때문에 가난한 사람들과 하나님에 대해 무관심해질까 봐 걱정한다. 성경, 특히 잠언의 다른 측면은 나에게 이러한 진리를 상기시켜 준다. "허위와 거짓말을 저에게서 멀리하여 주시고, 저를 가난하게도 부유하게도 하지 마시고 오직 저에게 필요한 양식만을 주십시오. 제가 배가 불러서 주님을 부인하면서 '주가 누구냐'고 말하지 않게 하시고…"(잠 30:8-9). 풍족하게 자라면서 모든 것을 원하는 대로 할 수 있는 것은 좋은 일이 아니다. 삶이 너무 쉽다면 누가 하나님을 의지하겠는가? 나의 자녀들이 돈을 어떻게 다루는 지는 단지 양육의 결과일 뿐만 아니라 하나님의 선물일 수도 있다. 나는 돈의 훌륭한 청지기로 살아가는 부유한 가정의 자녀들을 보아 왔다.

인생의 이 시점에도, 돈에 대한 나의 배움은 아직 끝나지 않았다. 나는 여전히 돈의 힘에 유혹을 받는다. 10년 동안 나는 주택을 구매하여 재건축하고 개조해서 세를 놓고 거기에 살기도 하고 팔기도 하는 일을 했다. 주택 건축과 개조에 큰 호기심을 갖게 된 뒤,

이 일은 새로운 벤처 사업이 되었다. 그것은 어렵고 걱정이 많은 일이었고, 수십 년간 내가 키워 왔던 금융이나 통신 사업과는 아주 달랐다. 어느 날 나는 불현듯 이 모든 것의 이유를 깨달았다. 자라면서 우리 가족은 집을 가져 본 적이 없었기 때문에, 나는 지나치게 많은 부동산을 사 모으고 있었던 것이다. 나는 성경의 이 말씀과 씨름했다. "너희가 더 차지할 곳이 없을 때까지 집에 집을 더하고 밭에 밭을 늘려 나가 땅 한가운데서 홀로 살려고 하였으니, 너희에게 재앙이 닥친다"(사 5:8). 내가 돈과 맺은 관계는 나의 분투, 꿈, 역기능을 드러냈다. 그것을 통해 나는 나 자신에 대한 이해를 얻고 있었다.

    샌프란시스코 주립대학교 철학과 교수 제이콥 니들먼은 그의 책 『돈과 삶의 의미』에서, 우리가 돈과 맺는 관계가 계시적이라고 주장한다.[4] "돈은 우리의 인격과 정신물리적 유기 조직에 아주 깊숙이 들어오기 때문에, 돈에 대한 개인적 탐구는 자아를 발견하기 위해, 또한 우리의 의식과 관계를 맺어야 할 에너지를 포로로 잡고 있는 인간 본성의 숨겨진 부분들을 발견하기 위해 필수적이다."[5] 니들먼은 위대한 영적 배움과 지혜를 이 시대에 효과적인 삶을 사는 방법과 통합하는 일을 일생의 탐구 과제로 삼고 있다. 그리고 이러한 통합은 바로 우리가 돈과 관계를 맺는 방식에서 일어난다. 그는 우리에게 돈에 대한 정직함이 부족한 것을 한탄한다. "우리 중 극히 소수만이 돈과의 관계에 대해 거리낌 없이 정직하다. 우리 문화에서 50년 전에 성(性)이 그랬던 것처럼, 모든 곳에서 작동하는 힘이면서도 극히 소수만이 그것을 정직하게 똑바로 대면한다." 그는 우리가 "[돈을] 경멸해서는 안 되지만 그렇다고 그것이 우리를 집어삼키게 해서도 안 되며, 대신 진지하게 다루고 연구해야 한다"라고 주장한다.[6]

대화에서 돈이라는 주제를 피함으로써 우리는 돈을 우리의 개인적이고 사적인 영역으로 옮겨 놓고, 돈에 대한 우리의 생각을 우리 자신에게조차 점차 감추려고 한다. 우리는 이원론을 발전시켜서, 한편으로는 교회 안에서 받아들일 만한 방식으로 돈을 다루지만, 다른 한편으로는 돈에 대한 우리의 가치를 우리의 자아 가장 깊숙한 곳에 묻어 두고 대중과 교회의 시야에서는 지워 버린다. 따라서 우리가 어떤 식으로 돈을 평가하고 다루는지는 우리 자신 안에서조차 불화를 일으킨다. 이 책에서는 우리가 돈과 어떤 관계를 맺고 있는지 살펴볼 것이다. 이것은 우리 자신에 대해서도 중요한 것을 발견하게 해 줄 것이다. 제이콥 니들먼이 말한 것처럼, "돈을 연구하는 것은 우리가 누구인지에서 아주 큰 부분을 연구하는 것이다."

그것은 나처럼 돈 없이 가난하게 자랐든, 지금부터 자신의 이야기를 들려줄 폴처럼 돈이 있어 유복하게 자랐든 동일하게 해당되는 사실이다.

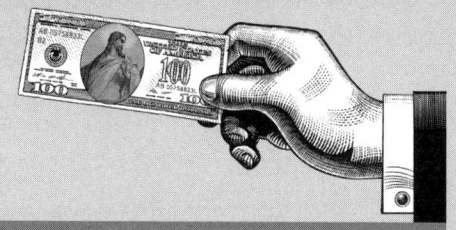

2장

유복하게 자란 폴의 이야기

삶은 앞을 보며 나아가지만,

뒤를 돌아볼 때 그것을 이해하게 된다.

− 쇠렌 키르케고르[1]

"그래 봤자 돈인데 뭐." 아버지는 종종 이렇게 말씀하셨다. 그렇지만 다시 한번 나의 멍청한 행동 때문에 아버지와 어머니가 많은 돈을 쓰게 된 것이 속상했다. 대학생이던 나는 주말에 집에 왔다가 지금은 내 아내가 된 당시 여자 친구를 만나러 온타리오 해밀턴에 가기 위해 부모님의 차를 빌렸다. 그런데 차를 다시 돌려놓으면서, 차고 진입로에 주차한 뒤 주차 브레이크를 걸지 않았던 것이다. 내가 보는 앞에서 차가 천천히 뒤쪽으로 굴러갔다. 운전자도 없이 말이다! 두 눈을 그대로 차에 고정시킨 채, 나는 차가 인도로 돌진해 전봇대를 들이박는 것을 고스란히 다 지켜보았다. 한쪽이 완전히 찌그러졌다. 아버지는 "그래 봤자 돈인데 뭐"라고 말씀하셨다. 사실 아버지는 사업가로서 돈 **버는** 것은 좋아하셨지만, 돈 자체를 좋아하지는 않으셨다. 이것은 중요한 구분이다. 그러나 돈에 대해 내가 받은 교육에는 아버지의 특별한 태도 말고도 다른 것이 더 있었다.

 클라이브와 내가 돈과 관련된 우리 자신의 이야기를 들려주는 것은, 돈에 대한 우리의 태도가 수많은 영향력에 의해, 특히 가정교육과 자라면서의 경험들, 그리고 문화의 영향을 통해 형성되기 때문이다. 돈에 대한 교회의 가르침은 매번 우리가 자란 문화, 가족, 매체의 압도적 영향력 앞에서 그 중요성이 희미해진다. 성경은 돈에 관한 이야기로 가득하지만, 이 주제와 관련된 교회의 가르침은 정말 희귀할 정도로 드물다(물론 교회에 십일조를 내라는 가르침만큼은 제외다). 그러나 또한 우리는 클라이브의 이야기에서, 돈과 관련된 우리의 경험이 어떻게 우리 자신에 대해 많은 것을 드러내는지 보았다. 우리가 돈을 어떻게 다루느냐를 통해 부분적으로 우리 자신에 대해 알게 된다. 또한 클라이브가 들려준 그의 이야기에서 분명하게 드러난 것은 이것이다. 즉, 우리가 하나님과 맺는 관계는 부분적으로 우리가 돈을 다루는 방식에 의해 형성된다는 것이다. 이는 역으로도 참이다. 우리의 신앙, 특별히 하나님 나라에 대한 우리의 시각이 돈을 대하는 우리의 방식에 영향을 끼친다. 그러나 지금 이런 말을 하는 것은 이 책의 우리 여정을 너무 앞서가는 것이다. 내 이야기는 두 분 모두 이민자였던 부모님으로부터 시작한다. 한 분은 영국에서, 다른 한 분은 당시 영국 식민지였다가 지금은 캐나다 가장 동쪽에 있는 주가 된 뉴펀들랜드에서 온 이민자였다.

캐나다로의 이주

철강 제조 회사의 대표가 되기 전까지, 청년 시절의 아버지는 돈이 많지 않았다. 영국 이민자 그룹과 함께 두 살 때 캐나다에 왔고, 빈곤층을 '겨우 면한' 형편에서 자라셨다. 할아버지는 영국 해들리의 구세군 재활 농장에서 제과제빵사로 일했다. 조부모님은 배에서 이민자 정당의 대표를 맡은 덕분에 캐나다까지 무상으로 올 수 있었다. 아홉 명의 자식들과 함께 온타리오주 토론토에 도착한 후, 두

분이 가진 돈 전부였던 20달러는 이민자 숙소에서 처음 며칠 만에 모두 소진되었다. 할아버지 스티븐스는 동네 빵집에서 곧 일자리를 얻었고, 마침내 자신의 자그마한 빵집을 열고 '스티븐스 브레드 앤드 케이크'라는 이름을 붙였다. 나는 당시 조부모님이 토론토에서 빵과 케이크를 배달할 때 쓰던, 말이 끄는 화물차 사진을 아직도 가지고 있다. 어느 날 아버지는 빵을 배달하다가(배달용 드론이 발명되기 전, 상품이 집 앞까지 배달되던 때를 기억하는가?), 평생 이 일을 하지는 않을 거라고 스스로 다짐했고, 일반 회계사 자격증을 따기 위해 밤마다 공부하기 시작했다. 그러나 아버지의 환경은 빈곤층을 겨우 벗어난 처지였기에, 돈은 소중했다. 아버지가 "그래 봤자 고작 돈이야"라는 마음을 처음부터 줄곧 품은 것은 아니었다. 그러나 세월이 흐르면서 우리는 모두 돈과 관련해 저마다의 여정을 걷는다. 아버지도 그랬다. 분명 어머니가 그랬듯이 나도 그랬고 지금도 그렇다.

어머니는 훨씬 더 가난한 환경에서 자라셨다. 당시에는 아직 공식적으로 캐나다가 아니었던 뉴펀들랜드 동쪽의 한 외항에서 태어난 어머니는 수돗물도, 전기도, 전화도 없고 심지어 포장된 길도 없는 고립된 어촌에서 자라셨다. 모든 것은 배로 오고 갔다. 어머니의 가족은 헤어 베이(Hare Bay), 보나비스타 베이(Bonavista Bay)라 불리는 울퉁불퉁한 해안에서, 주로 생선과 짧은 여름 동안 돌밭에서 키운 양배추로 끼니를 때우며 살았다. 외할아버지는 21미터짜리 스쿠너(전방 돛대보다 후방 돛대가 더 높은 배)를 소유하고 계셨고, 아들들과 친척들을 데리고 (레이더도, 엔진도 없이) 오직 나침반과 돛만을 의지해 1년 중 6개월을 대서양 북쪽의 거친 캐나다 해안을 따라 래브라도(Labrado)까지 항해하면서, 유명한 그랜드뱅크스(Grand Banks, 캐나다 뉴펀들랜드섬 근처에 있는 세계 3대 어장 중 하나—옮긴이)에서 고기잡이를 하셨다. 당시 이 어장에는 대구가 가득했다. 어머니는 종종 외할아버지가 가족의 '수장'이었다고 말씀하셨지만, 사실 남자들은 1년 중 6개월을 바다에, 나머지 6개월은 벌목을 위해 숲에 나가 있었기 때문에 실제로는 어머니의 가족을 포함하여 어촌의 다른 가족들도 모두 모계 중심이었다. 그러나 외조부는 열두 자녀의 아버지가 될 만큼은 집에 머무셨다. 그래서 어머니의 가족은, 스스로는 그렇게 생각하지 않았을지라도, 실제로 가난할 수밖에 없었다. 어머니는 오렌지 한 개가 얼마나 특별한 크리스마스 선물이었는지 회상하곤 하셨는데, 오렌지는 플로리다에서 배로 들여온 뒤 다양한 포장업자들의 손을 거쳐 그 마을의 가게까지 와야 했기 때문이다. 그 단촐한 가게에서는 바다나 척박한 그 지역의 땅에서는 얻을 수 없는 것들을 지역민들에게 팔았다.

나는 열두 살 때 그곳을 방문했는데, 절연 처리가 잘된 포장지 안에 드라이아이스와 함께 포장된 아이스크림 하나가 얼마나 특별한 선물이었는지 아직도 기억한다. 어머니는 가끔 빙하 조각이 만으로 떠내려오면 조그만 고깃배를 타고 나가서 그 얼음을 깎아 와서는 아이스크림을 만들어 먹었다고 회상하신다. 내가 왜 그렇게 바닐라 아이스크림에 중독되어 있는지 유전적으로 설명이 되는 대목이다. 열두 형제자매 중 어머니는 자기 나름의 사업가 기질이 있었다. 어머니는 가족 중 처음으로 바닷가를 떠났고, 열여섯 나이에 토론토에서 서쪽으로 수백 킬로미터 떨어진 곳의 한 부잣집에서 가사 도우미 일자리를 얻었다. 그 부잣집 자제는 후에 캐나다 텔레비전의 앵커가 되었다. 오랜 세월이 흐른 뒤, 플로리다로 가는 비행기에서 이 앵커 옆에 앉게 된 어머니가 "나 당신 알아요"라고 말했고, "내가 당신 기저귀를 갈아 줬지요"라고 덧붙였다고 한다. 그렇지만 어머니의 배경은 가난했다. 아니면, 다른 방식으로 풍요로웠던가? 자기만족, 검소한 생활, 창조세계와 환경에 대한 세심한 주의력, 끈끈한 가족애, 공동체 돌봄과 나눔이라는 면에서 말이다. 사실 어머니가 감정적으로 불안정하셨던 것을 고려하면 어머니의 관대함은 놀라웠다. 어머니는 매력적인 면모도 많았다.

어머니는 의심할 여지 없이 아름다운 분이셨고, 어릴 때 헤어 베이의 구세군 교회에서 그리스도인이 되었다. 아버지는 토론토의 구세군 교회에서 어머니를 만나 사랑에 빠졌다. 아버지는 튜바를 연주했고, 어머니는 천상 가수셨다. 두 분은 결혼한 뒤 몬트리올로 이사해서 철강 제조 회사에서 일했다. 앞서 아버지는 은행에서 일하기도 하셨다. 그러나 한 번의 사산을 포함한 세 번의 출산 이후, 어머니는 깊은 우울증에 빠지셨다. 오늘날에는 분명 산후 우울증으로 진단이 내려졌을 것이다. 나보다 여섯 살이 더 많은 존 형은, 내가 두 살일 때 어머니가 몬트리올의 우리 집 이층에서 창문으로 뛰어내리려는 것을 아버지가 달려가 붙잡았던 사건을 기억한다. 의사의 충고에 따라 아버지와 어머니는 토론토로 다시 이사했다. 뉴펀들랜드의 어촌에서 이주해 와서 살고 있던 친척들의 도움을 받을 수 있었기 때문이다. 거기서 아버지는 토론토의 한 회사에서 부서의 수장이 되는 일생일대의 기회를 잡았고, 마침내 사장 자리까지 올라가셨다. 처음에 부모님은 돈이 많지 않았지만, 어머니는 아버지가 그랬던 것처럼 아주 적은 것으로도 살림을 꾸리는 법을 아셨다. 그러나 회사가 성장하고, 아버지의 급여가 천문학적 수준으로 오름에 따라 각각 3학년, 8학년까지만 학교를 다니셨던 어머니와 아버지는 부자가 되었다. 따라서 내 인생의 가장 초기 시절과 달리, 나는 풍요로운 가정에서 자라게 되었다. 고등학교 때에는 큰 뷰익(Buick, 미국 제너럴 모터스의 고급 자동차 브랜드—편집자)을 몰았고, 원하는 것은 무엇이든 가졌다. 그러나 어머니는 한 번도 관대함을 잃지 않았고, 가난하다는 것이 어떤 것인지 결코 잊지 않으셨다. 나는 어머니의 관대함이 어디에서 왔는지 자주 생각한다.

예를 들어, 내가 학교에서 돌아와 보면 종종 침대나 서랍장, 책상 같은 내 방의 가구가 하나씩 사라져 있었는데, 대부분 어머니가 아버지 공장에서 일하기 위해 뉴펀들랜드 어촌에서 토론토로 이사한 조카나 사촌이 살 아파트에 필요한 가구를 갖다 주신 것이었다. 어머니에게는 이런 조카나 사촌이 거의 백 명이나 있었다. 다음날에는 어김없이 토론토 이튼 백화점에서 새 가구를 배달하는 트럭이 오곤 했다.

부자와 가난한 사람이 더불어

내가 십대일 때 우리 가족은 노스 토론토(North Toronto)를 떠나 멀리 떨어진 교외의 (당시에는) '깡촌'으로 이사했다. 정확한 주소도, 토지 사용 제한법도, 주택 법규나 편의 시설도 없는 곳이었다. 어머니와 아버지는 3,700평의 땅에 방 세 개짜리 멋진 집을 지었다. 우리 집에는 우물에서 물을 끌어올 수 있는 전기 펌프와, 실내 화장실을 위한 하수 처리 시설과 기타 편의 시설이 갖춰져 있었다. 길 아래로는 토론토 메이플 리프스(Toronto Maple Leafs) 하키 팀을 매입한 사람 소유의 저택이 있었다. 그러나 언덕 위 조그마한 부지에 서 있는 옆집은 수도도, 전기도, 난방 시설이나 실내 화장실도 없는 방 하나짜리 오두막이었고, 나이가 아주 많고 편찮으신 할머니와 그런 어머니를 돌보는 쉰 살의 아들이 살고 있었다. 생활 보조금을 받고는 있었지만, 당시에도 아주 보잘것없는 액수였다. 하지만 나도 정부 보조금을 받고 있었는데, 종류는 다르지만 이런 주거 환경에 대한 지원금이었다.

    토지 사용 제한법이 없는 이런 상황은 한 가지 이점이 있었다.

부유한 사람과 가난한 사람이 더불어 산다는 것이다. 나의 동네 친구들 중에는 가난한 친구도, 부유한 친구도 있었다. 한쪽에는 부자가, 다른 한쪽에는 가난한 사람이 있었다.

토론토에서는 겨울에 보통 집 밖의 수도꼭지가 얼어붙기 때문에 대부분 언제나 물을 말린 뒤 밸브를 잠가 놓았는데, 우리 집은 늘 열어 두었다. 언덕 위 오두막에서 하루에 두 번씩 앨버트 저프 씨가 양동이 두 개에 하나는 씻을 물을, 다른 하나는 마실 물을 채워 갔기 때문이다. 이미 말했듯, 어머니는 분명 세상에서 가장 관대한 분이셨다. 로스트비프, 신선한 채소, 구운 감자, 갓 구운 후 바닐라 아이스크림을 얹은 애플파이(맞다. 내 어머니로부터 시작된 것이 분명하다)가 차려진 훌륭한 식탁에 앉기 전, 어머니는 반드시 앨버트 저프 씨와 그의 어머니를 기억했다. 그래서 청소년이던 나는 밤마다 옆집의 가난한 이웃에게 가져다줄 음식 두 접시를 들고 언덕을 올라야 했다. 관대한 마음으로 이 일을 했다고 말할 수 있다면 좋겠지만, 나는 때로 이 일을 하기가 너무 싫었다. 아마도 부분적으로는, 부잣집 아들인 내가 진짜 가난, 진짜 무력, 진짜 절망을 마주하고 있다는 진실을 매일 대면해야 했기 때문이리라. 그때 나는 가난한 이들 없이는 부자가 구원받을 수 없다는 것을 거의 깨닫지 못했다. 그러나 밤마다의 이 순례는 나 자신의 실존, 가난하고 힘없는 이들을 실제로 만나 보지 못했었다면 훨씬 더 쉬웠을 나 자신의 세계와 대면하는 영적 여행이었다. 우리 자신이 직접 가는 것보다 수표를 보내는 것은 훨씬 쉽다. 나는 우리가 왜 가난한 사람들과 친구가 되려 하지 않는지 알기 위해 씨름했다. 우리는 어째서 꼭 누군가에게 돈을 주어서 배고픈 사람을 먹이고 고아를 돌보고 이방인을 환영하는 일을 하려고 하는가? 밤마다 나는 그 언덕을 오르며 내 마음속을 정처 없이 헤맸다. 무엇이 우리를 철저하게 차단된 컨테이너 안에, 재산 가치가 법률을 통해 '보호받는' 높은 벽으로 둘러싸인 공동체 안에, '우리와 비슷한' 사람들로 구성된 교회에서 예배드리는 클럽 안에 머무르게 만드는가? 중요한 약속에 늦을까 봐 길가의 다친 사람을 도와주기 위해 가던 길을 멈출 수도 없을 만큼, 우리는 꽉꽉 채운 스케줄을 따라 산다.

전부 넘버원을 위한 것

사실 나는 모든 것을 가진 것이 너무 좋았다. 내게는 차, 좋은 옷, 여자 친구들, 환상적인 카메라, 하이파이 사운드 시스템(들어본 적이 있으려나 모르겠다)이 있었고, 그 외에도 많은 것이 있었다. 열여섯 살 때, 한번은 아버지가 이 사실을 나에게 뼈아프게 일깨워 주셨다. 집 밖에서 함께 허드렛일을 하다가 아버지는 나를 옆으로 불러 세우셨다. 내가 기억하기로, 아버지가 나에 대해 혹은 나에게 무언가 부정적인 말씀을 하신 것은 평생 그때가 유일했다. "전부 넘버원(나를 가리킨 것이었다)을 위한 거야. 그렇지, 폴?" 그 후 2년이 못

돼서 내가 그리스도인의 길을 받아들이게 된 데에, 이것이 꼭 필요한 순간이었다고는 확실히 말할 수 없다. 내가 그리스도인이 된 맥락은 조금 특이했다. 잘 고쳐지지 않는 조악한 영어를 쓰시지만 좋은 옷과 큰 차가 있는 부모님은, 토론토에 있는 아주 크고 돈이 많은 교회에 출석하기로 결정하셨다. 고급 차를 타는 돈 많은 사람들, 즉 '부유층 고객'의 입맛에 맞는 교회였다. 안내 위원들은 턱시도를 입었고, 성가대에는 월급을 받는 성악인이 다섯 명이나 있었다. 나는 열여섯 살이던 그해에 세례를 받았지만, 예수님을 인격적으로 만나지는 못했다. 사업가 기질이 있고 손으로 뭔가 만드는 것을 좋아했던 나는, 회중석 뒤쪽에 앉아 집에 있는 작업실에서 내가 만들고 있던 것들을 디자인하곤 했다.

교회 주보에 일요일 밤 학생부 모임에 대한 광고가 실린 것이 눈에 띄었다. 나는 한번 가 보기로 했다. 그 나이 또래를 위한 공간으로 더 이상 열악할 수가 없었다. 창문도 없고 스팀 파이프가 보이는 더러운 방에, 시무룩하고 슬픈 기색의 학생 열 명이 원을 그리며 앉아 있었다.

"안녕! 나는 폴 스티븐스라고 해. 모임에 참여하고 싶어서 왔어."

"그것 참 안 됐다." 그들은 말했다.

"왜?"

"오늘이 마지막 모임이거든." 그들은 대답했고, 나는 이유를 물었다.

"학생부 회장을 할 사람이 없어."

그러고는 다들 나를 쳐다보았다.

"만약 네가 회장을 맡는다면, 계속 모일 거야."

"그럼 그럴까?" 나는 말했다.

그렇게 해서 나는 처음 나간 모임에서 학생부를 이끌게 되었다. 그런 뒤, 교회의 모임이라면 필요하겠다고 짐작한 성경 공부와 기도 모임을 계획하고 준비했다. 그리고 그렇게 북쪽으로 떠난 여름 캠프장의 한 기도회에서, 나는 예수님께 사로잡혔고 그리스도인이 되었다. 내가 초빙한 강사는 끔찍했다. 그럼에도 불구하고, 나를 포함한 모두를 위해 내가 계획했던 한 시간 동안의 완전한 침묵 가운데서, 하나님은 출렁거리는 사랑의 끝없는 파도를 타고 나에게 찾아오셨다. 철저하게 무너지고, 눈이 뜨이고, 위아래가 뒤집히는 일이 동시에 일어났다. 다음 날 아침, 나는 모두에게 그들의 회장이 구원을 받았다고 공표했지만, 별다른 소동은 일어나지 않았다. 그러나 나는 금세 중요한 것을 발견했다.

갑자기 나는 그리스도인의 길이란 종교에 관한 것이 아니라 삶에 관한 것임을 깨달았다. 다른 많은 것 가운데서도 돈을 대하는 내 태도가 돌연 변화하는 출발점이었다. 그때까지는 부유함의 호사를 누리고 즐겼다면, 이제 나는 부모님과 돈에 대한 부모님의 접근 방식에 매우 비판적이 되었다. 나는 두 분이 물질주의적이라고 판단했다. 나중에야 부모님보다 나 자신이 더 물질주의적이었음을 발견했다! 나는 성 프란치스코(St. Francis)의 이야기를 읽기 시작했다. 그는 부유한 집에서 자랐지만 모든 것을 포기하고 가난을 자신의 부인(Lady Poverty)으로 받아들였다. 가득 채운 두 개의 음식 접시를 들고 밤마다 언덕을 오르던 여정은 이제 내 개인적 생활 방식이 되었다. 나는 온타리오 해밀턴의 빈민가에서 가난한 사람들과 동질감을 추구하면서, 그들을 사랑하고 조금은 도우면서 시간을 보냈다. 결혼한 뒤에는 몬트리올의 가난한 지역으로 이사해서, 어려움을 겪는 궁핍한 교회에서 목사로 섬겼다. 우리 집 뒷방에는 알코올 중독자가 살았고, 거실 소파에서는 창부가 잠을 잤다. 배고픈 가정들에 식료품을 배달하고, 집세를 못 낸 사람들이 말 그대로 이 집에서 저 집으로 이사하는 것을 돕는 데 많은 시간을 썼다. 나는 그들의 침대와 개인 물품들의 조립법을 알게 되었다. 주말에는 도심에 사는 이들을 시골 농장으로 데리고 가서 채소를 키울 수 있게 했다.

몬트리올의 빈민 가운데서

아내 게일은 그때 우리에게 얼마나 돈이 없었는지 기억한다. 우리의 일주일치 식료품 예산은 25달러밖에 되지 않았기 때문에, 아내는 세 아이와 함께 식료품 카트를 밀며 슈퍼마켓의 계산대 줄에서 기다릴 때마다 가진 돈보다 더 많이 나오면 어쩌나 불안해하곤 했다. 기다리는 내내 식은땀을 흘렸고, 몇 가지 빼야 할 때도 종종 있었다. 그러는 동안 나와 아내의 부모님들은 우리를 지지해 주셨지만, 무엇보다 우리를 계속 나아가게 만드는 것이 무엇이 모르겠다며 놀라워하셨다. 돈을 문젯거리로 보면서 우리가 쓸 돈도 거의 없었던 그 시기 내내 부모님은 우리 곁에 계셨다. 그런 사정은 시간이 지나면서 바뀌어 갔다.

우리는 모두 돈과 관련해 각자의 순례를 한다. 때로는 문화에서, 광고에서, 가정에서 습득한 강력한 교훈에서 영향을 받기 때문이다. 그리고 때로는 계시된 하나님의 말씀에서 '반대편의' 관점을 듣고 변화되기도 한다. 바로 그것이 우리가 이 책에서 나누려고 하는 것이다.

가족의 도움을 일부 받아 우리는 몬트리올에서 집을 샀다. 교회에서 한 사람이 "그게 부자들이 사는 방식이겠죠"라고 말하는 것을 듣고 나는 충격을 받았다. 내가 부자였던가? 옆집에 사는 변호사 가족은 돈이 많은 것처럼 보였다. 그들은 부자였지만, 우리는, 나는 아니었다. 시간이 지나면서 우리는 옆집의 이웃과 놀라운 영적 우정을 발전시켰고, 휴가도 함께 가고 매주 혹은 밤마다 이야기를 나누고 기도하고 함께 책을 읽었다. 그들은 아주 비싼 와인을 마시고 우리는 치킨 스프를 먹을 때에도, 우리의 우정은 서로 다른 라이프스타일에도 불구하고 지속되었다. 지속되지 못했던 것은 서로의 옆집에 사는 것이었다. 그러나 우리의 영적 우정은 우리가 수백 킬로미터 떨어진 곳으로 이사를 간 뒤에도 계속되었다. 우리 이웃이 세상을 떠날 때까지 우리는 서로 연락을 주고받았다. 그러는 동안 나는 브리티시컬럼비아주 밴쿠버에 있는 부유한 교회에서 목회를 하기 시작했다. 잔치를 벌인 기근의 시기였다.

몬트리올을 떠난 뒤 내가 상담학을 공부하는 몇 년 동안, 수중에 현금이 떨어질 때면 우리는 저녁 식탁에서 먹을 것을 위해 기도했고, 거의 그때마다 놀랍게도 얼마 지나지 않아 우편물로 수표가 도착하거나 다른 뜻밖의 행운이 우리를 찾아왔다. 그렇지만 우리는 이 좋은 교회에서 월급을 많이 받는다고 생각했다(실은 그다지 많은 액수가 아니었다). 우리는 바닷가에 약간의 땅을 살 수 있었고, 손재주가 있던 나는 대부분 공사 현장에서 쓰고 남은 재료로 우리 가족을 위한 작은 집을 지었다. 우리에게는 다시 돈이 생겼다. 그러나 그 모든 것은 돌연 끝이 났다.

나는 교회를 떠나 중년의 목수 견습생이 되었고, 한 시간에 5달러를 받으며 일했다(나에게는 세 명의 십대 자녀와 집과 차가 있었다). 가족의 생존을 위해 나는 세 곳의 직장에서 일했다. 주택 보수 업체에서 일주일에 40시간씩 일했고, 주말에는 두 곳에서 더 일했다. 거기에 더해, 우리는 노숙자들과 여름이면 밴쿠버 해변으로 몰려드는 젊은이들을 대상으로 사역하는 작은 교회를 이끌었다. 다시 한번, 우리는 가난으로 곤두박질치듯 나아가고 있었다. 그러나 하나님은 대부분 노동의 형태로 우리의 필요를 채워 주셨다. 그러나 돈이 나를 붙잡고 있었음을 인정해야 할 것이다. 밤에 침대에 누워 잠들기 전 그 소중한 몇 분 동안, 나는 주택담보대출 이자와 공과금, 식료품, 자동차 기름 값, 가족들에게 필요한 옷과 그 밖의 것들을 위한 돈이 충분한지 머릿속으로 계산했다. 나는 돈이 너무 부족할까 봐 두려웠다. 이후에는 너무 많을까 봐 두려워했다.

밴쿠버에서 못을 박다

나는 약간의 돈을 끌어모아 대등한 동업자로서 사업체를 인수했다. 이로써 더 많은 수입을 얻게 되었고, 일하는 시간은 늘어났지만 성취감을 느꼈다. 사람들이 살고 있는 집을 개조하는 일에서 좋은 점은, 그들의 세계에 들어가 그들이 어떻게 살고 있으며 왜 그렇게 사는지 내부에서 들여다볼 수 있는 특권을 누린다는 점이다. 특히 커피를 마시면서 혹은 점심을 먹으면서 집주인들과 나누었던 많은 대화를 기억한다. 내가 도대체 무엇을 하고 있는지 모르겠다는 생각에 기분이 아주 저조했던 어느 날, 신자인 한 집주인에게 "내가 내 인생을 낭비하고 있는 것 같아요"라고 말했다.

그가 대답했다. "모세에게도 쓸모없는 경력 두 가지가 있었다는 걸 잊지 마세요. 그는 이집트의 행정가였고, 미디안 광야에서는 목자였지요. 그리고 하나님은 모세를 그분의 백성을 위한 행정가이자 목자로 만드셨어요." 나는 이 말에 약간 힘을 얻었고, 동시에 약간 마음이 불편했음을 인정해야겠다.

   마음이 불편했던 것은, 어떤 면에서 그 말에는 어떤 일과 사람, 장소는 거룩하고 다른 일, 사람, 장소는 속되다는 오랜 이원론적 생각이 들어 있었기 때문이다. 온타리오 북부의 캠프장에서 내가 처음 그리스도인이 되었을 때, 나는 이러한 이원론에 빨려 들었다. 내 마음에 몰아쳐 들어오는 하나님의 사랑을 느끼며, 나는 다른 어떤 것보다 하나님을 섬기는 '전임' 사역자가 되기를 원했다. 그리고 그때에는 누구도 나에게 하나님을 '전임'으로 섬기기 위해 반드시 목회자나 선교사가 될 필요는 없다고 말해 주지 않았다. 나는 이 세상과 이 생애 가운데서, 하나님 나라 안에서 살고 일하는 것에 대해 전혀 이해하지 못했다. 그래서 나는 신학교에 들어갔고, 정말로 내가 성인이 된 후의 인생 가운데 20년을 온전히 목회자로 보냈다. 그러나 또 다른 10년은 사업을 했고(이 역시 하나님과 이웃을 섬기는 전임 사역이자 '주의 일을 하는' 방법이라는 것을 깨달았다), 30년은 교수 생활을 했다. 82세의 나이에 뒤를 돌아보니, 지나온 내 인생의 여정에 후회는 없다. 정말로, 앞에서 인용한 쇠렌 키르케고르(Søren Kierkegaard)의 말처럼, "삶은 앞을 보며 나아가지만, 뒤를 돌아볼 때 그것을 이해하게 된다."[2] 그리고 직업과 관련해 내가 어떤 어리석은 실수를 했을 때에도, 우리의 은혜로운 하나님은 그분의 놀라운 방식으로 그러한 실수들을 구속하셨다. '딱 떨어지는 하나님의 뜻', 즉 우리 모두가 맞추려고 노력하는, 포착하기 힘든 과녁의 정중앙이란 없다. 우리 삶을 위한 멋진 **계획**, 우리가 발견하고 맹종해야 하며, 그렇지 않을 경우 큰 어려움에 처하게 되는 건축의 청사진은 존재하지 않지만, 우리에게는 더 나은 것이 있다. 즉, 우리 삶에 대해 하나님이 가지고 계신 멋진 목적이다. 이 책에서 우리는 돈이라는 영역에서 바로 그 멋진 목적을 발견하고자 한다.

그리스도인에게 은퇴는 없다

그래서 이제 나는 여기에 소위 은퇴자로 서 있다. 내가 '소위'란 말을 쓴 것은, 나는 은퇴를 믿지 않기 때문이다. 나는 돈을 받든 받지 않든, 죽을 때까지 일해야 한다고 생각한다. 물론 스트레스가 높은 직업들에서는 물러나고, 젊은 세대에게 자리를 내주는 것도 중요하다. 바로 그것이 내가 11년 전 리젠트 칼리지의 교수직에서 은퇴한 이유다. 전 학장으로서, 나는 우리 학교에 자리가 날 때마다 직장을 구하지 못한 수백 명의 박사 학위자들의 이력서를 받곤 했다. 그래서 은퇴는 했지만, 나는 전임 때와 거의 비슷한 정도로 가르치는 일을 계속 해 왔다. 시간 강사로 받는 보수는 일반적으로 교수가 받는 것의 5분의 1 수준이다. 그래도 괜찮다. 거액의 연금을 받는 것은 아니고, 감사하게도 아직 건강해서 82세의 나이에도 '유급의 고용' 상태에 있지 않은가. 말하자면 말이다.

2년 전, 나는 전 세계 사람들이 신앙과 일을 통합할 수 있도록 돕기 위해 일터변혁연구소(Institute for Marketplace Transformation)를 시작했다.³ 이 책은 그러한 사업의 일환이다. 나는 이 운동을 지도하면서 가끔 약간의 비용을 받기도 하지만, 기본적으로 이 운동은 자원봉사로 이루어진다. 그렇다면 나와 내 아내는 어떻게 생활하느냐고? 가족의 청지기 역할에 대한 우리의 시각은 조금 복잡하다.

동양에서는 자식들이 부모를 돌보는 데 반해, 서양에서는 부모가 자식을 돌본다. 이것이 약간 과장이라는 것을 알지만, 꼭 그렇지만은 않다. 나는 내 나이 오십에 부모님의 유산을 물려받았는데, 우리는 기본적으로 이것을 우리 자식들이 집을 마련하기 위한 계약금을 내는 데 쓰도록 그들에게 물려주었다. 동양 사람들은 우리가 미쳤다고 생각한다. 그들은 늙은 부모를 돌보는 것이 자식의 의무라고 말한다. 그러나 서양은 다르다. 성경에는 이러한 논쟁의 양쪽 모두를 뒷받침하는 구절들이 각각 존재한다. 예수님은 바리새인들이 전적으로 하나님께 (아마도 성전을 통해) 돈을 바침으로써 늙은 부모님을 돌볼 자원이 없다고 하는 것에 대해 꾸짖으신다. 동양과 아시아의 그리스도인들은 십계명에 나오는 "너희 부모를 공경하여라"라는 명령에 큰 무게를 두면서, 이를 '부모를 부양하라'는 뜻으로 이해하는 반면, 서양에서는 부모에게 영광을 돌리고 부모를 존경하라는 뜻으로 이해한다.⁴ 고린도후서에서는 이를 서양의 방식으로 이해한다. "자식이 부모를 위하여 재산을 모아 두는 것이 아니라, 부모가 자식을 위하여 재산을 모아 두는 것이 마땅한 것입니다"(12:14). 어떤 사회에서는 첫 번째 해석이 우세하다. 즉, 부모를 부양하고 그 뜻에 순종하라는 것이다. 아프리카에서는 결혼한 남자가 부모에게 순종하고, 부모를 자신의 배우자보다 더 우선으로 생각하며, 이는 결국 결혼 생활에 종종 불행한 결과를 가져온다. 게일과 내가 10년 중 일부 기간 아프리카에 살 때, 나는 종종 교회 장로들에게 "결혼한 남자가 부모에게 순종해야 합니까?"라고 물었고, 항상 "그렇습니다"라는 대답을 들었다. 그러면 나는 다시 물었다. "만약 결혼한 남자가 부모에게 순종한다면, 어떻게 창세기 2장에 나오는 대로 '아버지와 어머니를 떠나' 그 아내와 결합할 수 있습니까?" 이 질문은 보통 침묵으로 이어졌다. 따라서 이 책에서 씨름할 사안 가운데 하나는 가족 내에서 돈에 대한 청지기 역할이다. 이 부분을 쓰면서 나는, 현재 정상적인 생활이 거의 불가능하며 다소 열악한 '노인' 주거 시설에서 지내는 친구를 생각하고 있다. 그는 평생 돈과 재산에 대해 관대했고 때로 사정이 좋지 않은 기업을 위해 보수 없이 일하기도 했다. 그러나 이제 그는 몇 번이고 계속 이렇게 말한다. "인생에서 내가 후회하는 단 한 가지는 노년을 위해 대비하지 않았다는 것이라네." 그의 외동딸마저 그를 도울 형편이 못 된다.

따라서 현재 나는 일주일에 40시간 이상을 일하는 (그리고 그것을 사랑하는) '은퇴자'로서, 우리 두 사람이 죽을 때까지 생활할 돈이 충분할지 따져 본다. 우리에게는 저축해 놓은 돈이 약간 있다.

현재 속도라면 저축하고 투자한 돈은 5년 후에는 다 떨어질 것이고, 만약 보수를 받는 일을 그만두거나 아프게 된다면 이 시기는 더 앞당겨질 수도 있다.

아버지가 말씀하셨던 것처럼 '그래 봤자 고작' 돈이 아닌 것이다. 돈은 중요하다. 단순하지 않은 현실이다. 그것은 은혜이자 선물이며 성례전일 수 있다. 그러나 동시에 우리의 마음을 쥐고 흔드는 힘이 있다. 돈은 중립적이지 않다. 돈과 왜 그리고 어떻게 관계를 맺어야 하는지 알아보기 위해, 우리는 한 가지 근본적인 질문을 던질 필요가 있다. 도대체 돈이 무엇인가? 우리는 돈이 삶의 의미와 어떤 관계가 있는지 질문해야 한다. 교회의 역사에서 돈이 무엇을 의미하는지도 살펴보아야 한다. 그리스도인의 청지기 역할이란 무엇인지 물어야 한다. 우리는 이제 이 결정적인 질문들로 고개를 돌릴 것이다. 그러나 먼저 우리는 어째서 돈이 그토록 강하게 우리를 붙잡는 힘이 있는지 살펴볼 필요가 있고, 그것을 위해서는 역사를 알아야 한다.

3장
거룩한 돈

간략한 역사 그리고 돈을 다루기가 그토록 힘든 이유

고대 이집트 사제들이 그 노란색 금속에 불어넣은
마술적 성질은 한 번도 완전히 사라진 적이 없었다.
- 존 메이너드 케인스, 금이 지닌 힘에 대하여[1]

나(클라이브)는 1960년대와 1970년대에 아시아에서 자랐다. 매일의 생필품은 전부 동네 구멍가게에서 샀다. 그때에는 싱가포르의 모든 마을에 구멍가게가 적어도 하나씩은 있었다. 가게 주인은 거의 모든 손님의 이름을 알았다. 어머니는 내게 얼른 가게에 뛰어가서 식용유나 소금, 건어물을 사오라고 시키곤 하셨다. 그러면 나는 외상 내역이 기록된 작은 수첩을 가져갔고 가게 주인은 거기에 새로운 내역을 추가했다. 그런 식의 거래는 오늘날 우리가 통화의 신뢰성이나 사업상 거래처 사람들을 믿는 것과 마찬가지로, 모두 신뢰에 바탕을 두고 있었다. 우리의 외상 장부는 한 달에 한 번 아버지가 월급을 받으실 때 정리되었다. 가게 주인들과 좋은 신용 기록을 유지하는 것은 지속적인 신용 거래를 보장하는 데 결정적이었다. 가게 주인이 잘 모르는 고객이나 신용이 좋지 않은 고객은 현금 거래를 해야 했다.

50년이 지난 지금, 이런 외상 거래의 관습은 아시아에서 여전히 일반적이다. 우리 두 사람은 최근 한국의 제주도 남쪽에 사는 목사를 방문했다. 우리의 방문을 기뻐한 이 목사는 우리를 데리고 동네 해산물 식당에 점심을 먹으러 갔다. 점심을 먹은 뒤, 그는 작은 수첩들이 놓여 있는 책상으로 걸어가 자신의 이름이 적힌 수첩을 집어 들었다. 그는 거기에 날짜와 점심을 먹은 사람 수를 적었다. 알고 보니, 그의 가족은 그 식당에서 자주 밥을 먹었고, 그들이 먹는 식사는 모두 이 장부에 기록해 두었다가 한 달에 한 번씩 밥

값을 계산했다. 고대 세계에서도 이런 동일한 방식의 거래가 이루어졌다. 그러나 차이가 있었다.

고대 세계에서 대부분의 돈은 은행, 자동인출기, 대출업자가 아닌 신전을 통해 순환되었다. 고대의 평범한 바빌론 사람들은 여러 잡다한 물건을 사기 위해 무엇으로 값을 치렀을까? 구리 팔찌나 은 덩어리로 냈다. 신전이 통제하지 않는 어떤 물품들의 가격은 공급과 수요에 따라 오르내렸다. 경제사가인 윌리엄 괴츠만(William Goetzmann)은 바빌론 사람들이 은 본위 가격 제도를 사용하여 돈 낸 것을 기록했을 것이라고 말한다. 동네 가게의 외상 기록처럼 말이다. 이런 제도는 장부 기록 체제에 대한 공통의 신뢰에 기초해 있을 때, 그리고 정직하다는 평판을 듣는 곳에서만 유지될 수 있었다. 괴츠만은 그것이 "서로가 아는 사이이고, 외상값 정리를 할 수 있게 충분히 자주 만나는 사람들 사이에서 거래가 우세하게 발생했던 배경"이라고 말한다.[2] 그것은 오래전이었다. 오늘날은 어떤가?

일부 경제학자들은 돈이 교환 촉진을 위해 만들어졌다고 주장한다. 그들의 설명은 이렇다. 우리 조상들은 다양한 물품을 교환하기 시작했고, 그러한 교환은 그들의 삶을 더 쉽게 해 주었다. 바로 그러한 교환에서 모든 사람이 받아들일 수 있는 물건으로서 돈이 만들어졌다. 돈의 사용은 점차 물물교환을 대체했고 사람들 사이에서 효율적인 교환을 촉진했다. 오늘날, 대부분의 사람들은 지폐이든 동전이든 혹은 통장에 찍힌 숫자이든, 돈을 중립적 재화로 본다. 이는 대체로 돈을 효율적인 교환을 위한 중립적 수단으로 보는 시각에 힘입은 것이다. 도덕적 차이를 만드는 것은 우리가 돈을 사용하는 방식이라는 것이다.

반면, 인류학자들은 돈이 교환을 위해서가 아니라, 5천 년 이상 전에 고대 근동의 신전에서 사용되기 위해 만들어졌다고 믿는다. 그들은 돈이 고대 신전에서 기록하던 장부의 단위로서 고안되었다고 말한다. 따라서, 돈에는 영혼이 있다. 앞으로 살펴보겠지만, 인류학자들에 따르면 모든 것이 물물교환에서 시작하여 돈으로 이행했고 마침내 신용 제도에 이르렀다는 것은 사실이 아니다. 돈은 사람들이 은이나 금의 양을 주머니에 담아 무게를 재거나 저울에 달기도 전, 처음부터 거기 있었다.

어떤 경우든, 이번 장에서는 돈의 기원에 관하여 먼저 고대 바빌론 문화의 신전과 연계하여 짧게 살펴본 뒤, 그것이 오늘날까지 어떻게 발전했는지 추적해 보고자 한다.

고대 바빌론 신전에서의 돈

세계 최초의 은행가들은, 3천 년 이상 전에, 바빌론에 살고 있었다.[3] 글린 데이비스(Glyn Davies)는 돈의 역사에 관한 그의 책에서, 세계의 첫 번째 문명이 7천 년 이상 전에 유프라테스강과 티그리스강 사이의 따뜻하고 비옥한 평지에서 발생했을 가능성을 숙고한다. 바로 이곳으로부터 이웃 지역으로 문명이 흘러 들어갔다. 현재 이라크에 위치한 우루크(Uruk)라는 고대 도시는 가장 많을 때는 인구가 1만 명에 달했는데, 5천 년 전 이 도시에는 이자를 계산할 수 있을 정도로 정교한 금전 체계가 발달했었다는 증거가 있다.[4]

돈이 처음 사용된 것은 종교적 맥락에서였다. 돈은 성스러운 것이었고, 구별되어 있었다.[5] 가장 최초의 은행은 신전이었다. 고대 메소포타미아의 초기 수메르 도시들에서 신전은 정치적·종교적 삶의 중심이었다. 사람들이 도시로 이주해 옴에 따라, 주변 농지에서 식량을 들여와야 했다. 이미 정치적 중심이었던 고대 바빌론의 신전은 또한 식량 분배를 위한 경제적 중심이 되었다. 이는 도시가 그 도시를 다스리는 신의 소유라는 믿음에 근거했다. 신전은 신을 대행했고, 도시 국가의 풍요로운 땅을 지배했다. 신전은 수천 명의 막일꾼과 숙련된 장인을 불러 모으는 도시의 핵심 고용주였다. 농부들 역시, 아마도 신전에 고용되어 신전 제사장과 감독관의 권위 아래 일하는 피고용자였을 것이다. 곡물은 신전에 쌓아 보관해 두었다가 제사장의 권위 아래 거주민에게 분배했다. 물론 상점가와 소규모 시장들도 있었지만, 성전이 중앙 시장 역할을 했다. 성전의 저장고는 수확률이 좋지 않거나 홍수 때문에 작물이 해를 입었을 때 부족한 식량 공급을 완충하는 기능을 담당했다. 그 극적인 예가 성경에 나오는 요셉 이야기다. 그는 기름지고 풍요로운 7년 동안 남는 곡식을 저장했다가, 메마른 기근이 찾아온 다음 7년 동안

이를 재분배했다. 이러한 모든 거래에는 회계를 담당할 사람이 필요했다. 서기들이 등장하는 순간이다.

서기들은 성전 저장고에 들어오고 나가는 것을 기록했다. 성전에 저장되는 물품은 마침내 곡물, 과일, 가축, 귀금속을 포함하게 되었다. 엄청나게 다양하고 많은 양의 재화를 기록하기 위해, 은의 양에 기초한 표준 척도가 만들어졌다. 굉장히 다양한 재화가 은 단위로 측량되고, 거래와 교환이라는 목적을 위해 서로 비교되었다. 귀금속을 이용한 그러한 단위가 바로 우리가 알고 있는 돈이 된 것이다. 성전은 금속을 측량하기 위해 저울이나 컵을 사용함으로써 무게와 측량 값의 일관성과 정직성을 보장했다. 성경에서는 이를 "정확한 저울추"(잠 11:1)라고 부른다. 그것은 어떤 이들이 말하듯 '공정 가격'이 아니라, 그저 신뢰할 수 있는 통화를 말한다. 돈은 그렇게 거래와 교환의 목적으로 재화를 측량하고 서로 비교할 수 있게 해 주었다. 그에 따라 성전의 행정은 사회 안정성을 보장할 수 있도록 가격을 주시하고 통제할 수 있었다. 이런 종류의 문명에서, 높은 이자율은 빚과 노예화를 가속시키기 때문에 금기시되었다. 은 본위의 가격 제도에서 이루어지는 거래는, 동네 가게의 외상 제도처럼 장부에 기입되었다. 그리고 이러한 교환은 초기 문자 기록 형태 중 하나인 점토에 기록되었다.

따라서 문자는 그 시작점부터, 장부 기록과 완전히 상응하지는 않더라도 매우 밀접하게 연계되어 있었다. 가장 초기의 수메르 숫자 장부는 기본 단위를 의미하는 막대기와 10을 의미하는 단순한 원 형태의 움푹 팬 자국으로 구성되어 있다. 고고학자들은 문자 기록이 회계 수단으로서 고안되었음을 확인해 준다. 그동안 발견된 수천 개의 수메르 쐐기문자 문서 대부분이 재정과 관련된 것으로, 가축과 농사 장비 목록을 기록하고 있다.[6] 레위기 27장에 나오는 은 세겔에 대한 언급은 이러한 형태의 교환을 보여 주는 예다. 주전 3,500년부터 표준 통화 단위는 은 세겔이었다. 은 한 세겔은 보리 한 구르 또는 부셸(30리터에 해당하는 측량 단위)과 같았다. 성경에 아브라함과 그의 가족이 처음 등장한 것은 바로 이러한 경제, 문자, 사회를 배경으로 한다.

고대 이스라엘에서의 돈

아브라함은 갈대아의 우르라는 도시와 관련하여 처음 언급된다(창 11:28). 우르는 농부와 목축업자뿐 아니라 어부와 해상무역업자 들로 구성된, 아마도 2만 5천에서 4만 명 인구가 사는 항구도시였다.[7] 1920년대에 레너드 울리 경(Sir Leonard Wooley)은 우르의 고대 도시를 발굴하여 집과 상점, 학교, 예배당을 찾아냈다. 바로 아브라함이 자란 곳이다. 그러나 결국 아브라함은 하란으로 이주했고, 그런 뒤 하나님의 특별한 부르심과 주도권에 따라, 어디로 가고 있는지 알지 못하는 채 팔레스타인으로 이주했다. 아브라함과 그의 유목

민 자손은 거기에 정착했다. 결과적으로, 하나님은 모세에게 율법을 주셨고 이 율법 제정은 하나님이 그의 백성과 맺으신 언약의 생활 방식을 성문화했다고 성경은 전한다. 율법은 일상의 다른 많은 일들뿐 아니라 경제생활도 규제했다. 따라서 아브라함의 후손인 히브리인들은 이방인과 거래를 할 때에는 이자를 받고 빌려줄 수 있지만, 서로에게는 이자를 물릴 수 없다. 하지만 무엇보다 중요한 관심은 공동체의 보존이었다. 그들 가운데 가난한 사람이 있어서는 안 되었다. 그러나 이러한 관심은 이스라엘 공동체만의 고유한 특징이 아니라, 오래전부터 존재했다.

이자율 제한은 공동체의 안정성을 우선시하던 고대 경제생활의 흔적이다. 고대 사회에서 가격은 관습에 의해 정해졌고, 오늘날처럼 공급과 수요가 아닌 **공동체의 이익**이 동기가 되었다. 이는 **거룩한 관심**이었는데, 특히 개인보다는 공동체에 초점을 맞추었기 때문이다.[8] 현대에 각 개인은 그들이 지닌 가치에 따라 값이 매겨진다. 그러나 이스라엘에서는 돈으로 사람의 가치를 매길 때, **공동체적 맥락에서 그리고 공동체의 유익을 위해** 그렇게 했다. 그러한 예는 성경에서 발견된다.

레위기 27:1-8에서, 주님께 드리기로 서약한 사람들은 연령과 성별에 근거해 각기 다른 값이 매겨졌다. 나이 스물에서 예순 사이의 남자는 50세겔, 여자는 30세겔, 1개월에서 다섯 살 사이의 아이는 3 또는 5세겔, 이런 식이다. 성별과 연령에 따른 불평등이 현대인의 눈에는 유독 두드러져 보인다. 그러나 고대의 성경적 경제 안에는 은혜가 존재한다. 예를 들어, 서약을 한 사람이 너무 가난해서 정해진 액수를 낼 수 없는 경우에는 그 사람을 제사장에게 데리고 가서 "서약한 사람이 감당할 수 있는 능력을 따라서" 값을 정하여 주도록 했다(레 27:8). 이런 식으로 값을 매기는 것은 성전에서 관장했는데, 이는 돈이 거룩하기 때문이었다. 이후 이스라엘 역사의 왕정 시대 초반, 성전의 거룩한 돈은 다윗왕의 개인 자산 덕에 크게 늘었다.

예루살렘 성전에서의 돈

다윗왕은 그 아들 솔로몬이 성전을 짓는 데 사용하도록 금과 은, 철, 목재, 마노, 청옥, "여러 색깔의 돌과 그 밖의 여러 보석과 대리석"을 따로 떼어 놓았다. 다윗은 성전 벽을 입히는 데 쓸 오빌의 금 3천 달란트(무게 단위)와 정련된 은 7천 달란트를 개인적으로 드렸다(대상 29:2-4). 솔로몬 성전의 지성소에만 레바논 백향목으로 내부를 마무리하고 600달란트의 금박을 입혔다. 따라서 성전은 눈에 보이는 종교의 중심일 뿐 아니라 경제적 실세의 공간이었다. 그리고 성전은 거기서 이익을 얻었다.

헌신된 예배자들은 성전에서 헌물과 십일조와 제물을 드렸다. 예루살렘에서 너무 멀리 떨어진 곳에 살아서 절기에 제사드릴 동물을 직접 가져올 수 없는 히브리인들은 풍성한 소출을 은으로 바꾸어 성전에서 필요한 식량과 제물을 사고, 바로 그곳에서 그들 자신을 위한 포도주와 좋은 음식을 사서 먹고 즐거워하게 했다(신 14:24-26). 곧, 잔치를 벌이는 것이다. 얼마나 놀라운 하나님 나라의 그림인가! 그러나 이 모든 것은 성전의 수익이었다. 예배자들에게 필요한 제사용 고기와 먹을 것을 판매함으로써 이득을 취할 수 있었기 때문이다. 사실, 성전의 가장 큰 수입원은 모든 이스라엘 남자에게 내도록 한 성전세 반 세겔이었다. 그러나 성전은 지역 경제를 뒷받침하기도 했다.

상당수 제사장과 레위인이 성전에서 급료를 받았다. 제사를 드리기 위해 방문한 사람들에게 제물로 바칠 고기를 판매하는 사업과, 그들에게 먹을 것과 숙소를 공급하는 사업이 있었다. 또한 성전에서 필요한 막대한 양의 향료와 연료, 의복, 조리 기구, 피를 담는 기구를 공급하는 사업도 있었다. 중세 성당처럼 지속적인 성전 건축 및 보수 작업은 지역 업자들에게 일을 가져다주었다. 요세푸스(Josephus)에 따르면, 헤롯이 성전 재건을 끝마쳤을 때 해고된 사람이 18,000명이었다. 그러나 이 모든 것은 성전을 취약하게 만들기도 했다.

성전의 부와 금은 유대인의 자랑이었지만, 이스라엘 역사 내내 성전은 탐욕스러운 침략자들을 자석처럼 끊임없이 끌어당겼다. 솔로몬이 죽은 뒤, 이집트의 시삭왕은 주전 925년 예루살렘을 침공한다. 시삭은 병거 1,200대와 기병 6만 명, 그리고 "이루 헤아릴 수 없이 많은 리비아와 숩과 에티오피아 군대"를 이끌고 왔다(대하 12:3). 시삭은 유다의 요새 성읍들을 정복했고, 예루살렘에 와서는 "주님의 성전 보물과 왕실 보물을 하나도 남기지 않고 다 털어 갔다. 솔로몬이 만든 금방패들도 가져갔다"(대하 12:9). 요아스왕(대하 24장)과 요시야왕(왕하 22장) 통치 때에는 백성들이 성전 보수를 위해 많은 헌금을 바쳤지만, 이러한 성전 재산의 많은 부분이 위협적인 이방 권력에 기꺼이 조공을 바치고자 한 유대 왕들에 의해 반복적으로 강탈당했다. 유다의 아사왕은 아람 왕 벤하닷이 이스라엘과 맺은 동맹을 깨고 이스라엘 왕 바아사를 공격하게 만들기 위해, 남아 있던 모든 금과 은을 그에게 보냈다(왕상 15:18, 19). 이스라엘의 여호아스왕은 예루살렘을 침공하여 성벽 400자를 허물고, "주님의 성전과 왕궁의 보물 창고에 있는 금과 은과 모든 그릇을 약탈[했다]"(왕하 14:14). 아하스는 주님의 성전과 왕궁의 보물 창고에 있는 금과 은을 모두 꺼내어 앗시리아의 왕에게 선물로 보냈다(왕하 16:8). 아하스는 여기서 멈추지 않고, 놋쇠로 된 제단을 제거하고 다마스쿠스의 제단을 모방한 것으로 대체했다(왕하 16:10-16). 앗시리아 왕이 유다를 위협할 때, 유다 히스기야왕은 그를 달래기 위해 성전에서 은 300달란트와 금 30달란트를 내주었다(왕하 18:14-16). 이런 식으로 성전의 보물은 거듭해서 강탈당했고, 때로는 침략해 온 왕들에게 화친을 위한 조공으로 사용되었다.

성경은 이방인에게 방대한 성전 보물을 보여 주는, 매우 어리석었던 거창한 관람에 대해 말한다. 히스기야왕이 어리석게도 바빌론의 사절단에게 자신의 보물들을 조사하도록 자리를 마련해 준 것이다. "히스기야는 그들을 반가이 맞아들이고, 보물 창고에 있는 은과 금과 향료와 향유와 무기고와 창고 안에 있는 모든 것을 그들에게 다 보여 주었다. 히스기야는 그들에게 궁궐과 나라 안에 있는 것을 하나도 빠짐없이 모두 다 보여 주었다"(왕하 20:13). 그 모든 것은, 예루살렘이 강대한 바빌론에게 끝내 함락당할 때 빼앗기고 만다. 주전 587년, 바빌론 느부갓네살왕은 예루살렘을 포위했고, 성전에 난입하여 보물을 약탈해 갔다(왕하 25:13-15). 로마 시내에도 예루살렘 성전은 다시금 약탈당한다. 주후 66년 예루살렘 성을 장악한 유대 반란군을 진압하기 위해, 티투스(Titus)는 티베리우스 율리우스 알렉산더(Tiberius Julius Alexander)와 함께 로마 군대를 이끌고 와서 성을 포위하고 함락시켰다. 8월 30일, 포위는 도성 약탈과 2차 성전의 파괴로 끝났다. 그러나 종교적 예배의 중심지와 돈의 관계는 고대 세계와 히브리 공동체만 아니라 그리스 문명에도 존재했다.

그리스 신전에서의 돈

고대 그리스에서, 왕과 그의 제사장들은 공동체 전체를 대표해서 제사를 지냈다. 이런 맥락에서 독일 경제사학자 베른하르트 라움(Bernhard Laum)은 언어학과 고고학 증거를 토대로, 돈을 가치 측정 수단으로 처음 사용한 것이 고대 그리스의 이러한 제의적 관습까지 거슬러 올라갈 수 있다고 주장한다.[9] 돈은 공동체의 제의적 식사 의례에서 종교 권위자들에 의해 분배되는 일정한 제의용 황소 고기와 연계되어 있었다. 라움에 따르면, 모든 절기 음식은 제의적이었다. 다양한 제사 의식에 돈을 낸 사람들에게 배분하기 위해 짐승을 잡고 고기를 준비했다. 종교 권위자들이 지켜보는 가운데 각 사람은 그 자리에서 고기를 소비했다. 재분배 의식은 모든 이에게 공정하고 평등하게 분배되는 것을 보장했다. 그러나 '평등'이라는 개념은 모든 참여자에게 똑같은 양이 배분되었다는 의미가 아니다. 고기의 양은 그 사람의 사회 계급에 상응하여 배분되었다. 피타고라스와 플라톤의 철학에 나타나듯, '평등주의 원칙'은 비례적 혹은 기하학적 평등의 원칙으로 알려진 것에 기초했다. 따라서 각자에게 그들 자신의 '공정'하고 '평등'한 몫을 배분함으로써, 종교 의식은 공동체 내의 분배적 정의와 조화의 외관을 갖추고, '코이노니아'(koinōnia, 공동체)의 정신을 자라게 했다. 따라서 공적 권위의 핵심인 제사장들은 돈을 일종의 '분배적 정의'의 형태로 사용했다. 따라서 다시 한번, 고대 그리스에서도 돈의 사용은 정의와 평등의 외관을 확립하는 종교적이고 사회적인 역할을 감당했다.[10]

라움에 따르면, 호메로스의 시에서 '왕의' 선물이나 매우 값비싼 선물은 수소의 숫자로 계산되었다. 방패, 금으로 된 술 장식, 아름다운 소녀 같은 귀한 물품은 수소 넷, 아홉, 열둘, 스물, 혹은 백 마리의 가치를 가질 수 있었다. 황소와 수소는 제우스나 '소의 눈을 가진' 헤라의 화신을 상징한다고 여겨지면서 성스러운 동물로 취급되었다. 라움은 이러한 특별한 선물들이 "시장에서 교환하기에는 부적합한, 부의 정점이자 왕의 재산"이었다고 주장한다.[11]

저명한 경제학자 존 메이너드 케인스(John Maynard Keynes)는 문명화된 돈의 역사가 문명의 시작인 도시 혁명과 연관되어 있다고 보았다. 케인스는 고대 이집트 제사장들이 돈과 결부시키던 마술적 성질은 완전히 사라진 적이 없었다고 지적한다. 또한 그는 금과 은이 가지고 있는 특별한 매력은 이성적 숙고에서 나오는 것이 아니며, 해와 달과의 상징적 동일시, 가장 초기 문명들에서 발전했던 점성술의 신성한 중요성 때문이었음을 인식했다.[12] 따라서 이제 중요하게 물어야 할 질문은 이것이다. 이러한 역사적 발전에서 물물교환은 언제 등장하는가? 앞에서도 언급했듯, 일반적으로는 물물교환이 돈보다 더 앞선다고 생각한다. 그러나 그렇지 않을 수도 있다.

돈이 있기 전부터 돈이 있었다

표준적인 경제 교과서는 이런 식의 주장을 펼친다. 옛날 옛적 물물교환이 있었다. 그것은 힘들었다. 내가 제공하고자 하는 것을 원하는 사람이 항상 있는 것은 아니었다. 그래서 사람들은 돈을 만들어 냈다. 그런 뒤 은행과 신용의 발전이 따라왔다. 학교와 박물관에서 제시하는 이런 개념은 일반적으로 받아들여진다. 이론가와 철학자 들의 지원을 받았고, 많은 경제 사상의 토대를 형성했다. 그러나 인류학자들은 그 반대가 맞는 것처럼 보인다고 주장한다. 5천 년 이상 전에 돈 혹은 신용 제도가 먼저 만들어졌고, 물물교환은 그다음에 왔다는 것이다. 사람들이 장부나 측량의 단위로서 돈을 사용하는 것에 익숙해진 뒤에 말이다.

인류학자 데이비드 그레이버(David Graeber)는 아마도 '월가를 점령하라'(Occupy Wall Street) 시위 조직자와 "우리가 99퍼센트다"라는 진솔한 슬로건으로 세상에 가장 잘 알려져 있을 것이다. 베스트셀러이자 수상작인 그의 책『부채, 첫 5000년의 역사』(*Debt: The First 5,000 Years*, 부글북스) 두 번째 장에서, 다른 인류학자 및 역사가들과 마찬가지로 그레이버는 물물교환이 먼저였고 그다음에 돈과 신용이 따라왔다는 표준 경제학자들의 돈 이론을 비판한다.[13] 물물교환이 먼저였다는 의견을 따라가면서, 그는 물물교환이 아리스토텔레스의『정치학』(*Politics*)에서 처음 등장하는 것을 보여 준다. 아리스토텔레스는 편의품의 직접 교환이 자연스럽고, 자연적인 요구 사항을 충분히 충족시킨다고 말한다. 자연적 교환은 재산에 대한 권리에 기초한다. 아리스토텔레스는 물물교환을, 어떤 한 가정의 필요보다 생산이 더 많아지게 만드는 전문화의 자연스러운 결과로 보았다. 이러한 잉여물은 가정들이 자신들에게 남는 물건을 자신들에게 필요한 다른 물품과 교환하도록 부추겼다. 그 뒤 1776년, 글래스고의 도덕철학 교수였으며 종종 경제학의 아버지로 여겨지는 애덤 스미스(Adam Smith)는 이러한 아리스토텔레스의 견해를 더 멀리 끌고 간다.

이것은 애덤 스미스가 말한 것이다.

> 정육업자의 가게에는 그 자신이 소비할 수 있는 것보다 더 많은 고기가 있고, 양조업자와 제빵사는 각각 그 일부를 구입하고 싶다. 그러나 그들에게는 그들 각각의 직종에 따른 서로 다른 생산물 외에는 물물교환에서 제공할 것이 없고, 이미 정육업자는 당장 필요한 빵과 맥주를 구했다.[14]

스미스는 『국부론』(The Wealth of Nations, 비봉출판사)에서 주장하기를, 따라서 정육업자는 "자신의 소비량을 훨씬 초과하는 자신의 노동생산물의 잉여 부분을 교환함으로써 생산물의 훨씬 더 많은 부분을 공급한다.…이와 같이 모든 사람은 교환에 의해 살아가며, 또는 어떤 수준에서는 모두가 상인이 된다. 그리고 사회 자체는 상업적 사회의 적절한 모습으로 성장한다."[15] 스미스는 오직 인간에게만 "하나의 물건을 다른 것과 거래하고 물물교환하고 맞바꾸려는"

이러한 열정이 있다고 주장한다. 그러나 어떤 연구에서도 그러한 전설적인 물물교환의 땅은 발견되지 않았다!

탐험가들과 선교사들을 보자. 19세기 즈음 수많은 선교사, 탐험가, 식민지 행정관 들은 물물교환의 땅을 발견하기를 기대하며 스미스의 책을 들고 세상으로 나갔다. 그중에 누구도 성공하지 못했다. 역사가와 인류학자 들이 여러 다양한 경제제도를 발견했지만, 그 가운데 순수한 물물교환 경제는 어디에도 없었다. 물물교환에 관한 캐럴라인 험프리(Caroline Humphrey)의 결정적인 인류학 연구는 이렇게 결론짓는다. "물물교환 경제로부터 돈이 출현한 것은 고사하고, 순수하고 단순한 물물교환 경제를 보여 주는 예는 어디에도 서술된 적이 없다. 유효한 모든 민족학 연구는 그런 것이 존재한 적 없음을 시사한다."[16]

브라질, 호주 아넘랜드 서쪽의 군윙구족, 파키스탄 북부의 푸크툰족의 여러 원주민 문화를 연구한 그레이버는 모든 사람이 함께 살면서 서로를 돌보는 공동체에서는 서로를 공정하고 정직하게 대하려는 바람이 존재한다고 주장한다. 물건을 교환하더라도, 그것은 서로를 위한 선물처럼 여겨지기 쉽다. 반대로, "한 물건을 다른 물건과 직접으로 맞바꾸면서 나에게 가장 유리한 거래를 하고자 노력하는 것은 보통 나와 상관없거나 다시 볼 일이 없는 사람들과 거래하는 방식이다."[17]

물물교환에서 시작했고, 그다음 거추장스러운 물물교환을 대체하기 위해 돈(그것이 못이든 조개껍데기이든, 물고기, 담배, 혹은 가치 있는 어떤 것이든)이 생겨났으며, 그다음 마침내 신용제도를 발전시켰다는 표준 경제 교과서의 주장은 맞지 않는 것처럼 보인다. 인류학자들은 그 반대라고 믿는다. 5천 년도 더 전에 가상화폐나 신용 제도가 먼저 만들어졌다는 것이다. 물물교환은 사실상 고대에 있었던 현상이 아니다. 실제로는 사람들이 돈을 사용하는 데 익숙해진 뒤 현대 시대에 이르러 널리 퍼지게 되었다. 1990년대 러시아에서 루블화가 붕괴되었을 때, 그리고 2002년 즈음 아르헨티나에서 달러가 붕괴되는 동안, 정교한 물물교환 제도가 갑자기 나타났다.[18] 『국부론』이 출간되고 몇 년 뒤, 학자들은 돈의 기능을 했던 물고기, 못, 조개껍데기, 담배 같은 물품의 예들은 대부분 돈을 장부 기록이나 가치의 단위로 사용하는 데 익숙한 사람들이 사용하던 것임을 발견했다.

돈의 영혼

우리는 가치의 측량 단위로서의 돈이 오랜 역사를 가지고 있으며 아마도 물물교환보다도 더 오래됐을 수 있음을 살펴보았다. 소라 껍데기나 담배 같은 물리적 사물은 가치 측량 단위로 사용되었다. 이것이 돈이었다. 그러나 귀한 금속, 특별히 은과 금이 있는 곳에서는 이것들이 돈의 단위로 선호되었다. 그러나 이러한 가치 측량은 결코 중립적이지 않았다.

처음부터 돈은 영적인 문제였고, 성전을 거룩하게 관리하기 위해 성전 안에서 만들어졌다. 돈이 가장 먼저 사용된 것은 신성함의 장막 안에서, 성전의 부를 조절하고 도시 거주민들 사이에 재화를 공정하게 분배하기 위해서였다. 성경에서 호명하는 모든 "통치자들과 권세자들"처럼(엡 6:12), 돈은 영적으로 어두운 면이 있다. 우리가 성전에서의 돈을 검토할 때 보았던 것처럼, 돈은 오직 하나님께만 드려야 할 헌신을 요구한다.

그러므로 예수님이 대부분의 사람들이 중립적이라고 생각하던 이러한 교환 매체를 지칭하면서 종종 '맘몬'(*mammon*, 한글 성경에서는 '재물'이라고 번역한다—옮긴이) 혹은 "불의한 재물"이라는 단어를 사용하신 것은 놀랍지 않다. 영어 단어 '맘몬'은, 사람들이 종종 기도를 마치면서 '확실히 그렇게 되게 하소서'라고 다짐하는 말인 '아멘'(Amen)과 동일한 어원을 갖는 아람어 단어에서 왔다. 그리고 많은 사람이 자신의 최종적 안전 보장(확실성)을 돈에서 찾는다. 일상 대화에서 '전능한 돈'(the almighty dollar)이라는, 기묘한 연상 작용을 일으키는 표현은 돈을 위안과 도움, 심지어 구원을 가져다주는 하나님처럼 생각하기 쉬움을 일깨워 준다. 우리의 마음에 서서히 파고드는 돈의 그 간교한 성질을 어떻게 통제할 것인지의 이야기는 안전과 권력의 문제와 연결되며, 또한 어떻게 돈을 변화시켜 하나님을 섬기는 **동시에** 황제(즉 이 땅에서 우리의 의무와 이웃들)를 섬길 수 있을지의 이야기는 우리를 신약성경과 예수님의 혁명적인 사역으로 데려간다. 그분은 오늘날 전 지구적으로 믿음의 사람들을 괴롭히는 성속 이원론을 타파하셨다. 이제 그 이야기로 고개를 돌려 보자.

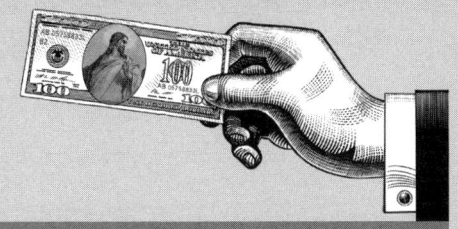

4장
하나님과 황제에게 바치기

이원론의 단순하지 않은 종말

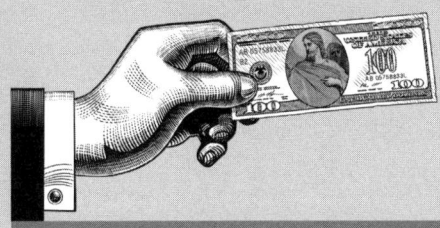

"황제의 것은 황제에게 돌려주고,
하나님의 것은 하나님께 돌려드려라."
내 견해로는, 이 시대 문화 속에서 사는 삶의 문제 전체는
오롯이 예수님의 이 말씀을 이해하기 위한
도전으로 규정될 수 있다.
- 제이콥 니들먼[1]

단순하지 않은 이 말씀을 풀어내는 일은 쉽지 않다. 이는 딜레마를 드러낸다. 우리가 지난 장에서 직면한 바로 그 딜레마다. 앞에서 우리는 돈의 기원 및 그것이 신전과 어떻게 연결되었는지 그 역사를 살펴보았다. 그 역사는 종교적 맥락에서 펼쳐졌다. 그리고 우리는 이러한 돈과 종교 간 연관성을 통해, 또한 돈이 (때로 맘몬이라 불리며) 통치자들과 권세자들 가운데 하나가 되었기 때문에, 돈이 중립적이지 않음을 알게 되었다. 그러나 그러한 종교적 연관성이, 우리가 돈을 벌고 관리하는 방식에 대해 세상 속 하나님 나라의 일원으로 살아가는 온전한 영적 삶의 일부라고 보장한다는 의미는 아니다. 그렇기 때문에 우리는 마태복음에 나오는 예수님의 이 놀라운 말씀으로 고개를 돌린다. 여기서 그분은 단순히 우리에게, 먼저 무엇이 세상적이거나 세속적인 것인지, 즉 '황제에게 바치는 것'(따라서 이 세상에서 우리의 의무들)인지 결정하고, 그런 다음에 무엇이 거룩한 것인지, 즉 '하나님께 바치는 것'(공인된 기독교 사역과 교회를 후원하거나, 그 밖의 종교적이고 하나님을 기쁘시게 하는 방식으로 돈을 사용하는 것)인지 결정하라고 우리를 초대하시는 것이 아니다. 그러한 성속의 구분은 수 세기 동안 교회를 괴롭혀 온 이원론이라 할 수 있다. 그러한 이원론에 따르면, 신문을 보는 것은 세속적이고, 성경을 읽는 것은 거룩하다. 사업에 몸담는 것은 세속적이고, 교회 위원회에 속하는 것은 거룩하다. 식사를 하는 것은 세속적이고, 성찬에 참여하는 것은 거룩하다. 집을 짓는 일은 세속적이고, 교회를 짓는 일은 거룩하다. 그러나 그것이 전부가 아니다.

    이러한 이원론은 사람들이 생각하기에 가장 높은 차원의 소명인 수도사, 수녀, 사제, 목사 같은, 본질적으로 거룩하고 하나님을 특별히 기쁘시게 하는 직업을 추구하도록 부추긴다. 우리 두 사람 모두, 젊을 때 이런 시각에 어떤 영향을 받았는지는 이미 밝혔다. 그러한 이원론은 하나님의 목적이라든지 돈을 거룩하게 사용할 가능성에 대해서는 언급하지 않은 채, 돈을 그저 '이 세상'의 영역으로 격하시켜 버린다. 더 나쁜 것은, 서서히 스며드는 이러한 이원론이 두 층위의 영성으로 이어진다는 점이다. 초기 기독교 역사가 카이사레아의 에우세비우스(Eusebius of Caesarea, 주후 315년경)는 삶에 두 종류의 방식이 있다고 말함으로써 이를 요약한다. "하나는 영적이며 묵상에 헌신되어 있다." 이러한 완벽한 삶을 따르는 이들은 하나님을 섬기는 일에 온전히 헌신되어 있으며, "그 정신과 영혼은 이미 천국에 있다." 또 다른 방식은 그보다 인간적이며, 이 삶을 사는 사람들은 "종교뿐 아니라" 농사를 짓고 물건을 사고파는 일을 한다. 이렇게 요약한 뒤 비하하는 결론이 따라온다. "그런 사람들에게는 **일종의 2등급 경건**이 돌아간다."[2] 우리가 살펴보는 본문에서, 예수님은 바로 이러한 이원론을 다루고 계신다.

예수님과 이원론

팔레스타인은 로마의 통치를 받는 식민지였다. 로마 시민이 아닌 사람들에게는 황제의 세금이라고 알려진 특별세가 부과되었다. 로마의 직접적 조세 징수는 주후 6년, 갈릴리 유대 사람들의 반란을 불러일으켰고, 이 봉기는 잔혹하게 진압되었다. 혁명군은 성 밖에서 십자가에 달려 처형되었다. 이 일은 예수님이 소년일 때 일어났다. 총칭하여 열심당(Zealots)이라 불린 저항 운동은 계속 이어졌다. 황제의 세금은 증오의 대상이었다.[3] 민족주의자들은 전면적인 반란을 원했고, 적어도 수동적인 저항이라도 하고자 했다. 예수님은 그러한 세상의 사람이었다. 사람이 되신 하나님, 곧 성육신은 총체적이었다. 하나님은 수태의 첫 순간부터 부활까지 완전한 인간의 경험 전체를 통과하셨다. 문화적으로, 사회적으로, 영적으로, 지리적으로, 정치적으로, 말씀은 육신이 되셨다.

그러나 이 경우, 식민지 상황을 이용해 예수님을 걸려들게 할 함정이 놓인다. 마태복음 22:15-22은 유대 근본주의자인 바리새파 사람들과, 점령 세력과 간접적으로 결탁한 헤롯당원들이 예수님을 시험하기 위해 자기네 제자들을 보낸 이야기를 들려준다. 그들은 듣기 좋은 말로 그분께 '기름칠'을 했다. 그들은 예수님이 진실한 분이시고, 사람들의 의견에 휘둘리지 않으시며, 하나님의 길을 참되게 가르치고, 사람들의 사회적 지위에 영향을 받지 않으신다고 말한다. 그러나 이는 그분에 대한 평판을 그대로 옮긴 것일 뿐이다. 그런 다음 돌발적인 질문이 따라온다. "황제에게 세금을 바치는 것이 옳습니까, 옳지 않습니까?"(17절) 이 질문은 예수님을 곤경에 빠뜨릴 수 있었다.

만약 예수님이 세금 내는 것을 반대한다면, 이스라엘 민족주의자들을 만족시키겠지만, 그분의 반역적 태도를 입증하는 편리한 증거가 될 것이고 따라서 그분을 제거하도록 로마의 관리들을 설득하는 데 유용할 것이다.[4] N. T. 라이트(Wright)는 제기된 질문에 '취급 주의' 경고가 달려 있다고 말한다. "사람들에게 세금을 내지 말라고 말하면, 너의 마지막은 십자가 위가 될 것이다."[5] 반대로, 만약 세금을 내라고 한다면, 암묵적으로 로마의 편을 드는 셈이 되어 자신을 따르는 이들 중 일부를 잃을 것이다. 또한 돈을 오직 세속 영역에서만 작동하는 것으로 폄하하게 될 것이다. 로마의 데나리온에는 황제의 형상이 새겨져 있었는데, 사람의 형상을 만드는 것이 금지되었던 유대인에게는 모욕적인 동전이었다. 특히 '신의 아들'로 칭해지던 로마 황제의 형상이기에 더욱 그러했다.[6] 일반적인 상업 활동을 위해 로마인들은 유대인을 존중하여 황제의 형상이 없는 구리 동전을 주조하기도 했다. 그러나 예수님에게 질문을 던졌던 이들은 예수님의 대답에 아무 대비도 하지 못했다.

예수님의 대답은 강력했고, 거의 언어폭력에 가까웠다. 그분은 그들을 "위선자들아"라고 부르시는데, 이는 누군가에게 가할 수 있는 가장 끔찍한 비난 중 하나였다. 우리가 가장 소중하게 여기는 것, 즉 우리의 신앙과 우리의 가치를 건드리기 때문이다. 그런 뒤, 그분은 동전을 하나 달라고 하시고는, 그 위에 누구의 형상이 새겨 있는지 말해 보라고 하신다. 고대의 동전은 보통 한쪽에는 신적 인물이나 신이나 황제-신의 형상이 있고, 다른 한쪽에는 세속적 상징이 있었다. 미국 동전에도 한 면에는 "우리는 하나님을 신뢰합니다"라고 적혀 있다. 캐나다의 2달러짜리 동전 투니(toonie)에는 한쪽에 영국 여왕의 얼굴이, 다른 한쪽에 캐나다 흑곰이 있다. 여기에서 예수님에게 질문한 자들이 형상을 담은 동전을 가지고 있었다는 사실은 그들의 허를 찌른다. R. T. 프랜스(France)는 말한다. "그들은 황제의 돈을 사용하고 있었으니, 황제의 세금도 내게 하라!"[7] 예수님은 이렇게 결론 내리신다. "황제의 것은 황제에게 돌려주고, 하나님의 것은 하나님께 돌려드려라"(21절). 예수님은 무슨 일을 하고 계신 것인가?

예수님은 오늘날 기독교의 일반적인 관례처럼 우리 돈의 10퍼센트를 교회에 헌금하고("하나님의 것은 하나님께 돌려드"리고), 30퍼센트(혹은 더 많거나 더 적게)는 황제에게 혹은 현 정부에 세금으로 낸 뒤, 나머지는 우리 것으로 사용하면 된다고 제안하시는 것이 아니다. 이런 관례는 돈을 거룩하게 사용하는 것과 세속적으로 사용하는 것을 분리하며, 그것이 오늘날 은밀히 스며들어 거의 모든 곳을 지배하는 이원론이다.

아주 특별한 이 사건에서, 예수님은 돈이 거룩한 목적을 지닐 수 있다고 단언하신다. 그분은 신성한 목적과 이 세상에서의 의무를 동시에 만족시키고자 하는 바람을 성취하셨다. 그리고 짓궂게도 "하나님께 돌려드[리는]" 것이 무엇을 의미하는지 답을 주지 않고 남겨 놓으신다. 그 숨은 뜻을 찾아내기 위해서는 구약의 영향, 주변의 그리스 문화, 동서양 역사에서 성속 이원론의 발전 과정을 함께 살펴보아야 한다. 이원론의 이 모든 요인들은 오늘날의 교회에서도 발견된다.

구약의 요인

옛 언약 아래에서 히브리 사람들은 평범한 것과 거룩한 것을 구별하도록 배워야 했다. 예를 들면, "이것은 너희가 대대로 영원히 지켜야 할 규례이다. 너희는 거룩한 것과 속된 것을 구별하여야 하고…"(레 10:9-10). 율법은 거룩한 장소(성막, 성전, 거룩한 시내산), 거룩한 행위(절기, 제사, 예배), 거룩한 사람(예언자, 제사장, 왕)을 세웠다. 그러나 하나님은 그리스도의 오심을 통해 새로운 뭔가를 행하셨다. 모든 믿는 자를 제사장으로 삼으시고(벧전 2:5), 모든 믿는 자가 예언자가 되게 하시며(행 2:17), 모든 믿는 자가 왕처럼 다스리게 하신 것이다(계 22:5).[8] 거룩함은 돈을 다루는 것과 같은 이 세상의 삶과 관련된 문제에서 우리를 분리시키지 않는다. 거룩함이란 모든 것을 하나님께 그리고 하나님의 목적을 위해 드리는 것이다. 로마서에서 보듯, 바로 이것이 신약의 급진적 메시지이자 하나님 나라의 메시지다.

로마서 12:1-2에서, 사도 바울은 우리 육신의 삶 전체를 하나님께 "산 제물"로 드리라고 권한다. 바로 그것이 우리가 드릴 "합당한 예배"이기 때문이다. 이것은 겉보기에 '세속적인' 모든 의무를 포함하여 삶의 100퍼센트를 하나님과 하나님의 목적에 드리는 것을 의미한다. 놀랍게도 신약성경에는 1세기 그리스도인들이 예배드리러 갔다는 말이 한 번도 나오지 않는다. 그들은 일주일 내내 예배드리고 있었다. 그들은 상호 교화(mutual edification)를 위해 모였다.[9] 어째서 그들은 삶을 분리하여 '사일로'(silo, 원통 형태의 거대한 저장고. 사회적 고립이나 기업 내의 부서 간 이기주의 현상을 말할 때 자주 사용된다—옮긴이) 안에 가두기를 거부했을까? 목수-기업가이신 예수님이 오랜 이원론을 타파하고 밭 가는 일부터 주식 시장 거래까지 모든 것이 거룩한 삶의 방식을 들여오셨기 때문이다. 항상은 아니더라도 자주 죄와 섞여 있으며, 지금 생에서는 결국 사라질 운명을 지닌 일들조차도 말이다. 사업가, 주부, 예술가, 막노동자, 은행가에게 붙는 '2등급 경건' 딱지도 없다. 때때로 삶의 모습을 바꾸어 놓는 이러한 관점은, 사람들을 이원론적 사고와 생활로 다시 잡아끄는 중력에 맞서 재발견되어 왔다. 그러나 그러한 관점은 취약하다. 실제로, 니들먼은 "세상적 삶을 종교적으로 만든다는 구실 아래 종교가 세상적으로 되어 버리는 것은 피할 수 없다"라고 결론짓는다.[10] 우리는 이 말을 적절한 때에 더 자세히 살펴볼 텐데, 이것이 정확히 실제로 일어났던 일이기 때문이다. 돈 사용을 포함하여 모든 것을 아우르는 이러한 급진적 삶의 통합에 종말을 가져온 한 가지 영향력은 주변의 그리스 문화로부터 왔다.

그리스 철학의 요인

그리스 세계에서 육체는 고귀한 불멸의 영혼을 감싸고 있는, 일반적으로 악한 외피 곧 껍데기로 여겨졌다. 구원이란 몸에서 영혼이 빠져나갈 수 있게 해 주는 것이었다. 죽음은 친구였다. 사람들을 육체적 생명의 감옥에서 해방시켜 주기 때문이다. 그리스 세계에서 미래는 영혼의 불멸이었다. 반대로, 그리스도인의 소망은 영혼의 불멸이 아닌 육체의 부활이며, 새 하늘과 새 땅에서 일어날 전인적인 변화다.

그러나 그리스 문화가 일반적으로 그려 내던, 인간에 대한 더 높고 더 낮은 이러한 시각은 도시를 감싸는 짙은 안개처럼 초기 그리스도인들의 사고와 영성에 스며들었다.[11] 고대 세계에서 독보적 영향력을 발휘한 철학자이자, 아우구스티누스와 서구 기독교에도 심오하게 영향을 끼친 플로티누스(Plotinus)는 영성과 물질주의의 대립을 고전적인 방식으로 진술했다.

현자의 삶에 요구되는 즐거움은 음탕한 것을 즐기거나 육체를 만족시키는 것에 있을 수 없다.…땅에 속한 사람은 잘생기고 강하며 부유하고, 이 세상에 너무나 적합하여 인류 전체를 다스릴 수도 있을 것이나, 그러한 유혹에 넘어간 이 어리석은 자를 선망할 일은 없을 것이다.

반대로, 현자는 "육체의 요구에 무관심함으로써…그 폭정을" 점차 마멸시켜 갈 것이다.[12] 아리스토텔레스에게 상업은 노골적으로 비뚤어진 것은 아니더라도 본질적으로 의심스러운 것이었다. "돈을 받고 어떤 일을 하는 사람은 누구든, 본질상 진정으로 자유로운 사람은 아니다."[13]

대부분의 초기 교부들은 이러한 '더 높고 더 낮은' 삶이라는 접근법을 택했다. 수도사, 수녀, 사제는 더 고차원의 삶을, 세상에서 일하는 사람은 더 낮은 차원의 삶을 산다고 본 것이다. 이것은 중세 수도원주의의 우월성으로 체현되어, 마르다의 길과 반대되며 더 우위에 있는 마리아의 길로 여겨졌다(눅 10:38-42). 결과적으로, 15세기까지 수도사와 수녀, 사제만이 소명을 받은 사람들로 여겨졌다. 칼 바르트(Karl Barth)는 이를 적절히 요약한다. "중세 전성기에 널리 퍼져 있던 시각에 따르면, [세속의 일은] 모든 이들의 구원을 위해 참된 순종을 바치는 일에 완전하고도 전적으로 전념하는 이들이 그들의 직업적인 일에서 자유로울 수 있게 하기 위해서만 존재했다."¹⁴ 이러한 태도는 오늘날 교회에서 사업가들을 목사를 지원하는 '걸어 다니는 수표책'으로 보면서, 그 돈을 벌기 위해 그들이 하는 일은 거룩하지 않은 것으로 간주하는 이 시대의 사고와 그다지 멀지 않다.¹⁵ 무슨 일이 일어난 것인가?

종교개혁의 부분적 요인

16세기 프로테스탄트 종교개혁에서, 마르틴 루터(Martin Luther)는 회심과 수도원에 들어가는 것을 동일시하던 중세의 이원론적 결론에 이렇게 대응했다.

> 그러므로 나는 누구에게도 어떤 수도회나 사제의 길로 들어가라고 충고하지 않습니다. 사실, 나는 모두에게 그 반대로 충고합니다. 다만 그가 이러한 지식으로 무장하고, 수도사와 사제의 일이 아무리 거룩하고 고되다 할지라도 하나님이 보실 때에는 밭에서 일하는 투박한 일꾼이나 바쁘게 돌아다니는 여인의 일과 조금도 다르지 않다는 것을 이해하고 있지 않다면 말입니다.¹⁶

그러나 일종의 구원 공장으로서의 수도원주의에 반대했던 루터는 자신도 모르는 사이 의도치 않게 오늘날 대부분의 서구에서 볼 수 있는, 삶의 급격한 세속화에 기여했다.

이 이야기는 크레이그 게이(Craig Gay)가 쓴 『(현대) 세계의 길』 [*The Way of the (Modern) World*]에 잘 나와 있다. 그는 이 과정을 밝히기 위해, 닳고 닳은 막스 베버(Max Weber)의 책을 살펴본다.[17] 베버는 칼뱅주의가 누군가는 구원을 받도록, 다른 이들은 멸망하도록 선택되었다고 가르친다고 단언했다. 이는 신자들의 불안을 자아냈다. 이전에는, 자신이 선택된 자들 가운데 있음을 증명하는 일에 진지한 사람들은 수도원에 들어갔다. 종교개혁가들에 의해 수도원의 문이 굳게 닫힌 이후로, 자신이 선택받았음을 증명할 수 있는 유일한 자리는 세상에서 그가 받은 소명이었다. 그러나 칼뱅주의는 세상에서 열심히 일해서 버는 모든 것을 쓰지 않는 검약을 가르쳤다. 베버는 이러한 '세상적인 금욕주의'야말로 자본주의가 번창하는 데 정확하게 필요한 상태라고 주장한다. 그의 분석은 완전히는 아니더라도 대체로 옳다. 잔프랑코 포지(Gianfranco Poggi)는 그것을 이런 식으로 쓴다. "오직 세상의 실재를 실험의 현장으로, 개인을 그러한 현장에서 역동적 설계를 추구하면서 쉼 없이 일하는 '바짝 긴장한 존재'로 탈바꿈시키는 종교적 비전만이 그러한 영감을 제공할 수 있었다고 설득력 있게 말할 수 있다."[18]

베버에 따르면, 바로 이것이 칼뱅주의가 제공한 것이다(여기서 칼뱅주의는, 종교개혁가들이 가르친 칼뱅주의가 아닌, 베버가 "비전문 종교인"이라 부르는 이들이 칼뱅주의의 가르침을 받아들이고 이해했던 방식을 말한다).[19] 포지는 베버의 주장이 부분적이고(거대한 역사적 문제에서 한 가지 두드러진 부분을 다룬다는 점에서), 복합적이며("상대적으로 많은 개수의 단계 혹은 전환으로 연결되어 있는 다수의 개별적 사항들로 구성된다"는 점에서), **중대하다**는 합당한 결론을 내린다.[20] 베버의 논지를 경험적으로 입증하기는 어렵지만, 영국의 경제학자 브라이언 그리피스(Brian Griffiths)가 언급하듯 "프로테스탄트 윤리에 관한 논지는 훨씬 더 일반적인 논지, 즉 경제의 전개 과정이 문화적·종교적 가치와 중요한 방식으로 연결되어 있다는 주장의 한 가지 특정적인 예로 판명된다."[21]

게이는 이에 대해 논평하면서, 우리 시대의 상황을 두 가지 방식으로 설명하는 것이 가능하다고 말한다. 한 가지 설명은 실용적 합리성(관습이나 전통이 아닌, 계산 가능하고 실용적인 결과에 의해 의사 결정이 이루어지는 과정)이 어떤 방식으로든 신적이고 종교적 승인을 받았다는 것이고, 다른 하나는 삶에 대한 종교적 이해가 "까발려지고 탈마법화"됨으로써 "실용주의와 자기중심주의"가 마음껏 활보할 수 있게 되었다는 것이다.[22] 게이가 말하듯, 역설적이게도 "현대 기독교의 종말에 대한 책임은 대체로 기독교 자신에게 있는 것처럼 보인다."[23] 돈은 이 과정에서 중심적이다.

일과 교환이 탈마법화되면서, 돈은 합리적 계산과 회계를 가능하게 했지만, 동시에 모든 것을 '단순한 수치'로 축소시켰다.[24] 바로 이것이 독일 사회철학자 게오르크 지멜(Georg Simmel)이 그의 방대한 책에서 상술한 내용의 일부다.[25] 어떤 상인들에 대한 말처럼,

그들은 모든 것의 가격을 알지만, 어떤 것의 가치도 알지 못한다.[26]

이후 청교도들에 의해 상황은 한 단계 더 나아간다. 윌리엄 퍼킨스(William Perkins) 같은 초기 청교도는 일과 사역 둘 다 세속의 선 위에 있다고 보았고, 두 가지 모두를 모든 사람에게 주어지는 하나님의 부르심 안에 전적으로 포괄되는 성스러움의 영역에 위치시켰다. 각 사람은 특정하고 거룩한 소명이 있다. 퍼킨스는 이것을 이런 식으로 표현한다. 통치자는 그의 백성을 다스리고, 사역자는 그의 백성을 가르치며, 의사는 건강을 되찾아 주고, 집주인은 가정을 다스리고, 상인은 사업을 관할하는 등, "특정한 직위의 수행, 이는 모든 사회에서 하나님이 사람과 사람을 구분하시는 것에서 나온다."[27] 모든 소명은 공공선을 위한 것이며, 거룩하다. "아담은 창조되자마자, 하나님이 그에게 맡기신 개인적 소명 곧 동산을 가꾸고 보전하는 소명을 심지어 그 존재의 일부로서 가지고 있었다."[28] 그렇기에 "아담의 후손인 모든 사람은 공적으로든 사적으로든, 교회에서든 국가를 위해서든 가정에서든, 걸어 들어가야 할 어떤 소명이 있어야 한다."[29] 거룩함이나 '부르심'의 측면에서, 사역자/목회자와 기술자 사이에 어떤 차이도 없음을 볼 수 있을 것이다. 이는 칼뱅이 자신도 모르게 프로테스탄트 설교자에게 특별하고 '비밀한' 부르심을 부여한 것과 대조를 이룬다.[30] 그는 하나님의 말씀을 설교하면서 '그리스도의 삶과 죽음'을 선포하는 프로테스탄트 설교자에게, 이전의 가톨릭 전통에서 미사 집전과 연계되던 거룩함의 후광을 입혀 주었다. 내리막길은 그렇게 시작되었다. 그리고 이후 청교도 역시 통합된 관점을 상실한다.

R. H. 토니(Tawney)의 연구 『종교와 자본주의의 발흥』(Religion and the Rise of Capitalism, 한길사)은 이러한 내리막길을 기록한다. "후기 청교도주의의 정화수에 휩쓸려, 덜 계몽되었던 시대에는 사회악으로 비난받던 자질들이 경제적 덕목으로 부상했다."[31] 따라서 종교 개혁가들의 의도와 상관없이, 서구 기독교 운동은 거의 몰락한 이원론으로부터 이 세상을 개선하고자 애쓰는 이신론적이고 세속화된 이 세상의 종교로 맥없이 이동했다. 리젠트 칼리지 신학 교수였던 클라우스 보크뮤얼(Klaus Bochmuehl)은 이것이 그리스도인의 신앙과 삶에서 소위 '시민적' 소명의 중요성을 지나치게 강조했기 때문이라고 지적한다.[32] 한편, 대체로 성속의 구분을 지속해 오던 가톨릭교회는 제2차 바티칸 공의회에 이르러 신앙과 삶의 통합에 관한 풍부한 시각과 자료, 실천을 쏟아 내기 시작했고, 시카고의 미국평신도센터(National Center for the Laity)는 계속해서 그러한 자료를 보급하고 있다.[33] 역설적이게도 이 단체가 발행하는 학술지의 편집인은 프랜시스 조지(Francis George, OMI) 추기경의 재치 있는 말을 인용한다. "미국에서는 가톨릭을 포함하여 모든 사람이 프로테스탄트다." 그가 의미한 것은, 심지어 가톨릭 교인들도 이제는 사회의 권리보다 개인을 중요시하며, 신분 상승의 길이 근면에 의해 닦일 수 있다고 믿는다는 것이다.[34]

따라서 서구의 기독교는 대체로 세속화되었으며, 오래된 이원론의 요소들이 상당하다. 어떤 활동과 봉사는 거룩한 반면, 더러운 돈을 다루는 것은 그저 세상에서 우리의 삶을 유지하기 위해 해야만 하는 일이다. 그리고 이러한, 대체로 이원론적인 기독교를 세상에 가져온 것은 교회의 전 지구적 선교를 통해서였다. 물론, 예외도 있었다. 세계의 어떤 지역은 다른 종류의 영향력 아래 있었다.

동양의 종교와 철학적 요인

동양을 하나의 균질한 전체로 다루어서는 안 되겠지만, 동양의 특정 영향력은 서양에서보다 이원론이 더욱 극단적으로 발전하게 만들었다. 물론, 모든 선교사가 마음으로, 입으로 이러한 이원론을 전했다는 것은 아니다. 초기 중국의 가톨릭 선교사들은 황실에 자리를 잡았고, 수학과 과학을 가르치기도 했다. 그러나 일반적으로 그들의 메시지는 두 층위의 영성에 관한 것이었다. 즉, 정말로 예수님을 따르는 일에 진심이라면 선교사나 목회자가 될 것이라는 가르침이다. 이러한 태도는 무속 신앙, 불교, 유교의 세 가지 부가적 영향력에 의해 심화되었다. 이것은 특히 한 나라에서 사실이다.

한국 기독교는 아시아에서 가장 이원론적인 것이 거의 틀림없다. 폴 조(Paul Cho)는 한국 기독교를 연구하면서, "시작부터 한국은 종교에 대한 열정이 남다른 나라였다"고 쓴다.[35] 보이지 않는 신들과 잡귀, 조상신의 세계를 믿는 무속 신앙이 그 주된 영향력 중 하나였다. 조는 이렇게 지적한다. 한국 무속 신앙의 놀라운 특징 가운데 하나는 "여러 신을 각기 다른 범주로 계층화한다는 것이다. 모든 신들의 우두머리는 '하느님'이라 알려져 있으며, 한국인들은 이 신을 감히 접근할 수 없는 지존자로 여긴다."[36] 그리고 그 아래로 "이 체계 내에서 초월적 신성으로 이어 주는 다리"의 역할을 하는 다른 신들이 존재한다.[37]

따라서 조는 무속 신앙이 한국에서 목사들의 정체성과 그들이 선포하는 기독교를 형성하는 데 중심적 역할을 했다고 주장한다. 오늘날 한국에서 목사들이 보여 주는 많은 행동이 주술사의 행동과 흡사한 부분이 많다는 것이다. 목사를 더 신령한 사람으로 승격시키는 그러한 경향은, 성찬식을 반드시 안수받은 목사만 관장할 수 있게 한 대한예수교장로회(PCK) 총회 헌법에 잘 드러나 있다. 목사들은 하나님께 나아갈 수 있는 특별한 능력을 가진 초자연적인 사람들로 간주된다.

두 번째 영향력은 불교다. 본질적으로 불교는 고통을 어떻게 다룰 것인지에 관한 실제적인 철학이다. 지혜와 도덕적 행실, 정신 수행을 추구하는 팔정도(八正道)를 통해 '고통의 끝'인 열반에 이를 수 있다.[38] 이러한 수행은 세상에서 벗어날 수 있게 해 준다. 다시금 조는 한국에서 목사의 정체성이 바로 여기에 심오한 영향을 받아 왔다고 주장한다. 본질적으로 목사란 거룩함을 추구하고 하나님의 종이 되는 일에 헌신하기 위해 세상적인 일들, 때로는 높은 보수를 받는 직업도 포기한 수도승이다. 불교와 마찬가지로, 한국의 목사들은 아픔이나 고통이 없는 내세에 대한 설교를 많이 한다. 이영훈은 "기독교 종말론은 그 자체로 현재의 삶을 부정하고 저 세상을 지나치게 강조할 위험을 안고 있다"고 조언한다.[39]

세 번째 주요 영향력은 유교다. 아시아 전역에서 유교는 가정, 관계, 사업에 강력한 영향력을 발휘한다. 그것은 본질적으로 충(忠), 효(孝), 인(仁), 의(義)를 심어 주는 철학이다. 그 목표는 인간관계의 조화를 이루는 것이다. 그러나 유교에서 이 조화는 임금과 신하, 아버지와 아들, 남편과 아내, 형과 아우, 친구와 친구처럼, 사람들 사이에 위계질서를 세우고, 그에 따른 적절한 역할과 의무를 부여함으로써 이루어진다. 특히 한국의 기독교에서 이러한 유교 문화가 지배적이라는 사실은 폭넓게 인정되고 있다. 제이슨 맨드릭(Jason Mandryk)은 『세계기도정보』(Operation World, 죠이선교회)에서 이렇게 지적한다. "때로 지도자들은 너무 권위적이다. 목사의 드높여진 지위는 성경적 종의 리더십을 가로막고, 분열과 사람 숭배를 불러오며, 제자도를 방해한다."[40] 대조적으로, 성경적 기독교는 물질세계가 선하며, 사업에 관여하는 것(과 돈을 다루는 것)이 목사와 동등한 하나님의 부르심이 될 수 있다고 선포한다.

요약하면, 전 세계의 기독교인들을 끈질기게 따라다니는 이원론의 근원은 사라지지 않은 구약적 사고와 그리스 철학의 영향, 프로테스탄트 종교개혁 이후 일상의 거룩함이 쇠퇴한 영향, 다른 종교와 철학 들의 영향 등 다양하다.

그렇다면 우리는 하나님과 황제라는, 동전의 양면을 어떻게 화해시킬 것인가? 어떻게 황제의 것은 황제에게 돌려주고 하나님의 것은 하나님께 돌려드릴 수 있는가? 이는 오직 신앙과 삶의 철저한 통합으로만 가능하다. R. T. 프랜스는 마태복음 22:15-22에 대한 주석에서, "이것은 삶을 '거룩한 것'과 '속된 것'으로 엄격하게 구분하는 것이 아니라, 오히려 '속된 것'이 '거룩한 것'의 우선권 안에서 제자리를 찾게 하는 것이다"라고 말한다.[41] 한번은 예수님이 (눈을 신앙의 비유로 사용하셔서) 눈이 성하면 혹은 하나이면 온몸이 그 빛으로 환하게 밝을 것이라고 말씀하셨다(눅 11:34-36). 이 경우, 돈은 성례전이자 선물이며 은혜가 된다. 그렇다고 돈을 신격화한다는 의미는 아니다. 예수님은 사람들을 전혀 다른 세계관으로, 즉 삶의 모든 것이 거룩한 하나님 나라의 세계관으로 들어가도록 초청하심으로써 맘몬주의(돈의 신격화)를 다루신다.[42] 성경은 돈이 물질적 은혜와 영적 은혜를 하나로 묶고, 물질적 영역과 영적 영역에 동시에 참여할 수 있게 해 주는 수단임을 보여 준다. 하나님과 황제는 분리되지도, 하나로 합쳐지지도 않지만, 돈에 관해서라면 모든 것은 하나님을 위해 존재한다. 결국 하나님의 돈이기 때문이다. 그 결과는 하나님 백성들이 하나님 나라의 선교를 위한 새로운 동력을 얻는 것이다.

우리는 황제와 하나님께 바치는 것에 대한 예수님의 말씀을 다루는 제이콥 니들먼의 말을 인용하면서 이번 장을 시작했다. 니들먼은 정말로 이렇게 말했다. "내 견해로는, 이 시대 문화 속에서 사는 삶의 문제 전체는 오롯이 예수님의 이 말씀을 이해하기 위한 도전으로 규정될 수 있다." 그러나 이것은 우리에게 한 가지 질문을 남긴다. "황제의 것은 황제에게 돌려주고, 하나님의 것은 하나님께 돌려드[리는]" 것의 이러한 반이원론적 통합이, 대체로 민주적 자본주의가 지배하는 오늘날의 세상에서도 작동할 수 있는가? 다른 식으로 말하면, 만약 오늘날의 "황제"가 자본주의 체제라면 어떻게 해야 할까?

5장
자본주의와 슬기롭게 씨름하기

기본적으로, 돈은 현시대의 세계에서 '가치'를 결정하는 가장 중요한 '척도' 가운데 하나가 되었다.…
기계식 시계처럼 돈은 현대 시대의 핵심 도구 중 하나다.
- 크레이그 게이, 『현금 가치』(*Cash Values*)[1]

지난 장에서는 하나님과 황제에게 바치는 것, 즉 우리의 세상에 속한 의무와 하늘에 속한 의무를 어떻게 동시에 만족시킬 수 있는지 살펴보았다. 우리는 이것이 예수님의 가르침 안에, 특히 하나님 나라에 대한 그분의 중심 메시지 안에 암시되어 있다고 주장했다. 그러나 마지막에 우리는 한 가지 흥미로운 질문을 던졌다. 만약 우리의 21세기 맥락에서 '황제'가 자본주의 체제 자체라면, 또는 자본주의 기업 안에서 우리가 하는 일이라면, 혹은 자본주의 경제에서 우리가 돈을 사용하는 방식이라면 어떻게 할 것인가? 다른 식으로 표현하면, 자본주의처럼 모든 것이 돈과 밀접하게 연관된 경제 체제 안에서 우리의 일은 어떤 방식으로든 하나님 나라에, 즉 그리스도 안에 체현된 샬롬과 인간 번영의 침투에 기여할 수 있는가? 치약에서 텔레비전까지, 치실에서 구축함까지, 성생활에서 인공위성까지, 분명 이 체제는 모든 것이 돈과 밀접하게 연관되어 있다. 이것과 씨름하기 위해 우리는 먼저 자본주의를 이해해야 한다. 지금부터 살펴볼 텐데, 특별히 돈이 거의 하나님처럼 충성과 경배를 요구하면서도 그 영적인 역할을 어떻게 상실했는지 들여다볼 것이다.

자본주의의 출현

메소포타미아와 그리스 같은 고대 문명에서, 돈은 신전에서 회계

관리를 통해 공동체 안에 살아가는 사람들 사이에 분배적 정의를 보장하기 위해 개발되었다. 이러한 돈의 영적이고 사회적인 역할은 시간이 지나면서 점차 희석되어 시장경제 형태의 자본주의 안으로 들어갔다. 확실히, 산업혁명의 영향으로 19세기 중반에 경제적 초점의 대격변이 일어났다. 몇 단계를 거치면서 18세기 자본주의는 급격한 변화를 겪었다. 경제행위가 윤리 및 인간적 가치들과 분리된 것이다. 경제적 기계는 인간의 필요 및 인간의 의지와 무관하게, 자율적 주체로서 기능한다고 여겨졌다. 사회학자 에리히 프롬(Erich Fromm)은 그것이 "자연에 대한 경멸뿐 아니라 기계로 만들지 않은 모든 것과 기계 제작자가 아닌 모든 사람에 대한 경멸"을 불러왔다고 말한다.[2] 이 체제는 자체적으로 돌아갈 수 있을 뿐 아니라, 그 자체의 법에 따라 돌아갔다. 따라서 측정과 운영을 위한 다양한 장치가 만들어져야 했다.

80년 전, 전미경제연구소(National Bureau of Economic Research)의 한 경제학자가 미국 의회에 낸 보고서에서 국내총생산(GDP) 개념을 처음 사용했다. 국내총생산은 한 해의 일정 기간 동안 한 나라에서 이루어진 경제 활동의 가치를 측정한다. 국내총생산은 단일 경제에서 생산된 모든 최종 재화와 서비스의 시장 가치를 달러로 표시한다. 세계은행(World Bank)과 국제통화기금(International Monetary Fund) 같은 국제 금융기관이 생기면서, 국내총생산은 한 나라의 경제를 판단하는 표준 척도가 되었다. 해 아래 모든 인간의 활동들이 이제 경제적 용어로 측정될 수 있었다. 그리고 돈은 인간의 모든 진보를 판단하는 궁극적 기준이다. 각 나라의 경제는 국내총생산에 기초하여 서로 치열하게 경쟁한다.

자본주의는 다음의 몇 가지 토대를 갖는 사회적 경제체제다.

1. 개인의 권리. 재산권 포함.
2. 법에 의한 지배. 특히 사업이나 재산과 관련하여.
3. 활발하고 경쟁적인 사적 소유권.
4. 제한된 정부 개입. 자본주의하에서는 정치가 종교와 분리되는 것과 똑같은 방식으로 정치가 경제 영역과 분리된다.
5. 채권 발행을 통한 신용 창출의 역학. 이는 자본주의 체제의 역동성을 위한 핵심적 토대다.[3]

자본주의는 오늘날 서구 세계 전역에서 지배적인 체제가 되었다. 유럽에서 시작하여 미국으로, 그다음 지난 100년 동안 극동 지역과 아프리카로 퍼졌다. 지난 40년간, 공산주의 혹은 사회주의 경제 역시, 집산주의와 중앙계획 실험이 기대에 못 미치는 경제적 결과를 내놓음에 따라 개방적인 시장 주도 정책으로 방향을 틀었다. 중국은 중앙계획에서 변화하여 몇십 년에 걸쳐 재빠르게 시장경제를 받아들이는 쪽으로 발전했고,[4] 오늘날에는 가부장적 통제와 서구식 자본주의가 독특하게 결합되어 있는 형태다. 중국식 경제는 때로 유교적 자본주의 혹은 국가 자본주의라고 불린다. 1989년 11월 9일, 유럽에서는 독일 민주공화국 혹은 동독의 시민들이 동서를 분리하던 악명 높은 베를린 장벽을[5] 원할 때는 언제든 넘어가도 좋다는 동독 공산당의 선언이 있었다. 그날 밤, 동독과 서독이 통합된 자본주의 경제로 나아감에 따라, 자본주의를 가로막던 마지막 주요 장애물이 무너졌다.

자본주의의 놀라운 생산력과 문제점

피터 버거(Peter Berger)는 그의 책 『자본주의 혁명』(*The Capitalist Revolution*, 지문사)에서 "진보한 산업 자본주의는 인간 역사에서 엄청나게 많은 사람들의 가장 높은 물질적 생활수준을 창출해 냈고, 계속 창출하고 있다"고 논평한다.[6] 브라이언 그리피스 경이 『부의 창출: 기독교의 자본주의 변호』(*The Creation of Wealth: A Christian's Defense of Capitalism*)에서 주장하듯, 수백만의 가난한 사람들이 극심한 가난에서 벗어나게 되었다.[7]

크레이그 게이는 자본주의의 놀라운 생산력이 그리스도인을 딜레마에 빠뜨린다고 주장한다. 이러한 성장은, 다음 장에서 살펴볼 누가복음 16:19-31에서 부자와 나사로가 보여 주는 극명한 대조처럼, 빈부 간의 격차를 벌려 놓는 부정적인 효과를 가져왔다. 현대 자본주의가 "역사적으로 기독교 문명의 산물"이라는 점에서 이 딜레마는 특히 가중된다.[8] 예를 들어, 전 세계적 자본주의가 출현하던 시기와 오늘날의 상황을 비교하기 위해, 돌아가신 폴의 아버지를 예로 들어 보자. 2차 세계대전 직후 기업체의 대표였던 아버지는 신입 사원의 다섯 배를 벌었다. 그러나 오늘날 미국에서 가장 큰 350개 기업의 최고경영자들은 일반 사원 연봉의 300배 이상을 번다.[9] 아시아에서도 이러한 빈부 격차가 심해졌다. 국제적 상업·금융 도시인 싱가포르에서, 이러한 임금 격차는 약 100배에 달하며, 이 수치는 빠르게 증가하고 있다. 세상의 단 몇 사람과 단 몇 개 기업이 수많은 나라들 전체보다 더 많이 번다는 것은 이미 잘 알려진 사실이다. 그러나 문제는 이것만이 아니다.

자본주의 체제에서 돈의 만능성은 도덕적 가치에 대한 무비판적 태도를 부추긴다. 돈은 모든 가치를 평면화하고, 모든 결정과 목적을 금전적 토대에서 비교하게 만든다. 동시에, 시장의 논리는 자유에 기초하며 또한 복지나 사회적 효용의 극대화에 기초한다. 공리주의(utilitarianism)는[10] 시장에서 이루어지는 교환이 판매자와 구매자 모두에게 이득을 주며, 그렇기에 우리의 집단적 복지나 사회적 효용을 향상시킨다고 주장한다. 마이클 샌델(Michael Sandel)은 이렇게 논평한다.

시장의 논리를 적극적으로 따르는 것과 더불어, 도덕적이고 영적인 논의에 관여하기를 꺼리는 것은 비싼 대가를 요구했다. 즉 그것은 윤리적·시민적 에너지에 대한 공적 담론을 고갈시켰고, 오늘날 많은 사회를 괴롭히는 기술 관료적이고 경영주의적인 정치에 기여했다.[11]

선한 활동이든 선한 사회적 실천이든, 그에 합당한 것보다 더 낮은 규준에 따라 다룰 때, 우리는 그것을 변질시키게 된다. 예를 들면, 이익을 위해 판매할 목적으로 아이를 갖는 것은 부모의 역할을 변질시키는 것이다. 아이들을 사랑받아야 할 존재가 아닌 사용할 물건으로 취급하기 때문이다. 그런데 경제학자, 정치학자, 법학자는 인간의 생명에 대한 이러한 강력한 이미지를 경제적 가치에 따른 합리적 행동으로 논하고, 따라서 인간의 가치는 건너뛴다. 자본주의 체제에 내포된 합리성은 종종 우리의 사회적 규준과 관습, 전통과 반대된다.

요약하면, 시장 논리는 도덕 논리 없이는 완전하지 않다. 모든 상품이 판매 가능한가? 돈을 벌기 위해서라면 멸종 위기에 처한 동물을 총으로 쏘거나, 더 나쁘게는 우리가 아픈데 돈이 있다면 인간 장기를 구매해도 되는가? 우리가 돈으로 재화나 서비스를 변질시킬 때, 우리는 그것의 고유한 특징을 파괴하거나 그 가치를 평면화함으로써 무가치한 비인격적 대상이 되게 한다. 이러한 간교한 합리성은 어디에서 오는가?

돈에 대한 탐욕이 유일한 문제는 아니다. 그러나 중요한 문제이기는 하다. 애덤 스미스가 『국부론』에서 주장하듯이,

자본주의 기획은 도덕적 의지를 위해 모든 인간의 내적 충동을 제도적으로 해방시키는 방법을 찾으려는 탐색을 통해 실현된 것이 아니다. 그것은 인류 전체의 평화롭고 번영하는 삶…을 위해 모든 인간의 자기 보존에 대한 자연적 본능을 제도적으로 해방시키는 방법을 찾으려는 탐색에 의해 실현되었다.[12]

자본주의 기획이 "인류 전체", 즉 타인들, 지구상의 한 사람 한 사람 모두의 유익을 위한 것이었겠는가? 그러나 대체로 국제 무역이 국가들 사이에 우정의 다리를 건설한 것은 사실이다. 예를 들어, 오늘날 일본은 그들의 가장 큰 무역 상대국인 미국을 폭격하지는 않을 것이다. 종종 현대 선교의 개척자로 불리는 윌리엄 캐리(William Carey)는 우리에게 항해사의 나침반이 있는 지금 큰 바다(대서양과 태평양)를 건너 교역을 하러 가지 않을 핑계가 없고, 사람들이 교역을 하는 동안 하나님 나라의 좋은 소식은 전 세계를 횡단할 수 있다고 주장했다.[13] 더 나아가 킴 탄(Kim Tan)은 원조가 아니라 기업이 가난을 퇴치하는 가장 좋은 방법이라고 바르게 주장한다.[14] 왜 그런가? 세금을 내는 회사들은 정부가 사회기반시설을 건설하고 교육과 의료를 개선할 수 있도록 돕는다. 그 과정에서, 상당수의 자본주의적이고 이익을 창출하는 (투자자를 찾을 수 있는) 벤처 기업들은 사람들에게 시장성 있는 기술과 일을 통한 품위를 얻게 해 줄 수 있다. 그러나 문제가 남아 있다.

자본주의가 종교가 될 때

이 모든 생산성의 원천은 놀랍게도 부분적으로 기독교 신앙에 뿌리를 두고 있다. 20세기 초 사회학자 막스 베버는 '금욕적' 형태의 프로테스탄트 신앙이 중요하게 자리 잡고 있던 미국과 영국 같은 나라에서 현대 자본주의가 특히 번성했다는 사실을 주시했다. 우리는 지난 장에서 그것이 끼친 영향을 살펴보았다. 이러한 자본주의 '정신'은 불합리하고 부자연스러우며, '금욕적' 프로테스탄트 신앙의 합리적 윤리의 후원과 승인 없이는 출현할 수 없었다. 그러나 이러한 경제적 성공은 순수한 종교적 열정이 지나간 뒤, 이제 종교적 동기를 거의 상실한 **부르주아** 경제 윤리가 그 자리를 대체했을 때 비로소 따라왔다. 시작할 때는 합법적으로 돈을 버는 선한 양심이었던 것이 많은 이들에게 결국 만족을 모르는 돈에 대한 사랑으로 탈바꿈했다. 무제한의 생산과 절대적 자유, 제한 없는 행복의 삼위일체가 '진보'라고 불리기도 하는 새로운 종교의 중심을 형성했고, 새 하늘 곧 '진보라는 지상의 도성'이 하나님의 도성을 대체했다. 이 새로운 종교는 그것을 믿는 사람들에게 에너지와 활기, 희망을 공급했다. 이것은 기독교 신앙과 자본주의 제도들을 비교한 다음 표를 보면 자명해진다.

기독교	자본주의
영원한 구원	물질적 안녕
죄	시장의 실패
죄인인 인간	합리적 존재인 인간
성삼위일체	토지, 노동, 자본
사랑, 믿음, 소망	사적 이익, 자유, 행복
모든 민족의 제자화	전 세계의 자유시장화
제사장직	경제학자, 정치가, 부유한 기업가
교회	연방준비은행들

많은 이들에게 자본주의는 지금 여기를 위한 종교다. 시장 체제는 엄청난 경제적 이득과 행복을 약속한다. 그리고 거기에는 합당한 이유가 있다.

은혜로운 자본주의

이미 살펴보았듯, 자본주의의 가장 중요한 공헌은 경제적 진보가 아니라, 이러한 부가 가능하게 하는 삶의 질 향상이다. 자본주의의 발흥으로, 유아 사망률은 급락하며 최저치를 기록했다. 영양실조와 관련 질병들은 통제 가능하게 되었으며, 전염병 발생률도 낮아졌다. 결과적으로, 사람들은 일반적으로 더 오래, 더 나은 삶을 살고 있다. 자본주의 이전의 '좋은 옛 시절'은 사실 그다지 좋지 않았다.

대체로 우리 조상들의 삶은 비참했다. 나(클라이브)의 할아버지는 작은 농장에서 돼지와 닭을 기르며 어렵게 살았다. 언제나 할 일이 너무 많았고, 쉬거나 놀 시간은 거의 없었다. 더 이상 일할 수 없는 나이가 되어 조그마한 정부 보조 아파트로 이사할 때까지, 식구들은 흙바닥의 초라한 집에서 살았다. 우리는 문학, 시, 연애담, 그리고 현실의 영웅들보다 더 큰 사람들이 나오는 전설 이야기에서 과거를 낭만적으로 묘사한다. 가난하게 사는 군중은 지나가는 배경이었다. 1400년 이전에는 출생 시 기대 수명이 20년에서 30년이었다. 1800년에 이르러 수명은 두 배가 되었는데, 이는 대체로 환경, 식량, 의약품 개선으로 유아 사망률이 최소화된 데 기인한다. 예를 들어, 1861년 잉글랜드와 웨일스 지역의 국가 자료에 따르면 여성의 25퍼센트가 40세 전에 감염으로 죽었다. 5세 이전에 죽는 경우 대부분이 감염 때문이었다.[15] 최근인 1921년까지도 캐나다 같은 나라에서는 유아 사망률이 여전히 약 10퍼센트에 달했는데, 이는 아기 열 명마다 한 명꼴로 생존하지 못했다는 의미다. 오늘날 살아 있는 가장 중요한 일터신학자라 할 수 있을 마이클 노박(Michael Novak)은 "우리의 역사를 형성한 모든 정치경제 체제 가운데서, 민주적 자본주의만큼 수명을 늘리고, 가난과 기근 퇴치를 가능한 것으로 만들고, 인간의 선택의 범위를 확장시키는 등 인간 삶의 일상적 기대를 혁명적으로 바꾸어 놓은 것은 없다"고 쓴다.[16]

어떻게 이런 일이 일어났을까?

로젠버그(Rosenberg)와 버젤(Birdzell)은 그들의 책 『서구는 어떻게 부유해졌을까』(How the West Grew Rich)에서, 그것은 경제 조직의 합리적이고 실험적인 사용과, 인간의 결핍을 채우려는 기술의 조합이었다고 결론짓는다.[17] 중세부터 종교와 정치의 제한이 점차 완화되면서 이러한 실험들이 허용되었고 풍성한 보상도 따라왔다. 정치와 종교 관료들에게 주어진 최초의 자율성은 실험할 공간을 마련해 주었다. 경제가 성장하려면, 지배자들이 통제력을 희생하고 권력의 손실을 감수해야 했다. 중세까지는, 대부분의 사회가 마지못해 이 위험을 감수했다. 서구 사회들에서 이러한 실험의 자유가 늘어나면서, 엄청난 인간 번영으로 이어졌다. 비록 해체가 상당수 섞여 있기는 했지만, 그 결과는 본질적으로 긍정적이었다.

뉴욕 대학교 스턴 경영대학원의 사회심리학자 조너선 하이트(Jonathan Haidt)는, 번영의 증대가 사람들을 더 개방적으로 만들고 사회적 다양성과 성별 다양성, 환경적 도전에도 긍정적으로 반응하게 만든다고 믿는다.[18] 하이트에 따르면, 론 잉글하트(Ron Inglehart)과 크리스천 웰젤(Christian Welzel)이 이끄는 세계 가치관 조사(World Values Survey, WVS)는 탁월한 연구 결과를 내놓았다.[19] 이 저자들은 1981년에서 2014년까지 100개국을 조사했다. 그들은 종교, 민주주의, 여성의 권리, 자본주의, 국가의 우선순위 같은 주제에 대한 100개 이상의 질문을 통해, 국가가 산업화되고 사람들이 토지를 떠나 공장으로 들어감에 따라 부가 성장하고 가치가 변화하는 것을 발견했다. 그러나 부정적인 변화도 있다. 부의 증가는 사람들을 더 물질적으로 만들고, 돈으로 살 수 있는 사회적 명망을 원하게 만든다. 그러나 몇 세대 이후 이 동일한 경제들은 제조업에 비해 새로운 기술과 가치를 요구하는 서비스업으로 전환한다. 경제가 더욱 부유해짐에 따라, 이 동일한 사회들도 더욱 안전해지고 자연재해와 정치적 잔인성에는 덜 취약해진다. 웰젤은 실존적 압박이 감소함에 따라 사람들은 더 개방적이 되고 자유, 자율성, 다양성, 창조성을 우선시하게 된다고 설명한다. 인권, 여성 인권, 성소수자 인권, 동물권, 빈곤 해소, 환경 보호를 위해 싸우기 시작한다.[20] 따라서 우리는 '은혜로운 자본주의'라 부를 만한 것에 대해 말할 수 있다.

두 기업만 예를 들면, 미국의 마스 재단(Mars Foundation)과 플로우 오토모티브(Flow Automotive Companies) 같은 사기업은 직원들에게 관심을 갖고 지역사회를 돌보며 세상을 위해 관대하게 기부한다. 내(클라이브)가 맡고 있는 사업체 립 인터내셔널(Leap International)은 아시아의 가난한 사람들을 섬기고 돕는 재단을 운영한다. 그 동기는 단지 사회와 환경에 대한 의식 이상이다. 사업하는 그리스도인으로서, 이런 일의 동기는 하나님께 대한 감사와 이웃을 향한 사랑이다.[21] 기업의 사회적 책임은 이제 전 지구적 움직임이다. 때로는 기업의 이미지 포장 같은 그릇된 동기에서 행해지기도 하지만, 어쨌든 적어도 행해진다. 그리고 그것을 통해 어떤 이웃들은 도움을 받는다. 심지어 서비스마스터(ServiceMaster) 같은 일부 상장 기업은 그들이 구현하는 가치와 목적에 충실하기 위해, 위축감을 주는 주주들의 최대 수익 요구를 견딜 수 있었다. 이 역시 기독교 복음과 하나님 나라에서 온다. 그것은 부분적으로 자본주의와 사업가적 진취성에 영감을 주었던 바로 그 복음이기도 하다.

우리는 자본주의 경제에서의 일이, 그리고 기업과 그 소유주들에게 이익을 가져다주는 돈의 사용이 하나님 나라에, 하나님이 이 세상으로 가져오고 계시는 그 새로운 세상에, 인간 번영과 샬롬의 세상에 어떤 방식으로든 공헌하는 것이 가능한가 하는 질문에서 시작했다. 교회에 속한 사람들의 대부분이 깨어 있는 시간의 대부분을 바로 이 체제 안에서 살아가기 때문에 이 문제는 중요하다. 크레이그 게이는 슬기로운 청지기 비유에 대해 언급하면서 다음과 같은 결론을 내리는데, 이는 다음 장과도 연결된다.

> 우리는 시장 체제 내에서—"불의한 재물"을 친구로 삼으면서—계속 일해야 하지만, 그 체제 자체를 위해서나 끝없이 소유하려는 그 체제의 '정신'에 사로잡히는 방식으로가 아니라, **전복적으로** 또한 그 체제를 완전히 초월하는 목적들을 위해,…**우정**을 위해 그렇게 해야 한다. 장차 올 세상에서도 사라지지 않을 것은 바로 그런 것들임을 우리가 충분히 잘 알기 때문이다.[22]

어떻게 그럴 수 있는가?

은혜는 돈에 대한 탐욕을 제한할 수 있다. 은혜는 심지어 악마적인 상황에서도, 만약 우리가 그곳에서 일하도록 하나님께 부름받았다면 우리가 그 속에서 살고 일할 수 있게 해 주며, 전심으로 그리고 하나님을 위해 살며 일할 수 있게 해 준다. 사람과 사물을 돈과 연결시키는 체제에서, 은혜는 우리가 사람들을 그들의 재정적 영향력으로 평가하지 않을 수 있게 해 준다. 은혜는 돈을 버는 과정이 번 돈으로 무엇을 하는지만큼 중요하다고 주장한다. 은혜는 사람들을 격려하고 포상하는 조직 문화를 세울 수 있게 해 준다. 놀랍게도, 수 세기 전 "주님을 두려워하면서 성실한 마음으로" 일하라는 비전을 받았던 골로새 사회의 종들과 주인들이 그랬듯이, 우리 역시 산업, 정보, 서비스, 창조적 영역에서 하는 일들을 "주님께 하듯이" 할 수 있다(골 3:22-23). 따라서 지난 장에서 논했던 은밀한 이원론은 대체로 극복되었다. 중국의 경제학자 자오 샤오(Zhao Xiao)가 쓴 탁월한 논문은 교회가 없는 시장경제(말하자면 중국의 체제)와 교회가 있는 경제(북미의 체제)를 비교한다. 그는 미국에서 왜 자본주의가 번창했는지 밝혀내고자 했다. 그의 결론은 과장되기는 했지만 도전을 준다. 바로, 교회가 탐욕을 제한한다는 것이다.[23] 그러나 특히 기독교가 쇠퇴하고 자본주의가 기독교의 윤리 헌장을 대체로 상실한 서구에서, 우리는 자본주의가 과연 지속될 수 있을 것인지의 질문에 직면해야 한다.

포스트 자본주의?

경제 저술가 폴 메이슨(Paul Mason)에 따르면 자본주의는 학습하는 유기체로서 끊임없이, 때로는 극적으로 적응한다. 자본주의는 결정적 변환점에서, 특히 위협을 받을 때에는, 이전 세대가 거의 알아볼 수 없는 패턴과 구조로 변형되고 변이된다. 그리고 자본주의의 가장 기본적인 생존 본능은 기술 변화를 추동하는 것이다. 정보 기술만이 아니라 식량 생산, 출산 조절, 세계 보건, 그리고 삶의 모든 영역에 도입된 로봇공학과 인공지능을 고려하면, 지난 25년은 아마도 인간 역량의 압도적 급증을 목도해 왔다고 할 수 있을 것이다. 그러나 그러한 적응력에도 불구하고, 자본주의는 취약하다. 메이슨은 "복합적이고 적응력 있는 체제임에도 불구하고, 자본주의는 적응할 수 있는 그 수용력의 한계에 도달했다"고 말한다.[24] 그는 장기적 전망이 암울하다고 주장한다. 경제협력개발기구(OECD)에 따르면, 다음 50년간 선진국의 성장은 '약화'될 것이다.[25] 불평등은 40퍼센트까지 증가할 것이다. 심지어 다수 세계인 개발도상국에서도 2060년이 되면 현재의 역동성이 소진될 것이다. 우리는 이미 그 징후들을 보고 있다.

2008년 미국에서 시작된 경제 위기는 서유럽으로 퍼졌고, 그 뒤 전 세계적 위기가 되었다. 경제적 스트레스는 사회 위기가 되었고, 집단 불안으로 이어졌다. '아랍의 봄' 같은 개혁들이 일어났고,

이제 중동에서는 내전이 일어나고 있으며, 초강대국들 사이에는 군사적 긴장이 존재한다. 이러한 위기의 근본적 원인 중 하나는 자본주의가 사회의 모든 구성원을 끌어들이지 못한다는 데 있다. 닉 서르닉(Nick Srnicek)과 알렉스 윌리엄스(Alex Williams)에 따르면, "정규 임금 노동 바깥으로 밀려나, 최소한의 복지 혜택과 비정규 최저임금 노동, 아니면 불법적 수단으로 근근이 지탱하는 인구가 점점 증가하고 있다."[26] 이러한 자본주의의 어두운 면은 조너선 하이트의 짧은 이야기에서 잘 드러난다.

> 옛날 옛적, 일은 실제였고 진짜였다. 농부는 곡식을 길렀고, 장인은 제품을 만들었다. 사람들은 그러한 재화들을 지역 사회에서 거래했고, 그러한 거래는 지역 공동체를 튼튼하게 해 주었다. 그러나 자본주의가 발명되었고, 어둠이 온 땅에 퍼져 나갔다. 자본가들은 노동자로부터 부를 쥐어짜 내고 그런 다음 사회의 자원을 자신들만 모두 빨아먹기 위해 기발한 기술들을 개발했다. 자본주의 계급은 그들의 부를 사용해 정치적 영향력을 사들였고, 이제 그 1퍼센트는 법 위에 있다. 나머지 우리들은 그들의 졸병이다. 영원히. 끝.[27]

앞서 언급한 메이슨은 자본주의의 새로운 대안이 발견되지 않는다면, 현재 자본주의 체제는 다음과 같은 두 가지 가능한 시나리오 중 하나로 전락할 것이라고 경고한다. 첫째는 전 세계 엘리트가 다음 10년 혹은 20년 동안 위기의 대가를 노동자와 연금 생활자, 빈민층에 떠넘기면서 악착같이 결집한다. 국제통화기금(IMF), 세계은행, 세계무역기구(WTO)에 의해 강화된 전 세계 질서는 살아남겠지만, 약화된 형태로 살아남을 것이다. 세계화를 구하는 비용은 선진국의 일반인들이 감당하게 된다. 그러나 성장은 침체된다.

두 번째 시나리오에서는 합의가 깨진다. 일반인들이 긴축 생활이라는 대가를 치르기를 거부함에 따라 극우, 극좌 정당들이 득세한다. 대신, 국가들은 위기의 대가를 서로에게 떠넘기려고 한다. 세계화가 무너져 내린다. 초국가 기구들은 무력해진다. 지난 20년간 부글대던 갈등들, 곧 마약 전쟁, 포스트 소비에트 민족주의, 지하디즘(이슬람 극단주의 무장 투쟁), 통제되지 않는 이민 문제와 그에 대한 저항 등이 제도의 중심에 불을 지핀다. 이 시나리오에서, 국제법이라는 립 서비스는 증발해 버린다. 고문, 검열, 임의적 감금, 대중 감시가 국가 운영의 일반적 수단이 된다. 이는 1930년대에 있었던 일의 변종이고, 그런 일이 다시 일어나지 말라는 법은 없다.

두 가지 시나리오 모두에서, 2050년 즈음에는 기후 변화, 인구 노령화, 인구 성장의 심각한 영향이 나타나기 시작한다. 지속 가능한 세계 질서를 만들고 경제적 역동성을 회복하지 못한다면, 2050년 이후는 대혼란의 시기가 될 것이다. 그러나 다른 가능성도 있다.

이러한 암울한 전망에 반응하여, 다른 사람들은 어느 정도의 중앙 경제 계획과 자원의 공동 소유 혹은 공공 소유를 포함하는 다양한 형태의 사회주의를 제안했다. 또 다른 사람들은 의사결정 기구를 통해 작동하는 노동자와 소비자의 더 많은 참여를 요구해 왔다. 로빈 하넬(Robin Hahnel)은 경제적 이익이 필요와 조화를 이루고, 그 양은 노동자와 소비자 위원회를 통해 민주적으로 결정되는 참여적 경제를 주창한다.[28] 하넬은 사람들이 성과나 선행적 소유권이 아닌 자신의 노력과 근면에 대해 보상을 받을 때 '경제적 정의'에 도달할 수 있다고 믿는다.

이러한 병적인 시나리오들 한가운데서, 자크 엘룰(Jacques Ellul)은 위안을 주지는 못할지라도 한 가지를 다시 일깨워 준다. "우리의 씨름은 혈과 육을 상대하는 것이 아니요,…이 어둠의 세상 주관자들과 하늘에 있는 악의 영들을 상대함이라"(엡 6:12, 개역개정). 따라서 이생에서 완벽한 경제체제는 없겠지만, 우리는 지속적 긴장을 가지고 이러한 현재 체제 안에서 살아갈 수밖에 없다. 이를 잘하기 위해, 엘룰은 개인적 성찰을 통해 돈을 늘 그에 합당한 자리에 두고, 돈을 다루는 것과 관련해서 일관성 있게 행동할 수 있게 해야 한다고 주장한다. 바로 이것이 우리가 이 책에서 하려는 바이기도 하다.

하나님께 속한 역사의 과정, 그리고 우리 그리스도인들이 그 과정에 어떤 영향력이라도 끼칠 수 있다면, 그것은 무엇보다 그분의 뜻에 대한 우리의 신실함에 의해서일 것이다. 설령 우리가 제도를 변화시키고 군중을 움직이는 등 겉으로는 많은 일을 하는 것처럼 보일지라도, 이러한 신실함에서 우리를 돌아서게 만드는 경향이 있는 모든 것은 그리스도인의 효율성을 축소시킨다.[29]

이제 다소 의외로 들리는 예수님의 슬기로운 청지기 비유를 살펴보면서, 바로 이 주제, 돈을 다루는 효율성의 주제로 넘어가고자 한다.

6장
돈으로 영원한 친구 사(귀)는 법

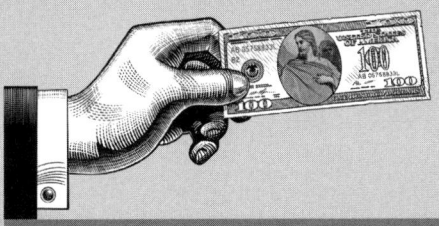

효율성과 슬기로움의 언어를 되찾을 때까지,

우리는 주인이 청지기에게 당했던 것처럼,

현대의 일터를 그토록 움켜쥐고 있던 자만과 탐욕의 세력에게

계속 당할 수밖에 없을 것이다.

- 고용 전문 변호사 대니얼 드래호트[1]

앞 장에서 우리는 자본주의의 실재를 들여다보면서, 그것이 어떻게 시작되었는지 그리고 그것의 남다른 결실과 또한 문제가 무엇인지 살펴보았다. 더 나아가, 우리가 자본주의 체제에 참여하는 것이 하나님 나라를 끌어안는 한 방법이 될 수 있을지, 하나님을 기쁘시게 할 만한 어떤 것이 될 수 있을지도 생각해 보았다. 이 책에서 우리는 일반적으로 '통합된' 삶이라고 불리는, 성속의 구분이 존재하지 않는 단일한 삶을 산다는 것이 무엇을 의미하는지 살펴보고 있다. 그리고 기독교가 자본주의 발흥에 부분적으로 책임이 있는 반면, 현재 자본주의 체제는 점점 그 토대인 윤리 헌장을 상실해 가고 있음을 보았다. 하나님 나라의 방식으로 자본주의 체제에 참여하는 것은 가능하며, 심지어 우리 자신과 다른 이들에게 생명을 가져올 수 있다. 정말로, 하나님 나라와 상관없는 기업이나 기관에서 일을 하고 있을지라도, 여전히 하나님께 영광을 돌리고 이웃을 사랑하는 방식으로 그 일을 할 수 있다. 모든 선한 일은 하나님 나라의 일이다.[2] 그리하여 앞 장에서는 이 체제에서 우리의 일이 체제 자체를 위한 것이 아니라 하나님 그리고 우리의 멀고 가까운 이웃과의 사귐을 위한 것임을 제안하면서, 슬기로운 청지기의 비유에 대한 크레이그 게이의 고찰을 인용했다. 그러나 이제 이 비유를 보다 자세히 살펴볼 필요가 있는데, 이 비유가 우리의 개인적이고 효율적인 돈 사용과 매우 밀접하게 관련되어 있기 때문이다.

슬기로운 청지기 이야기는 일터 비유다. 복음서에서 예수님이 사용하시는 이야기는 거의 항상 일의 세계라든지, 물건을 사고 파는 상업 세계, 돈(예를 들면, 달란트)의 운용, 그리고 세상에서 일하는 사람들의 평범한 직업에서 나오는 것 같다. 그분은 우리에게 하나님 나라에 대해 들려주시고자 한다. 장차 올 새로운 세상, 지금도 사람들의 삶 속에 존재할 뿐 아니라 사회 안에도 부분적으로는 존재하는 그 세상에 대한 놀랍도록 좋은 소식을 말이다. 그러나 그 일을 위해 그분은 주로 회당이나 성전이 아닌, 광장에서 가르치시고 사역하셨다. 자신을 따를 이들을 선택하실 때에도 랍비나 제사장이 아닌 열두 명의 평범한 일을 하는 사람들을 부르셨고, 그중에는 다소 의문스러운 직업을 가진 사람들도 있었다. 왜 그렇게 하셨을까? 한 가지 이유는 예수님 자신이 식탁과 의자를 만들고 집이나 배를 설계하고 짓는 목수-사업가로서 20년 혹은 30년 동안 일 세계에 전념하셨기 때문이다. 그러나 또 다른 이유가 있다. 예수님은 신앙과 삶의 통합에 관심이 있으셨다. 이러한 통합을 이루기 위해, 그분은 일반적인 직업을 갖고 돈을 다루는 생활을 하는 평범한 사람들에게 그들의 직업과 생활에서 끌어온 이야기를 들려주셔야 했다. 비슷한 일은 나(폴)에게도 일어났다.

앞에서 말했듯, 나는 사업가 집안에서 자랐다. 아버지는 철강 제조 회사의 대표였고, 나는 그 회사에서 대표가 되는 것만 빼고 모든 일을 해 보았다. 이후 나는 목수로 일했고, 인테리어 회사에서도 일했다. 따라서 내가 결국 일터신학 교수가 된 것도 그리 놀라운 일은 아니다. 예수님의 가르침 중 많은 수가, 사실은 거의 대부분이 일터라는 맥락 안에 있는 것은 어쩌면 당연하다. 누가복음 16:1-9에 나오는 예수님의 아주 이상한 비유는 특히 그렇다.

비유는 사실에 기반한 이야기가 아니라 상상의 서사로서, 어떤 이미지를 우리의 양심에 투사함으로써 우리를 동요하게 하고 뭔가 발견하는 여정을 시작하게 하며, 그리하여 결국 우리에게 하나님 나라를 소개한다. 이것이 바로 예수님의 기초적 메시지, 곧 하나님 나라의 좋은 소식이었다. 다시 말해, 하나님이 이 세상과 사람들에게 샬롬과 인간 번영, 새로운 생명을 가져오고 계시다는 소식이다. "예수께서 갈릴리에 오셔서 하나님의 복음을 전파하여 이르시되, '때가 찼고 하나님의 나라가 가까이 왔으니 회개하고 복음을 믿으라' 하시더라"(막 1:14-15, 개역개정). 가까이 온 하나님 나라는 사람들의 영혼을 구원할 뿐 아니라, 우리가 돈으로 하는 일을 포함하여 다른 모든 것을 변화시킬 것이다. 그리하여 이 비유는 돈에 관한 것이다.

이 비유에 대한 주석에서 N. T. 라이트는 이렇게 쓴다.

신문에 실리는 이야기의 절반가량이 이런저런 방식으로 돈과 관련된 것 같다. 돈이 제공하는 것처럼 보이는 화려함과 호화로움, 돈이 사라졌을 때의 충격과 공포, 사람들이 돈을 버는 것과 관련된 끝없는 스캔들, 돈을 횡령하는 것, 돈을 잃고 다시 버는 것 등. 합법적인 사업과 사기 행위를 구분하는 기준은 악명 높을 만큼 불분명하다. 선물이 언제 뇌물이 되는가? 다른 사람의 돈을 사용해서 내가 돈을 버는 것이 언제는 옳고, 언제는 그른가? 그다음에는 강도와 도둑, 즉 단순하고 구식으로 이루어지는 명백한 범법 행위의 중심에 돈이 있는 다른 많은 방식들이 있다.[3]

돈은 선한가, 나쁜가, 중립적인가? 이 비유에서 예수님이 돈을 부를 때 쓰시는 단어는 "불의한 재물"로 종종 번역된다. 그러나 원래 헬라어에서 그 단어는 돈이 더러워졌다는 의미를 전달한다. 돈에는 부정적 잠재력이 있다. 우리에게 충성을 요구하는 신이 되려고 할 수 있다. 물론 선한 목적을 위해 사용될 수도 있다. 그러나 돈에 대해 말할 수 없는 한 가지, 그리고 사람들이 말하고 싶어 하는 것은, 그것이 중립적이라는 것이다. 돈은 영적 방사능과 같다. 그 힘은 선하게도, 악하게도 사용될 수 있다. 돈은 하나님이 선하게, 그리고 하나님을 위해 창조하신 힘들 중 하나다. 죄 때문에 오염되었지만, 구속될 수 있다. 그리고 그것이 바로 이 비유가 말하는 바다. 변혁적인 방식으로, 구속적으로, 하나님 나라 선교의 일환으로 돈을 사용하도록 예수님에 의해 세상으로 보냄받는 것이다. 앞 장에서, 우리는 은혜로운 자본주의에 대해 살펴보았다. 여기서는 각 개인이 돈의 은혜로운 청지기가 되는 것에 대해 생각해 볼 것이다. 그러나 먼저 이야기로 들어가 보자.

이 모델을 따르지 말라

자주 그렇듯, 예수님은 우리가 따라 하기를 원치 않으시는 한 사람의 이야기를 들려주신다. 이 사람은 악당이다. 그러나 예수님은 이 부자연스러운 인물을 사용하여 우리가 핵심을 놓치지 않도록 하신다. 한 피고용인이 있는데, 우리는 그를 청지기라고 부른다. 그러나 또 다른 중요한 등장인물이 있다. 사업체를 소유한 주인이다. 청지기에게는 주인의 돈을 낭비한다는 혐의가 있다. 그것은 어쩌면 소문이었을 수도 있는데, 본문에서 주인이 "자네를 두고 말하는 것이 들리는데, 어찌된 일인가?"라고 말하기 때문이다. 그는 자신이 맡아보던 청지기 일에 대해 해명을 해야 했고, 해고되었다는 말을 듣는다. 정말 나쁜 소식이다. 그러나 어쩌면 청지기는 그렇게 나쁜 사람이 아니었는지도 모른다.

대니얼 드래흐트(Daniel Draht)는 해고 담당 변호사다. 그는 이 비유에 대한 아주 흥미로운 관찰을 하는데, 말하자면 나쁘게 비춰지는 것은 청지기가 아닌 주인이라는 점이다.

나는 아주 오래 일한 고위급 직원이 부정을 저질렀다는 이유로 고용주에 의해 약식으로 해고된 경우, 바로 그 즉시 그러한 결정에 반드시 이의를 제기할 것이라는 결론에 대한 합당한 근거를 찾지 못하겠다. 사실, 그러한 대화로 청지기가 피할 수 없이 겪어야 했을 감정적 트라우마에 비추어 볼 때, 그 자리에서 효과적으로 변호하는 것이 가능해 보이지 않는 많은 심리적 이유를 발견할 수 있다. 그의 침묵에 대한 또 다른 합당한 이유는 청지기에게 제기된 혐의들이 매우 모호하다는 사실에서 찾을 수 있다. 청지기가 결백하다면, 그로서는 주인이 자신에 대해 무슨 말을 들었는지 알 방법이 없다. 또한 나는 본문이, 주인이 청지기의 말을…들어 보려 하지 않는 태도를 보여 주고 있다고 생각한다. 위에서 말한 것에 비추어, 나는 사실은 그 종이 아니라 주인이 부정적으로 묘사되고 있다는 것이 적절한 결론이라고 말하고 싶다.[4]

청지기는 이제 곧 해고될 것이다. 그러나 혐의 제기와 해고의 실제 발효 사이에 약간의 간격이 있다. 고용 전문 변호사 드래흐트는 다시금 흥미로운 시각을 제시한다.

> 나는 그 청지기가 사기를 치는 대신, 주인의 명령에 내재하는 기술적 모호함을 자신에게 유리한 방식으로 활용했다고 말하고 싶다.… 그 자리를 나온 청지기는 자신이 **청지기 직분에서 밀려나는 것이 효력을 발생한 뒤의** 미래에 대해 염려하는 그의 고민이 암시하듯, 이 모호함을 그 일이 아직 일어나지 않았다는 의미로 자신에게 유용하게 활용했다.…해고가 아직 효력 발생 전이라면, 그 효력이 발생할 때까지 청지기는 청지기 직분을 계속할 권리가 있다.[5]

해고당하는 것은 당연히 힘든 일이다. 엄청난 충격을 안겨 주는 경험이며, 50세 이상일 때에는 특히 그렇다. 그리고 이 청지기는 이 상황에서 자신과 자신의 가족을 지키기 위해 자신이 무슨 일을 할 수 있을지 방법을 모색하고 있다. 먼저, 그는 자신에게 말한다. 땅을 파자니 힘이 없구나. 나(폴)는 큰 교회에서 목사로 사역한 뒤, 밴쿠버에서 목수로 일했다. 공사 중이던 집 둘레의 배수로에 쏟아부을 배수용 자갈을 손수레에 잔뜩 싣고, 무너질 것 같은 발판 위로 밀어 나르던 기억이 난다. 비가 억수같이 쏟아지고 기온은 영하로 내려가기 직전인 2월이었다. 그렇지만 나는 젊었다. 적어도 지금보다는. 이제 이런 고강도 노동을 포함한 일을 보면, 속으로 '나는 못 해'라고 말하게 된다. 이야기 속의 이 불쌍한 청지기처럼 말이다. 다른 대안이 필요했다.

그다음, 청지기는 돈을 조금 빌릴 수 있지 않을까 생각한다. 그러나 그러기엔 부끄럽다.[6] 그는 신호등 빨간불에 걸려 서 있는 차 안의 사람들에게 돈을 달라고 손을 내미는 거리의 사람들 중 하나가 되고 싶지는 않다. 허름한 옷을 입고 구걸하는 문구를 앞에 내걸고 사람들에게 수작을 걸지는 않을 것이다. 그렇다면, 어떻게 할 것인가? 그는 생각한다. 옳지, 내가 무엇을 해야 할지 알겠다. 내가 청지기의 자리에서 밀려날 때에 사람들이 나를 자기네 집으로 맞아들이도록 조치를 해 놓아야지. 바로 여기가 비유가 정말로 흥미로워지는 지점이다.

그는 주인의 채무자들, 즉 주인에게 빚진 사람들에게 가서 영리하게 전략적이고, 논쟁의 여지가 있을 수 있으며, 분명 예상 밖이고, 매우 수수께끼 같은 어떤 일을 한다. 청지기가 지금 하고 있는 일에는 잉크가 많이 들어갔다. 그는 자신이 받을 수수료를 깎아 주고 있는 것인가? 주인의 돈을 횡령하고 있는 것인가? 대출 원금에서 빚을 감액하여 적고 있는가? 빚에 부과된 이자를 없애 주고 있는가? 이 마지막 지점에서, 이 이야기를 정말로 이해하려면 구약의 율법에 따라 유대인은 돈을 빌려줄 때 유대인끼리는 이자를 받는 것이 금지되었음을 알 필요가 있다. 성경은 이를 '고리대금'으로 부르며, 교회의 역사 내내 루터나 칼뱅 같은 위대한 신학자들조차 의견이 일치하지 않았던 커다란 사안이었다. 무슨 일이 있었던 것일까?

    주인은 채무자에게 자신의 자산을 빌려주면서 아마도 고율의 이자를 부과한 것처럼 보인다. 해서는 안 되는 일인데도 말이다. 본문에 나오지는 않지만, 그가 돈과 자산을 꾸어준 고객들 역시 하나님의 백성이었을 가능성이 있고, 그렇다면 이자가 개입되어서는 안 되었다.

    청지기는 첫 번째 채무자에게 가서 말한다. "당신이 진 빚이 얼마요?" "기름 백 말(혹은 3,000리터)이오." 아주 많은 양의 식용유다. "그러면 딱 절반, 1,500리터라고 합시다." 그는 이제 그것이 채무자가 주인에게 진 빚의 전부라는 서류에 사인하게 한다. 사실, 줄여 준 양은 올리브 밭 하나에서 1년간 생산하는 양이었다.[7] 이야기가 너무 황당무계한가?

대체로 이율을 낮게 유지하고, 특히 성장을 촉진하고 인플레이션을 통제하려는 정부에 의해 이율이 더 낮아지기도 하는 선진국에서는, 이자로 내는 돈이 빚의 절반이 될 수도 있다는 것은 상상할 수 없는 일이다. 그러나 황당무계하지만은 않다. 나(클라이브)에게는 비유에 나오는 채무자와 비슷한 곤경에 처했던 미얀마 출신 직원이 있다. 이 직원은 마을 지도자에게 한 달에 3.5퍼센트, 혹은 1년에 42퍼센트의 이율로 돈을 빌렸다. 이 이율로, 빚은 12개월마다 두 배가 되었다. 그녀는 이자를 낼 수 없었고, 몇 년 사이에 빚은 원래 빌린 돈의 몇 배로 커졌다. 마을 지도자에게 빚을 갚지 못할 경우, 땅을 압류당할 가능성이 높았고, 결국 빚을 갚기 위해 모든 것을 잃을 처지에 놓였다. 매각한 부동산으로 그녀가 빚을 청산하지 못했다면 그녀와 그녀의 가족은 아직도 빚을 진 상태였을 것이고, 결국 마을 지도자의 농장에서 일하는 처지가 되었을 것이다. 다행히 슬기로운 청지기처럼, 우리는 그녀의 부채를 해결할 방법을 찾을 수 있었다. 그러나 불행히도 그러한 고리대금은 아시아 일부 지역의 시골 마을과 공동체에서 여전히 지속되고 있다. 예수님의 이야기에 나오는 첫 번째 채무자는 현대 세계에서 많은 얼굴과 이름을 갖는다. 그러나 두 번째 채무자가 있다.

그런 뒤 청지기는 두 번째 채무자에게 가서 말한다. "당신의 빚은 얼마요?" "밀 백 섬이오." 이는 어떤 계산에 따르면 30톤이니, 다시 한번 아주 많은 양의 밀이라 할 수 있다. "나에게 그것을 22톤으로 바꿀 힘이 있소. 20퍼센트를 삭감하는 거지." 채무자들은 복권에 당첨됐다고 생각했다. 그들은 청지기를 사랑했다. 그러나 그들은 주인도 사랑했다.

처한 상황에서 할 수 있는 최선을 다하는 것

지나가는 말이지만, 청지기가 자신의 주인을 훌륭해 보이게 만들었다는 점을 기억하면 도움이 된다. 이러한 협상을 하는 과정에서, 청지기는 자신뿐 아니라 주인이 채무자들에게 환심을 얻게 만들었다. 사실, 청지기를 쫓아내는 행위는 어떤 식이 되었건, 그간 주인이 쌓아 왔던 주민들의 호의에 어느 정도 손상을 입힐 것이었다.[8] 청지기의 처신은 이웃과 자신을 동시에 사랑하는 신기한 경우다. 그런 뒤 본문에는 폭탄 같은 말이 따라온다.

"주인은 그 불의한 청지기를 칭찬하였다. 그가 슬기롭게 대처하였기 때문이다." 그 주인은 분명 이 비슷한 말을 했을 것이다. "바로 그거야. 영리하게 일을 했군. 슬기로운 행동으로 나와 자네 자신에게 도움이 되는 일을 했어." 예수님은 이어서 말씀하신다. "이 세상의 자녀들이 자기네끼리 거래하는 데는 빛의 자녀들보다 더 슬기롭다"(눅 16:8). 이것은 많은 것을 생각나게 하는 진실한 관찰이다. 사업을 하는 세속의 사람들은 신앙이 있는 사람들보다 자신과 같은 부류의 사람들과 거래할 때 더 교활하고 영리할 때가 많다. 사업은 신뢰에 달려 있으며, 신자들은 더 잘 믿는 경향이 있다. 의심에서 오는 유익을 기꺼이 다른 이들에게 돌리기도 한다. 교회, 기독교 기관, 그리스도인 개인은 교활하고 영리한 수완가들에게 종종 사기를 당한다. 나(폴) 역시 이것을 경험했다. 그리스도인들은 믿어 주고 긍휼한 마음을 가지려고 노력하는 반면, 교활한 이들에게 조종당할 때가 많다. 자주 '쉬운 상대'로 보인다. 그래서 예수님은 다른 곳에서, "너희는 뱀과 같이 슬기롭고, 비둘기와 같이 순진해져라"라고 말씀하신다(마 10:16). 이것은 세상에서 사업을 하는 사람들을 위해 예수님이 말씀하신 것 중에서 가장 중요한 말씀임이 분명하다. 그 조합은 기가 막히다. 순진함, 곧 흠이 없고 잘못된 일을 거부하는 것을 슬기로움, 즉 최대한의 파급을 내고 영리하게 일하고 지혜롭게 투자하고 들인 돈에 대한 최대한의 가치를 거두는 것과 조합한다. 예수님이 바로 그러한 본이셨다. 그분은 죄가 없으셨지만, 탁월하게 전략적이셨고 의심할 여지 없이 그리고 긍정적인 방식으로 슬기로우셨다.

'슬기로운'(shrewd)[9] 혹은 '지혜로운'(wise)에[10] 해당하는 헬라어 단어는 '프로니모스'(*phronimos*)인데, 이는 똑똑한, 지혜로운, 혹은 신중한 것을 지칭하며, 다시 말해 자신의 이익을 염두에 두며, 빈틈없는 수완을 지녔다는 뜻이다. 그러나 예수님은 거기서 멈추지 않으신다. 그분은 계속해서 제자들이 동시에 순진해야(innocent) 한다고,[11] 혹은 해를 끼치지 않아야(harmless) 한다고[12] 강조하신다. '순진한' 혹은 '해를 끼치지 않는'에 해당하는 헬라어 단어 '아케라이오스'(*akeraios*)는 마음이 순수하고, 간교함이 없는 것으로도 이해된다. 우리 자신의 이익을 챙기는 슬기로운 감각이, 우리와 함께 살아가거나 함께 일하는 사람들에게 해를 끼치는 것이 되지 않아야 함을 새기는 것이 유익하다. 마태복음 10:16에서 예수님은, 우리의 머리는 슬기롭되 우리의 마음은 긍휼과 순수함을 지녀야 한다고 아름답게 일깨워 주신다. 예수님은 오직 이러한 조합으로만 우리가 하나님 나라의 진보를 이룰 수 있다고 암시하시는 것 같다.

더 나아가, 예수님은 슬기로운 것을 나쁘다고 비난하시기보다, 거룩한 슬기로움을 넌지시 권하고 인정하신다. 영리한 방식으로 주도권을 잡아라. 그러나 다른 사람을 이용하지는 말아라. 완벽한 상황이 올 때까지 기다리지 말아라. 바로 지금, 그리고 전략적으로 행동하라.

슬기롭고자 한다면, 앞으로 나아갈 수 있는 가장 효과적인 방법을 계산해야 한다. 드래흐트는 누가복음 16장이 (용서를 강조하는) 15장의 탕자의 비유 다음에 나오는 것에 주목하면서, 현대 서구 교회가 긍휼함에 집중하느라 16장에서 옹호하는 **효율성**을 간과해 왔음을 지적한다.

나는…불의한 청지기의 비유에서 제기된 효율성의 유형이, 우리 문화를 사로잡는 효율성의 유형과는 구별되는 종류의 것이라고 말하고 있다. 전자[비유에서 묘사된 효율성]는 자신에게로 흘러오는 이득을 창출할 때의 효율성을 강조하고, 후자[우리 문화에서의 효율성]는 하나님 나라로 흘러가는 이득을 강조한다.[13]

비유를 들려주신 예수님은 이제 직접적으로 말씀하신다. 이 말씀은 비유의 일부가 아니라, 비유에 기초해 있다. "그러므로 내가 너희에게 말한다. 불의한 재물로 친구를 사귀어라. 그래서 그 재물이 없어질 때에, 그들이 너희를 영원한 처소로 맞아들이게 하여라"(9절). 비유는 이해할 만하게 논쟁적이고, 교회 설교에서 잘 다루어지지 않는다. 어떤 이들은 이것을 사복음서에 나오는 예수님의 이야기 중 가장 어려운 비유로 보기도 한다.[14] 예수님이 "돈을 써서 친구를 사귀어라"라고 말씀하시는 것을 들을 때, 우리는 할 말을 잃고 "정말이요?"라고 반문한다. 곧이어 예수님은 더 이상 돈이 통하지 않게 되는 순간, 다시 말해 너희가 죽을 때, 아무리 튼튼하게 무장한 현금 수송 차량도 영구차를 따라오지 못할 때, 너희를 영원한 집으로 맞아들이는 것은 너희의 친구들일 것이라고 말씀하신다. 이 말씀은 도대체 무엇을 의미하는가?

상업적 우정의 수수께끼

그것은 분명 우정을 돈으로 사야 한다는 의미, 곧 관계의 상업화를 의미하는 것이 아니다. 우정은 관계 그 자체 이외에는 어떤 것도 목적으로 하지 않는다. 공통의 이익을 나누는 것에서 시작할 수는 있겠지만, 우정은 상대방의 정체성과 안녕, 이익, 열정에 마음을 쓰는 지점까지 나아갈 수 있다. 어쩌면 마음과 영혼까지 나누는 친밀한 우정으로 발전할 수도 있다. 그러한 관계에서는 그들 안에 있는 거짓을 똑바로 호명할 수 있으며, 그들의 재능과 은사를 발전시키도록 격려할 수도 있다. 비유에서 그랬던 것처럼, 우정은 분명 서로의 유익을 위한 것이지만, 돈으로 살 수 있는 것은 아니다. 그러나 우리는 우정을 발전시키고 쌓아 가는 방식으로 돈을 사용할 수는 있다. 말할 필요도 없이, 예수님이 하신 이 말씀의 진정한 의미에는 어떤 모호함이 있다.

이 흥미로운 본문을 온전히 이해하기 위해, 우리는 이 이야기가 들어 있는 16장 전체의 문맥 안에 본문을 다시 위치시켜야만 한다. 16장은 빵 두 장 사이에 통조림 연어를 넣어 만든 생선 샌드위치 같다. 첫 번째 빵, 즉 위쪽에 얹은 빵은 영원히 지속되며 그를 아껴 줄 친구를 얻기 위해 돈을 사용하는 이 청지기 이야기다. 두 번째 빵, 즉 바닥에 깔린 빵은 19-31절에 나오는 나사로라는 이름의 거지와 부자의 이야기다. 두 이야기가 이루는 대조는 우리를 꼼짝없이 사로잡는다. 부자는 자색 옷과 고운 베옷을 입고 있었다. 그는 "날마다"(19절) 호화롭게 살았다. 그는 대문이 있는 맨션에 살았다. 그 대문에 나사로라는 거지가 있었다. 사실 나사로는 다른 이들이 거기 '눕혀' 놓은 것이었다(개역개정이나 새번역 성경에는 이러한 수동의 의미가 잘 드러나지 않는다—옮긴이). 늘상 가는 구걸 장소까지 오는 일에서조차 그는 무력했던 것이다. 그는 부자의 상에서 떨어지는 부스러기를 주워 먹고자 했다. 곤궁함 외에도 그는 몸이 성치 않았다. 그에 대한 가련한 세부 묘사는 마지막으로 이렇게 말한다. "개들까지도 와서, 그의 헌데를 핥았다." 온타리오의 우리(폴) 집과 이웃 저프 씨의 오두막이 이루던 대조와 비슷하게, 그는 그 대저택 옆에 딸린 신세였다.

그런데 예수님이 들려주시는 이 부자와 그의 집 대문의 거지 이야기를 누가 듣고 있었는가?

예수님은 바리새인들, 곧 돈을 사랑했으며, 부자가 거지 나사로를 대하듯 예수님을 대했던 이들 앞에서 이 이야기를 들려주고 계셨다. 그들은 왜 이런 식으로 행동했을까? 예수님이 가난한 사람, 눈먼 사람, 쫓겨난 사람, 나환자, 죄인과 어울리셨기 때문이다. 예수님이 바로 대문에 눕혀진 그 사람이었다.

그때 어떤 일이, 경천동지할 일이 일어난다. 두 사람이 모두 죽었다. 가난한 나사로는 유대인의 천국, 곧 아브라함의 품에 안겼다. 그가 천국에 간 이유에 대해서는 나와 있지 않다. 누가복음은 가난한 사람이 어떻게 하나님을 의지하는지를 반복적으로 보여 주므로, 가난했던 그 역시 하나님을 의지한 것일까? 독립적이고 자신만만하며 하나님이 필요 없었던 부자와는 반대로 말이다.[15] 반면 부자는 유대인의 지옥에 갔다. 거기에서 고통을 당하던 그는 나사로를 보았고, 나사로가 산 자들에게 돌아가 부자인 자신의 다섯 형제에게 경고해 주기를 원한다. 그러나 그들 사이에는 거대한 간극이 굳게 자리 잡고 있어서 나사로는 그렇게 할 수 없다. 그런 뒤 폭탄선언이 따라온다. N. T. 라이트는 마치 그것이 거대한 파이프 오르간이 마지막으로 터뜨리듯 내는 굉음 같다고 말한다.[16] 예수님은 모세와 예언자들의 말을 듣지 않는 사람들이라면 죽은 사람들 가운데서 누가 살아난다고 해도 믿지 않을 것이라는 수수께끼 같은 말씀을 하신다. 앞으로 일어날 자신의 부활을 두고 말씀하신 것이다. 놀랍게도, 예수님은 자신의 목숨에 대한 사형 집행 영장을 가르침의 순간으로 바꾸신다. 그분은 사람들이 모세(성경의 처음 다섯 책)와 예언자들을 통해 이미 기록된 하나님의 말씀에 기꺼이 반응하려 하지 않는다면, 자신이 십자가에서 죽은 뒤 무덤에서 다시 살아난다 하더라도 그들은 자신을 믿지 않을 것이라고 말씀하신다. 그렇다면 모세와 예언자들은 무엇을 말하는가?

이웃을 금전적으로 사랑하기

모세와 예언자들은 정의를 실천하고 자비를 보이라고 말한다. 신약에서 예수님은 율법과 예언서를 요약하여 이렇게 말씀하신다. 네 마음과 목숨과 힘과 뜻을 다하여 하나님을 사랑하고 네 이웃을 네 자신처럼 사랑해라(마 22:37-39). 네가 가진 것을 다른 사람을 보살피는 데 써라. 날강도 같은 청지기도 이웃과 자신을 동시에 사랑했다!

연어 샌드위치의 가운데 속을 채우는 것은, 율법과 예언자가 전파되는 것은 세례 요한의 때까지였다는 예수님의 말씀이다. 이제 사람들은 다가오는 하나님의 새로운 세상을 온 마음으로 절박하게 구하면서, 하나님 나라로 억지로 밀고 들어가고 있다(눅 16:16-17). 그러면 우리는 율법과 예언자들에게서 무엇을 배우는가? 예수님은 말씀하신다. 내가 배고플 때 네가 나에게 먹을 것을 주었고, 내가 혼자일 때 네가 나를 찾아와 주었고, 내가 헐벗었을 때 네가 나에게 옷을 입혀 주었다. 다시 말해, 너는 대가를 바라지 않고 보살피는 사랑을 보여 주었다. 그 사랑이란, 우리가 가진 것을 다른 이들을 돌보는 데 사용하는 것이다.

바로 그것이다. 예수님은 돈을 써서 우정을 사라고 말씀하시는 것이 아니다. 돈을 써서 다른 사람들을 돌보라고 말씀하고 계신다. 바로 이것이 하나님 나라의 일로 보냄받는다는 것이 의미하는 바다. 그리고 우리가 다른 이들을 보살필 때 맺는 어떤 관계들은 지금의 삶보다 더 오래 갈 것이다. 우리가 실제로 영원한 우정을 사는 것은 아니며, 분명 구원을 사는 것도 아니다. 우리는 우리의 이웃을 사랑하고 있다. 이 행동의 한 가지 부산물은 지금의 삶보다 더 오래 지속되는 관계들일 것이다. 비유에서 부자가 하기를 거절했던 바로 그 일이다.

이것은 백만 가지 다른 방식으로 할 수 있다. 직접적으로 돕기, 집으로 먹을 것을 갖다주기, 혼자 있는 사람 찾아가 보기, 누군가와 만나 밥 먹기, 어떤 연관도 없는 이들을 직접 후원하기, 난민을 돕는 기독교 기관과 소위 세속 기관을 후원하기, 도움이 필요한 친구를 방문하기 위해 여행 경비 지출하기, 스스로 갚을 능력이 없는 이들을 위해 대신 빚 갚아 주기, 매우 위험한 지역에 의료 서비스 지원하기 등이 바로 그런 방법들이다. 이 모든 것은 영리한 투자자가 되어 사랑과 슬기로움으로 행해야 한다. 비유는 지금 삶에서의 일자리가 기술과 충직함, 슬기로움을 가지고도 장기근속을 보장할 수 없음을 가정한다. 그러나 우리가 바리새인처럼 돈을 사랑한다면, 돈과 결별하는 것을 원치 않을 것이고 그저 더 많이, 점점 더 많이 원할 것이다. 우리가 두 주인, 곧 하나님과 돈을 동시에 섬길 수 없다고 말씀하실 때, 예수님은 돈을 사랑하는 것의 가장 근원적인 결과를 다루고 계신다.

그렇다면 이러한 투자에 대한 보상은 무엇인가? 세상에서의 일과 관련해, 우리는 품위 있게 사업에 투자하고, 기업에서 일하고, 자본주의 체제에 참여할 수 있으며, 그 놀라운 결과로 이 세상보다 오래 갈 수 있는 관계를 쌓을 수 있다. 그리고 개인적으로는, 슬기롭게 돈을 사용할 때, 그 결과는 지금 삶보다 더 오래 갈 것이다. 어쩌면 그 결과에 물질적 부의 증대는 포함되지 않을지도 모른다. 그러나 무덤 너머까지 지속될 하나님의 영원한 가족 안에서 관계들이 만들어져 있을 것이다. 그리고 이생의 저편에서, 우리가 새 하늘과 새 땅에서 깨어나면 거기에는 이렇게 말하는 사람들이 있을 것이다. "어서 와요. 환영해요! 모든 영원 가운데 가장 장엄한 재회의 자리이자 인류를 위한 가장 멋진 집과 고향인 이곳에서 우리와 함께 삽시다."

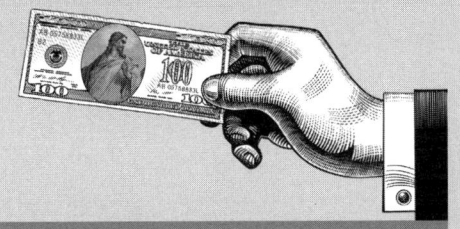

7장

돈이 '말하는' 이유

돈의 사회적 가치

우리는 언제, 어떻게, 어떤 형태의 돈이 사회의 안녕을 위협하는지
물어야 하지만, 또한 언제 돈이 도덕적 관심을 강화하고
사회적 삶을 부양하는지도 물어야 한다.
돈의 창출은 어떤 조건에서 정의와 평등의 진보를 가져오는가?

— 비비아나 젤라이저, 『돈의 사회적 의미』(*The Social Meaning of Money*)[1]

'돈이 말한다'(money talks)라고 할 때, 우리는 돈에 의미가 있음을 암시한다. 사실, 돈을 사용하는 것은 우리의 일상생활에서 태도와 상징을 담아내는 언어를 사용하는 것과 비슷하다. 사회학자 조지 허버트 미드(George Herbert Mead)는 "언어처럼 돈의 상징들이 그 의미를 효과적으로 전달하려면, 관련된 청중이 그것을 볼 수 있고 해석할 수 있어야 한다"고 말한다.[2] 그러나 돈의 상징들은 비인격적 경제 거래보다 사회적 관습에 기초한다. 따라서 언어와 비슷하게 돈은 의미를 소통하지만, 언어가 그 외의 다른 많은 것을 하는 것과 다르게 돈으로는 오직 경제적 교환만 가능하다.[3] 그렇다 해도, 가치와 의미를 소통하는 수단으로서 돈은 심지어 사회 전체에 부정적 영향력을 끼칠 수 있다.

돈이 사회에 끼치는 나쁜 영향과 좋은 영향

게오르크 지멜은 아마도 그의 가장 중요한 작품일 『돈의 철학』(*The Philosophy of Money*, 도서출판 길)에서, 돈이 우리를 비인간화하는 것을 가능하게 함으로써 인간의 상호 관계를 변화시켜 온 방식들을 자세히 설명한다.[4] 지멜은 경제가 생산의 관계들보다는 교환에 초점을 둔 상호작용이라고 주장함으로써 마르크스주의적 이해에 대한 독보적 대안을 제공한다. 그러나 동시에 지멜은 이 시대의 삶이 소외 같은 것으로 규정된다는 점에서는 마르크스에 동의한다. 그는 돈이 우리의 상호 관계를 더 도구적이고 계산적으로 만들며, 돈을 버는 것이 그 자체로 목적이 될 수 있음을 지적한다. 그 결과 인간 사회는 미묘한 변화를 겪었다. 상호 관계에서 개성과 돌봄이 사라지고, 딱딱하고 사무적인 태도, "실생활에서의 계산적 정확함"이 그 자리를 차지한다.[5] 역사학자 페르낭 브로델(Fernand Braudel)은 "고대의 구조에 기초한 어떤 사회든 돈에 문을 열었을 때, 머지않아 그 사회가 획득했던 평형 상태를 상실하고 그 후로는 결코 적절히 통제할 수 없는 힘을 풀어놓게 되었다"고 고찰한다.[6] 바로 그것이 서구의 중세 사회에서 일어났던 일이다.

중세 경제에서 돈의 비중이 늘어남에 따라, 돈의 유포와 바람직하지 못한 사회 변화 사이에 인과관계가 생겨났다고 역사학자들은 지적한다.[7] 이는 카를 마르크스가 상세히 설명했던 상황으로 이어졌다. 17, 18세기 내내, 돈은 사회 불안정에 대한 불안이 깊게 자리 잡고 있던 현장이자, 각종 병든 사회의 강력한 상징이었다. 그래서 카를 마르크스는 자본주의를 비판했고, 금전적 결합,[8] 곧 자본주의 사회에서 고용주와 피고용인 간의 비인격적 금전 관계가 사회적 가치의 엄청난 축소로 이어질 것이라고 확신했다. 이미 존재하는 진정한 사회관계 대신, 우리의 사회적 상호 관계는 익명의 경제 거래가 될 것이다.[9] 그러나 그것만이 돈이 사회관계에 가져오는 유일한 결과는 아니다. 이론상으로는 돈이 비인격적이고, 수치화할 수 있고, 논리적이고, 도구적이지만, 실제로는 아주 다르다.

실제로는, 사람들은 돈을 인격화하여 그것에 이름표를 붙이고 제한을 두려고 노력한다. 사회학자 브루스 카루더스(Bruce Carruthers)는 "실제로 돈은 내부적 구분으로 가득하고, 성스러운 물체나 특정 사회관계들과는 조심스럽게 분리된다"고 주장한다.[10] 따라서 사람들에게 의미를 만들어 내는 것은 사회적 관습에 기초해 돈을 사용하는 실천이다. 그리고 돈을 사용할 때 나타나는 이러한 차이들은 개인적이 아니라 사회적으로 인식된다. '시장'을 볼 때, 이것은 분명해진다.

탁월한 사회 과학자이며 수상 경력이 있는 작가인 비비아나 젤라이저(Viviana Zelizer)는 단일하고 자율적이며 자립적인 신고전주의 시장 모델에 도전하는 그룹에 속해 있다. 이 사회학자들은 대신 시장을, 점점 다양해지는 문화적 맥락 안에서 판매자와 구매자 관계의 지속적인 변화에 의해 형성되는 사회적 혹은 친족적 네트워크 모델로 본다. 시장에 대한 이러한 대안적 시각은 소비자에 의해 소비되고 저축되는 과정을 구성하는 부분들을 연구하기 위해, 큰 규모의 프로세스에 대응하는 소규모의 프로세스에 초점을 맞출 수 있게 해 준다. 따라서 경제사회학은 사업체와 자본주의 시장만 바라보던 배타적 관심에서 가정 연구, 인간적 상품을 위한 시장, 예술, 돌봄 사업, 그리고 비공식 경제로 고개를 돌리면서 성별, 인종, 그 밖의 다른 사회적 차이들을 고려 사항에 포함시킨다. 이러한 연구는 사회학자들이 우리가 어떻게 돈을 사회적 상호작용과 맥락에, 한마디로 우리의 가치에 합일시키는지에 대한 더 나은 이해를 발전시킬 수 있게 해 준다. 가치란 단순히 소중히 여기는 행동 방식인 것이다.

돈에 사회적 가치의 표식 남기기

젤라이저의 핵심 아이디어 중 하나는 돈의 의미가 '표식 남기기'(earmarking)를 통해 생성된다는 것이다. 이것을 통해 사람들은 그렇지 않다면 균질했을 돈에 질적 차이를 만들어 낸다. 예를 들면, 19세기에 사람들은 연인들을 위해 금화로 사랑의 정표 만들기를 좋아했다. 또한 봉투나 유리병, 스타킹 같은 집안의 다양한 보관 장소를 활용하여 돈을 따로 떼어 놓기도 한다. 표식은 주택 대출 상환을 위한 남편의 수입, 자녀를 위한 아내의 수입처럼 각기 다른 목적을 위해 돈을 사용할 때 발생한다. 또한 가계 소득, 선물 살 돈, 응급 상황을 위한 비상금 등 가정마다의 원칙에 따라 각기 다른 방식의 분류 시스템을 만들 때에도 발생한다. 이것은 분명 서로 다른 금액의 돈에 꼬리표를 달아 사회 구조를 강화하는 하나의 사회적 과정이다.

젤라이저는 사람들이 돈을 비인격적 도구로 다루는 대신, 수많은 사회관계들에 대처하고 그것에 의미를 부여하기 위해 신중하게 "돈을 식별하고 분류하고 조직하고 사용하고 분리하고 제작하고 디자인하고 보관하고 심지어 장식한다"고 말한다.[11] 예를 들면, 1980년대 오슬로 매매춘 사업에 대한 연구는 매매춘으로 번 돈이 '외출', 마약, 술, 옷을 사는 데 쉽게 소비된다는 것을 발견했다. 이러한 돈은 '주머니에 구멍이 난' 것처럼 빠르게 탕진되었다. 반면, 동일한 사람들이 복지 혜택으로 받은 돈이나 의료 지원금, 다른 합법적 수입에 대해서는 신중하게 예산을 짜고, '바른 삶'을 위해, 집세나 공과금을 내는 데 사용했다.[12] 그들은 합법적인 돈이 그들의 삶에서 '바른 부분'을 위해 반드시 잘 사용되게 하기 위해 땀을 흘리는 수고를 아끼지 않았다. 1950년대 필라델피아의 마티라는 이름의 한 폭력 조직원에 초점을 맞춘 어떤 연구는 돈의 출처와 사용 방법에 분명한 경계가 있음을 보여 주었다. 그는 어머니에게서 받은 돈은 25센트라도 교회에 헌금한 이야기를 했다. 반면, 폭력 조직원 활동으로 번 돈은 교회에 낼 수 없었다. "오, 안 되죠. 그건 나쁜 돈, 정직하지 못한 돈이에요."[13] 이러한 두 가지 예에서 공통적으로, 돈의 사용은 수치심, 안정, 인정, 사랑의 감정 등, 객관적·비인격적 요소가 아닌 주관적 요소에 영향을 받았다.

나(클라이브) 역시 수입 출처에 따라 표식을 남기는 방법을 개발했다. 나는 사업으로 버는 돈이 있고, 신학교와 교회의 수업 및 강연으로 버는 돈이 있다. 각기 다른 출처는 각기 다른 목표와 연결된다. 사업에서 버는 수입으로는 예산을 짜고 가족과 개인적 용도로 사용한다. 수업과 강연으로 얻는 수입은 따로 보관하는 봉투에 담아 놓거나(현금으로 받는 경우), 은행의 특별 계좌에 넣어 놨다가 선교 헌금을 하거나 신학과 영성 관련 책을 살 때 사용한다. 처음부터 생각하고 했던 일은 아니지만, 나는 수입의 출처를 구분하는 법을 만들고 있었고, 만들고 있다. 이것을 성속의 이원론이라고는 생각하지 않으며, 겉보기에는 균질한 돈의 집합에 의미를 부여하기 위해 필요한 일이라고 생각한다.

표식 남기기에 대한 이러한 생각 뒤에는 모든 돈이 똑같거나 교환 가능한 것은 아니라는 믿음이 있다. 돈의 구별은 돈의 출처를 식별하는 것과, 돈을 다시 한번 가치와 연결되는 그 사용 목표와 짝지우는 것에 있다. 따라서 젤라이저는 우리의 인간관계와 실패에 관해 우리에게 많은 것을 가르쳐 줄 수 있는, 돈에 대한 새롭고 대안적인 시각을 제공한다. 돈을 보는 우리의 시각에는 너무 오랫동안 돈이 변질시키고 비인간화하는 것이라는 깊은 불신이 담겨 있었다. 젤라이저가 주장하듯, "우리는 언제, 어떻게, 어떤 형태의 돈이 사회의 안녕을 위협하는지 물어야 하지만, 또한 언제 돈이 도덕적 관심을 강화하고 사회적 삶을 부양하는지 역시 물어야 한다. 돈의 창출은 어떤 조건에서 정의와 평등의 진보를 가져오는가?"[14] 이렇듯 돈에 부여되는 다양한 가치 구분은 돈이 갖는 성스러움과 속됨의 의미에도 적용할 수 있다.

성스러운 것 vs 속된 것

탁월한 연구교수 러셀 벨크(Russell Belk)와 멜라니 발렌도르프(Melanie Wallendorf)는 우리가 돈의 출처와 사용처를 차별화하는 것이, 성스러운 것과 속된 것 간의 경계에 대한 우리의 해석에 근거한다고 주장한다. 벨크와 발렌도르프에 따르면 우리의 소비사회에서 돈은 보이지 않는, 그러나 전능한 신이다. 우리는 돈을 숭배하고, 두려워하고, 예배하고, 경외심을 표한다.[15] 돈은 중립적이지 않다. "성스러운 힘을 가진 물체로서, 돈은 선을 베풀 수도 있고(예를 들어, 종교적 후원이나 비상금) 악할 수도 있다(예를 들어, 피 묻은 돈 또는 인질의 몸값)."[16] 성스러운 것이 "선을 베풀 수도, 악할 수도 있는 힘"으로 동시에 표현될 수 있다는 점은 "숭배하는 [사람] 안에 크라토파니(kratophany)라 부르는 열광과 혐오의 양가적 감정을 낳는다."[17]

성스러운 것은 특별하며, 공동체 내 개인들 안에 강력한 감정을 불러일으킨다. 교육, 주거, 음식에 돈을 쓰는 것은 우리가 가족과 가족의 안녕을 중요하게 생각하기 때문에 성스럽다. 이러한 성스러운 영역을 위한 돈은 건강하고 합법적인 출처에서 나온다. 반면 불법적 출처에서 얻는 돈은 술을 마시고 담배를 피우고 도박을 하는 데, 즉 우리가 속되다고 생각하는 활동에 사용된다. 불법적이고 '더러운' 돈의 출처는 우리 삶의 성스러운 영역을 어떤 방식으로든 오염시킨다. 벨크와 발렌도르프는 돈의 성스러운 의미에 대한 연구에서 이렇게 결론짓는다.

> 이전에 돈을 다루던 방식은 거의 전적으로 그것의 속된 의미에 집중되어 있었다. 이러한 공리주의적 견해는 이 시대의 시장 거래가 비인격적이며, 더 깊은 성스러운 의미는 갖지 않는다는 허구를 부추겼다. 우리는 현대의 시장이 여전히 어느 정도는 인격적이고 사회적인 의미로 채워져 있음을 이제 겨우 인식하기 시작하고 있다.…성스러운 돈에 선하고 악한 것이 동시에 존재하는 이러한 이중적 측면에는 특정 위험이 수반되지만, 우리는 이 위험이 순수하게 세속적인 사회의 대안이라는 점에 비추어 볼 때 정당화된다고 믿는다.[18]

사사기는 속된 것과 성스러운 것을 혼합하여 우상숭배의 길고 고통스러운 결과를 초래한 중요한 예를 보여 준다. 에브라임 산간 지방에 사는 미가는 어머니로부터 훔친 은 1,100세겔을 다시 내놓았다. 미가의 어머니는 감사의 뜻으로, 은장이에게 은 200세겔을 주어 우상을 만들게 한다. 도둑질이라는 속된 행위가 '성스러운' 우상으로 바뀌어 미가의 집에 놓인 것이다. "미가라는 이 사람은 개인 신당을 가지고 있었다. 에봇과 드라빔 신상도 만들고, 자기 아들 가운데서 하나를 제사장으로 삼았다. 그때에는 이스라엘에 왕이 없었으므로 사람들은 저마다 자기의 뜻에 맞는 대로 하였다"(삿 17:5-6). 라이스 도성을 진멸하러 왔던 600명의 단 지파 사람들이 이 우상을 탐내서 가져갔고, 그것은 영적으로 심각한 결과로 이어진다. "그들은 하나님의 집이 실로에 있는 동안, 내내 미가가 만든 우상을 그대로 두고 섬겼다"(삿 18:31).

속된 것과 성스러운 것의 혼합을 보여 주는 또 다른 예는 신약의 마태복음에 나온다. 유다는 예수님을 배신한 대가로 받은 은돈 서른 냥을 성전에 던지고는 가서 스스로 목을 매서 죽는다. 앙심으로 가득하고 무자비한 대제사장들은 이러한 공모자의 사정에는 무관심했지만(마 27:4), 그들조차 은돈을 다루는 일에는 신중했다. "이것은 피 값이니 성전 금고에 넣으면 안 되오." 그래서 그들은 그 돈으로 토기장이의 밭을 사서 나그네들의 묘지로 사용하기로 결정한다(6, 7절). 가룟 유다의 예는 오직 하나만 성스럽고 다른 모든 것은 속된, 경계가 뒤섞인 상태의 극단을 보여 준다. 오직 돈에만 전념했던 유다는 그의 삶과 관계의 다른 모든 영역을 훼손시켰다. 그는 제자들 그룹에서도 아마도 자원하여 돈주머니를 담당했지만, 요한은 그가 그 돈을 유다 자신을 위해 썼다고 폭로한다(요 12:6). 그는 제자들의 신뢰를 배신했던 것이다. 값비싼 향유를 팔아 가난한 사람들에게 나눠 주고 싶어 하는 척했지만(요 12:4-5), 사실은 1년치 임금에 해당하는 돈이 자기 주머니로 들어가는 대신 예수님의 발에 부어지는 것을 보고 분하게 여긴 것이다. 어쩌면 그는 이미 '신'이 있었기 때문에, 예수님을 믿을 수 없었을 것이다. 도대체 어떤 사람이 3년 동안 함께 지내며 함께 일했던 친구를 은돈 서른 넢에 배신한다는 말인가? 유다의 삶에서 성스러운 것은 오직 하나밖에 없었다. 바로 돈이었고, 다른 것을 위한 공간은 없었다. 그는 돈에 살고 돈에 죽었다. 그러나 성스러움과 속됨의 구분이, 우리가 돈을 사용하는 방식에서 표현되는 유일한 가치 구분은 아니다.

돈과 성별

'돈, 의미, 선택 연구소'(Money, Meaning, and Choices Institute)의 공동 설립자인 심리치료사 스티븐 골드바트(Stephen Goldbart)는 작가 리즈 펄(Liz Perle)과의 인터뷰에서, 역사적으로 남자와 여자가 돈과 관련해 다른 역할을 담당해 온 것에 주목한다. 가족을 부양하는 남자의 역할은 수천 년 동안 바뀌지 않았고, 남자의 정체성과 힘은 이러한 생존에 기초한 오래된 모델에서 나왔다.[19] 골드바트에 따르면, 오늘날 남자들은 여전히 가장 먼저 그들의 일과 재정적 성공으로 규정되고, 그다음이 가족이다.[20] 우리 사회는 경제적 능력이 뛰어난 남자를 우러러본다. 돈의 결핍은 곧 가족을 부양할 능력이 없다는 의미이기 때문에 수치를 가져다준다. 압박감이 크다. 돈의 말은 곧 남자의 말이다. 여성이 가계 재정에 기여하는 부분이 점차 증가함에도 불구하고, 이러한 사실은 대체로 바뀌지 않았다. 페미니스트 운동이 여성과 돈의 관계를 재형성하기는 했어도, 이것은 남성들에게 대체로 고스란히 남아 있다. 남자는 여자들이, 어느 정도로 부유해질 수 있고 얼마를 벌어다 줄 수 있을지로 자신을 평가한다고 생각하며, 이것이 꼭 틀린 말은 아니다. 리즈 펄은 여자들이 인정하지는 않지만 사실은 그렇다고 말한다.

금융 사업가이자 『얼마면 충분할까?』(How Much is Enough?)의 저자인 파멜라 요크 클레이너(Pamela York Klainer)에 따르면 남자들은 자신을 다른 남자들과 차별화하기 위해 돈을 사용하며, 돈을 권력과 연계시킨다. 남자들은 주변 사람들에게 자신이 마침내 '목표에 이르렀음'을 보여 주기 위해 값비싼 선물을 사는 데 돈을 쓴다. 반면, 여자들은 자신의 사랑을 표현하고, 유대감과 관계를 풍요롭게 하기 위해 돈을 쓴다.[21] 플로이드 루드민(Floyd Rudmin)은 이렇게 주장한다. "여자들은 남자들만큼 자주 돈을 권력으로 생각하지 않는다. 대신, 여자들은 돈이 가져올 수 있는 것과 관련해 돈을 생각하는 반면, 남자들은 돈의 소유가 함축하는 권력과 관련해 돈을 생각한다."[22] 이보다 앞선 한 연구에서는 여자가 달걀을 팔고 하숙을 쳐서 버는 돈은, 가족의 필요를 보충한다는 결정적인 사실에도 불구하고 하찮은 것으로 여겨진다는 것을 발견했다.[23]

두 하버드 교수는 기업들이 여성의 경제 권력을 인식하지 않는다고 한탄하기도 한다. 두 저자에 따르면, "여성들은 가구 구매의 94퍼센트…휴가의 92퍼센트…주택 구입의 91퍼센트…자동차 구매의 60퍼센트…가전제품 구입의 51퍼센트를 결정한다."[24] 그들이 가정의 주요 소득자일 수도 있고 아닐 수도 있지만, 수입을 어떻게 사용할지에 대한 주요 결정권자인 것만큼은 분명하다. 성경은 "고집이 세고 행실이 포악"한 나발의 집에서(삼상 25:3) 주요 결정권자와 주요 소득자가 이분된 경우를 보여 준다. 다윗이 나발에게 안부를 전하고 음식을 부탁하기 위해 젊은이 열 명을 보냈을 때, 나발은 다윗과 힘겨루기를 했다. "내가 어찌, 빵이나 물이나, 양털 깎는 일꾼들에게 주려고 잡은 짐승의 고기를 가져다가, 어디서 왔는지도 모르는 자들에게 주겠느냐?"(11절) 그는 악한 사람이어서 누가 "말도 붙일 수 없"었지만(17절), 식량을 담당하던 그의 아내 아비가일이 "빵 이백 덩이와 포도주 두 가죽부대와 이미 요리하여 놓은 양 다섯 마리와 볶은 곡식 다섯 세아와 건포도 뭉치 백 개와 무화과 뭉치 이백 개를 가져다가, 모두 나귀 여러 마리에 싣고" 가서(18절) 다윗의 마음을 풀어 주었다. 남성은 자기가 책임자라고 생각하겠지만, 가정을 위해 중요한 결정을 내리는 것은 여성이다. 전통적으로 그랬다. 그러나 성별 간의 차이에는 권력 이상이 있다.

『성례전으로서의 돈』(Money as Sacrament)에서 아델 아자르 루코이(Adele Azar-Rucquoi)는 여성이 자신의 삶, 관계, 자신감, 독립성, 내적 평화를 바라보는 인생관에서 돈의 중심적 역할을 조사한다.[25] 아자르 루코이는 이민자 아버지의 채소 가게 계산대에서 일하면서 자랐다. 그녀는 돈에 대한 아버지의 집착을 경멸했고, 한동안 수녀로 사는 것으로 그에 대해 반항했다. 그녀는 한때 노숙자로 살았던 남자와 결혼했고, 역설적으로 인생 후반에는 자신의 빈틈없는 아버지가 남긴 상당한 액수의 유산을 예기치 않게 물려받았다. 스스로 돈과의 분투를 통해 성장한 그녀는, 여성들에게 그들의 삶에서 돈이 차지하는 중요한 역할을 인정하고, 본질적으로 다면적인 돈의 의미를 인식하라고 고무한다.

어떤 여성들의 경우, 돈과 맺는 관계가 좀더 복잡하다. 리즈 펄은 자신의 회고록에서, "최음제로서의 돈은 여성이 하기에 가장 정치적으로 올바르지 않은 고백에 속하겠지만, 그렇다고 해서 조금이라도 덜 사실이 되는 것은 아니다"라고 인정하는 데까지 나간다. 그녀는 돈이 중요하다고 고백하면서도, 또한 피상적이고 물질주의적임을 인정한다. 그녀는 공적으로 돈을 논하는 것이 금기인 반면, 수많은 사적 대화에서는 중심을 차지한다고 말한다. "우리가 원하는 것을 무감각한 소비주의라고 비난할 수 있지만, 우리는 라이프스타일을 잃을 수 있다는 생각만으로도 그 자리에 얼어붙는다."[26] 그러나 돈의 관계적 가치에는 또 다른 차원이 있다.

돈과 사랑

돈은 연인 사이 혹은 결혼생활에서 중요한 역할을 한다. 사람들은 돈을 주는 것 혹은 공유하는 것으로 자신이 중요하게 여겨지는지 아닌지를 인지한다. 이는 부부가 서로에 대해 어떻게 느끼는지 알려 주는 도구가 되기도 한다. 사랑의 상징이 될 수도 있다. 예를 들면, 지혜로운 여성 진 채츠키(Jean Chatzky)는 이렇게 말한다.

> 나는 나이 든 여성과 젊은 여성에게서 차이를 봅니다.…쉰 살의 여성은 돈을 그저 목적을 이루는 수단으로 보지요. 스물다섯의 여성은 아직 거기까지 가지 못했어요. 나이 든 여성들은 자신을 위해 [돈이] 할 수 있는 것과 하지 못하는 것에 대한 깊은 이해가 있습니다. 젊은 여성들은 돈으로 행복을 살 수는 없더라도, 적어도 자신들을 행복하게 만들어 주는 것들을 살 수 있다고 믿는 경향이 있죠. 나이 든 여성들은 그것이 사실이 아니란 것을 알아요.[27]

최근의 조사에서 한 가지 놀라운 사실이 밝혀졌다. 데이트 상대를 고를 때 신용 점수가 중요한 역할을 한다는 것이다. 선도적인 데이팅 사이트의 모회사인 매치미디어그룹(Match Media Group)은 온라인 데이트 서비스를 이용하는 2천 명을 대상으로 한 설문에서, 상대를 고르는 우선적 조건이 경제적 책임감이라는 것을 발견했다. 그 비율은 69퍼센트로, 유머 감각(67%), 호감(51%), 야망(50%), 용기(42%), 겸손함(39%)보다 우위를 차지했다. 설문은 좋은 신용 점수가 책임감 있고 신뢰할 수 있으며 영리한 것과 관련된다는 사실을 알아냈다.[28]

매치닷컴(Match.com)의 수석 과학 고문이며 킨제이 연구소(Kinsey

Institute) 수석 연구원인 생물인류학자 헬렌 피셔(Helen Fisher)는 신용 점수를 "당신의 생식 능력을 측정하는 다윈주의 메커니즘"이라고 부른다. "당신의 신용 점수가 높다면, 아마 인성 면에서도 좋은 자질을 가지고 있을 것이다.…당신은 돈을 잘 관리할 뿐 아니라, 가족과 친구 역시 잘 관리한다. 당신은 관리 능력이 높은 사람이다. 고급 승용차보다 이것이 당신에 대해 더 많은 것을 말해 준다." 피셔는 심지어 높은 신용 점수를 "당신이 정말로 누구인지에 대한 정직한 지표"라고 부른다.[29] 텍사스 A&M 대학교와 달라스의 텍사스 대학교 연구자들은 2015년의 연구에서 비슷한 결론을 내렸다. "신용 점수는 일반적인 신뢰성에 대한 정보를 드러내기 때문에, 서로에게 헌신해야 하는 관계에서도 중요하게 여겨진다."[30]

연방준비제도이사회, 브루킹스 연구소(Brookings Institution), 캘리포니아 대학교 로스앤젤레스(UCLA)가 약 1,200만 명의 소비자를 대상으로 한 2015년의 연구에 따르면, 신용 점수를 통해 심지어 이혼율도 예상할 수 있다. 신용 점수가 높은 이들은 배우자와 결별할 가능성이 낮으며, 그 역도 마찬가지다. "최초의 평균 점수가 가장 낮은 부부들은 가장 높은 평균 점수의 부부들보다 별거할 가능성이 두세 배 높으며, 점수가 높아지면 별거 가능성도 대체로 낮아진다."[31]

데이트에서 상대방의 신용 점수를 묻는 것은 얄팍하고 부적절해 보이며, 어떤 평론가들에 따르면 데이트를 하는 사람들은 서로의 성병은 기꺼이 나눌지언정 과거의 경제 이력에 대해서는 나누기를 꺼린다. 그러나 사회학자 비비아나 젤라이저는 관계가 지속되려면 경제활동과 친밀감이 '잘 맞아야' 한다고 주장한다. "잘 맞는다는 것은…생활이 가능하다는 뜻이다. 즉, 관계의 경제적인 부분을 해결하고 관계를 지속시킨다."[32] 2015년의 '신용 점수와 헌신적 관계' 연구 보고서는, 결혼한 부부의 신용 점수는 시간이 지나면서 수렴되는 경향이 있기 때문에 신용 점수가 비슷한 사람과 데이트를 하는 것이 관계의 성공 확률을 높여 준다는 것을 밝혀냈다.[33] 그러나 이 모든 것은 사람들이 돈에 대해 이야기한다는 것을 전제하며, 거기에는 문화적 차이가 존재한다.

동양과 서양의 문화적 가치

북미로 이주하기 전, 나(클라이브)는 북미에서는 돈에 대해 이야기하는 것이 예의에 어긋나는 일이라고 들었다. 나는 사회에서만 아니라 교회에서도 그렇다는 것을 알게 되었다. 데이비드 크루거(David Krueger)는 이를 마지막 금기라고 부른다.[34] "많은 서구 국가에서 성과 죽음은 사회적 금기 및 연구 대상 금기 목록에서 사라졌지만, 여전히 돈은 논의하고 토론하기에 부적절해 보이는 주제다."[35]

리즈 펄은 이렇게 불평한다. "나는 친구의 금융 자산보다 그들의 성생활에 대해 더 많이 안다. 친구들은 나에게 자신의 연애사, 꿈, 실망에 대해서는 모든 것을, 심지어 남편의 가장 사소한 신체적·윤리적·정신적·성적 결점에 대해서조차 말하는 것을 꺼리지 않는다. 그렇지만 나는 그들 중 누구도 한 달에 얼마나 벌고 얼마나 쓰는지 전혀 모른다."[36]

돈에 대한 이러한 과묵함은 나를 놀라게 하는데, 내가 돈에 대해 대놓고 자유롭게 말하는 싱가포르에서 왔기 때문이다. 당신의 새 차에 감탄하는 친구들은 얼마를 주고 샀는지 재빨리 물어볼 것이다. 집에 온 손님들은 가구를 사는 데 얼마나 들었는지 물을 것이다. 홍콩에 살았던 유럽 학자 고든 레딩(Gordon Redding)이 관찰한 바에 따르면, 홍콩과 싱가포르의 서구인들은 중국인들이 돈에 관한 주제에 너무나 거리낌이 없는 것에 자주 어안이 벙벙해졌다. 그는 "칵테일파티에서 양복을 얼마에 샀는지, 출장 뷔페에 얼마를 썼는지 묻는 것이 아주 일반적이며, 귀에 대고 살짝 물어보지 않아도 된다"라고 쓴다.[37] 레딩에 따르면, 이러한 솔직함은 돈 자체가 중국인들이 중요한 의미를 찾는 특별히 강력한 상징임을 암시한다. 이는 중국 역사의 일부였던 불확실성 및 불안정과의 오랜 싸움에서 버티기 위한 심리적 무기고를 발전시킬 필요에서 기인했을 수 있다.

중국 어린이들은 어릴 때부터 돈의 가치를 알고, 흥정을 하고, 저축하는 법을 배우며 자란다. 저축하는 이러한 경향은 특히 가난하게 자란 이들에게서 일반적으로 나타난다. 중국과 싱가포르가 총 저축률 각각 46퍼센트, 48퍼센트로 세계에서 가장 높은 저축률에 속하는 것은 놀랍지 않다. 중국계 어린이들은 돈에 대한 불안과 실용주의에 둘러싸여 자라는 반면, 삶의 불안정성에 대한 염려가 덜한 서구 사람들은 돈에 대해 논할 때 더 윤리적이고 부정적인 경향이 있다. 싱가포르에서는 많은 사람에게 교육이 자아 표현 및 실현의 수단이라기보다는 좋은 직장과 좋은 보수를 얻는 것과 관련된다. 아시아의 일부 지역에서는 경제 성장에 따라 이런 상황들이 빠르게 변화하고 있지만, 돈에 대한 불안은 한 세대에서 다음 세대로, 계속해서 지배적으로 이어진다. 따라서 동양은 돈에 실용적으로 접근한다.

중국의 실용주의가 나오게 된 원인은 네 가지다. 첫째, 아마도 감각과 볼 수 있는 것에 기초한 체계인 표의문자를 사용한 결과, 중국의 인식은 즉각적이며 감각에 기초한다. 둘째, 유교의 윤리적 영향력으로, 중국의 도덕은 절대적인 것에 기초를 두기보다 조건적이다. 셋째, 사회적 통제는 일차적으로 그 사람의 직계가족에게서 온다. 넷째, 가족의 생존에 전념하는 것이 지배적인 행동 동기다. 레딩은 "이러한 환경에서, 실용적 토대로 보이는 것에 근거해 결정을 내릴 것을 예상할 수 있다"고 결론짓는다.[38]

중국 실용주의의 네 번째 측면은 검소함으로 이어진다. 중국인에게 검소함이란 "뻔뻔한 인색함이라기보다, 금욕(아마도 가족 내의 제약)에 가깝다. 예를 들어, 손님에게 공중전화를 쓰게 했던 폴 게티(J. Paul Getty)를 따라 하는 것은 중국인에게 상상할 수 없는 일이다."[39] 중국 고전『도덕경』(Dao De Jing)은 사람이 가질 수 있는 가장 값진 보물이 사랑, 검소함, 관대함이라고 말한다. 검소함은 중국 문화에서 덕으로 간주되며, 아이가 아주 어릴 때부터 이 덕목을 가르친다. 싱가포르의 한 기업가는 이렇게 쓴다.

> 이곳은 현실적인 사회다.… 어느 정도의 지위, 스스로 저축해 놓은 얼마간의 돈, 당신을 뒷받침해 줄 어느 정도의 성과가 없다면, 당신이 얼마나 유능한지는 아무 소용이 없다.…그렇기 때문에 우리는 돈을 쉽게 낭비할 것이 아니라 돈의 가치를 깨닫고 돈을 잘 지켜야 한다. 그것만이 당신이 마침내 성공하게 해 줄 유일한 수단이다.[40]

우리는 돈이 어떻게 사회적 체제이며, 사회적 가치를 어떻게 전달하는지, 또한 그것을 받아들이는 것이 공동체가 규정한 의미에 어떻게 토대를 두는지 살펴보았다. 그러나 이런 일들이 암호 화폐에서도 일어날 수 있는가?

사회의 가치와 암호화폐

지난 수십 년 동안, 기술 분야의 상당한 진보는 페이팔, 애플페이,

알리페이 같은 수많은 다양한 결제 시스템을 가능하게 했다. 이런 것들은 우리 일상의 일부가 되었다. 화폐의 형태에 관한 한, 현금, 카드, 디지털 등 선택은 다양하다. 그러나 이제 점점 더 많은 기관과 심지어 단체에서도 자체 버전으로 제공하는 암호화폐가 천 가지 이상 존재한다. 화폐의 다양성을 자라게 하는 것은 기술만이 아니라, 밀레니엄 세대의 커지는 영향력과 그들이 기술을 인식하는 방식이다. 그들은 돈에 대해 독특한 관점을 제공한다.

거대 소셜미디어 회사 페이스북이 개발하고 있는 새로운 암호화폐 리브라(Libra)는 상당한 파급력을 가지게 될 텐데, 그 이유는 단순히 페이스북 가입자 수가 20억을 넘기 때문이다. 다른 화폐의 사용은 돈의 역사만큼이나 오래된 일이고, 그 매체에는 조개껍데기, 금속 막대, 은, 금, 나무 막대기, 담배가 포함된다. 이들의 중요한 공통점은 그러한 매체가 공동체 안에서 돈으로 받아들여졌다는 것이다. 페이스북은 익명성을 자랑하는 비트코인 같은 다른 암호화폐와 달리, 공식 금융 시스템 안에서 작동하는 것에 동의했다. 암호화폐가 세계 중앙은행들의 승인과 뒷받침 없이, 다른 화폐들처럼 완전히 받아들여질지 알기에는 아직 너무 이르다.

우리는 돈의 사회적 가치와, 돈이 어떻게 각기 다른 맥락 안에서 의미를 갖는지, 공동체나 심지어 성별과 관련하여 소중하게 여겨지는 행동 방식, 즉 가치를 어떻게 표현하는지 살펴보았다. 우리는 이 장을 시작했던 비비아나 젤라이저의 질문으로 돌아온다.

"돈은 언제 도덕적 관심을 강화하고 사회적 삶을 부양하는가? 돈의 창출은 어떤 조건에서 정의와 평등의 진보를 가져오는가?" 이는 청지기 역할에 대한 더 큰 질문을 제기한다. 우리는 하나님의 목적, 공동체 육성, 인류의 번영에 부합하기 위해 어떤 방식으로 돈을 사용해야 하는가?

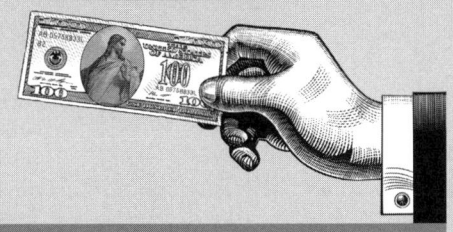

8장

결국 누구의 돈인가

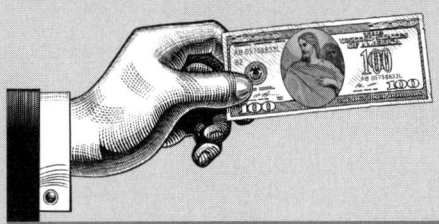

은도 나의 것이요, 금도 나의 것이다. 나 만군의 주의 말이다.

— 학개 2:8

유대인은 십일조를 고정적으로 바쳐야 하는 의무에 묶여 있었다.
자유가 있는 그리스도인은 그들 재산 중에서 십일조보다
적지 않은 양을 거리낌 없이 바치며 그들의 소유 전부를 주께 맡긴다.
그들에게는 더 큰 것에 대한 소망이 있기 때문이다.

— 이레나이우스[1]

교회 문화에서, 청지기 역할(stewardship)이라는 단어는 일반적으로 교회와 종교적 목적을 위한 기부 요청을 위장하기 위해 사용된다. 그러나 사실 이 단어는 시간, 일, 여가, 재능, 영혼의 상태, 환경 돌봄, 그리고 물론 돈까지, 이 모든 것에 영향을 주는 삶에 대한 보다 종합적인 시각을 의미한다. 청지기에 해당하는 헬라어 단어['오이코노모스'(*oikonomos*), 여기서 경제(economy)라는 단어가 나왔다]는 '집안일을 맡아보는 사람'을 의미한다. 오래전, 청지기(집사)라고 불리는 사람들은 큰 금융 기관보다는 부유한 사람들을 위해 재정과 집안일을 관리하는 역할로 고용되었다. 그들이 관리하는 것은 단지 돈만이 아니라, 그 가족을 번성하게 만드는 모든 것을 포함했고, 주부의 가사일과 다르지 않지만 더 큰 규모로 이루어지는 일이었다. 그 성경적 예가 보디발의 집에서 요셉이 집사로 하던 일이다. 그의 주인은 "집안일에는 아무 간섭도 하지 않[았다]"(창 39:8).[2] 이번 장에서, 우리는 개인과 교회의 청지기 역할에 대해, 특히 돈에 초점을 맞추어 살펴볼 것이다. 청지기 역할은 변화를 가져오는 진리에서 시작한다.

하나님의 집 관리하기

하나님은 모든 것의 궁극적 주인이시다. "땅과 그 안에 가득 찬 것이 모두 주님의 것, 온 누리와 그 안에 살고 있는 모든 것도 주님의 것이다"(시 24:1; 참고. 시 50:10) 하나님은 인간 외의 창조세계를 인간의 돌봄에 맡기셨다. 우리가 하나님과 세상과 맺은 이중 관계를 묘사하는 좋은 단어는 **신탁**(trusteeship)이다. 즉 우리에게는 세상을 돌보는 일이 맡겨졌고, 우리는 그 세상의 주인이시며 세상을 위해 뜻하신 목적을 선포하신 하나님께 그 일에 대한 책임을 져야 한다. 이러한 신탁은 창세기 1:26-29에 나오는 소위 창조 명령에 기인한다. 모든 것을 아우르는 이러한 청지기 역할은 모든 인간이 받은 부르심이다. 크리스 라이트(Chris Wright)가 말하듯, 구약에서 하나님(신적 주인)은 모두의 유익을 위해 모든 인간에게 "공인된 자유재량권"을 주신다(창 1:26-29).[3] 그러나 하나님의 백성, 즉 구약에서는 이스라엘, 신약에서는 교회는 모든 인류에게 유효한 부르심뿐 아니라 특별한 책임도 받는다.

처음 언약 아래에서, 신탁이라는 하나님의 선물은 이스라엘 민족에게 특별히 주어졌다(신 10:14-15). (오늘날 씨족이나 친족에 더 가까운) 가족은 옛 율법 아래에서 기본적인 사회적·혈연적·법적·종교적 구조를 제공했다. 베들레헴에서 나오미의 땅과 가족을 무르는 사건이 생생하게 보여 주듯(룻 4:9-12), 이스라엘에게 가족과 땅은 하나의 단위로 묶여 있었다. 따라서 (50년마다 돌아오는) 희년에는, 그 사이 빚을 갚기 위해 땅을 담보로 잡혔거나 팔았을지라도 그 땅을 원래 가족들에게 돌려줌으로써, 하나님의 절대적 소유권과 가족의 신탁 권리를 표현했다(레 25:4-18). 명시된 이유는 이것이다. "땅은 나의 것이다. 너희는 다만 나그네이며, 나에게 와서 사는 임시 거주자일 뿐이다"(레 25:23). 바로 이것이 가족에게 유산을 남기는 행위에 함축된 의미다.

구약의 율법을 신약의 복음 아래 사는 사람들에게 적용하는 것은 실용적인 방식으로 이루어져야 한다. 신약에서 성취된 더 큰 어떤 것에 대해 생각해 볼 수 있는 틀을 구약이 제공하는 식으로 말이다. 하나님의 임재, 백성, 장소와 관련된 하나님의 모든 약속은 그리스도 안에서 '예'가 된다(고후 1:20). 그리스도 안에서는 유대인과 함께 이방인도 한 몸 안에서 공동 상속자가 되며(엡 3:6), 그럼으로써 '그리스도 안에' 있다는 것은 '그 땅에서' 이스라엘에게 의도하셨던 모든 것에 대한, 혹은 그 이상에 대한 답이 된다! 유대인뿐 아니라 이방인이 그리스도 안에서 누리는 사귐은, 이스라엘이 땅을 소유했던 것과 유사한 역할을 그리스도인에게 성취한다. 그러나 그것이 청지기 역할의 사회경제적 차원을 제거하지는 않는다. 그리스도인의 사귐(*koinōnia*)은 단순히 영적인 친교가 아니다. 그것은 삶 전체를 나누는 것, 소유를 그저 자기 자신의 것으로만 여기지 않는 것, 경제적 평화와 사회적 정의를 이루는 것이다. 우리는 6장에서 슬기로운 청지기 비유를 통해 이것을 부분적으로 살펴보았다.

그리스도인은 세상의 청지기 역할을 나머지 인류와 공유하지만, 우리에게는 세 가지 부가적인 관심사가 주어진다. (1) 우리의 개인적 시간, 능력, 재정을 다른 이들의 유익을 위해 투자하고 바르게 사용하는 것. 이는 하나님이 우리에게 책임을 지우신 일이다(마 25:14-30). (2) 복음에서 선포된 하나님의 은혜를 맡아 귀하게 간직하고 나누는 것(벧전 4:10). 이는 사도나 교회 지도자들만 하는 일이 아니라(고전 4:1; 딛 1:7), 복음의 청지기이자 증인으로서 모든 신자가 해야 하는 일이다. (3) '그리스도 안에' 있다는 징표로서 (물질적 소유를 포함하여) 삶을 성숙하게 나누는 것. 초기 교회에서, 이는 가난한 신자를 구제하고(행 11:27-30) 문화와 민족을 뛰어넘어 도우면서, 가용 자산을 일반적인 수준 이상으로 나누는 것을 의미했다(행 2:44-45; 4:32-35). 이러한 나눔은 그리스도 안에 있는 상호 의존성과 평등, 연합을 상징했다(고전 16:1; 고후 8:13). 그러나 돈에 대한 우리의 청지기 역할은 어떤가?

세속의 관점("내 소유가 아니면 돌보지 않는다")과는 다르게, 청지기로서는 우리가 재산과 부를 사용하는 것에 더 조심하고 부지런해져야 한다. 그것은 우리의 것이 아니다. 언젠가 하나님이 다시 돌려받으실 것이다. 하나님은 우리가 그것으로 무엇을 했는지에 대해 책임을 물으실 것이다. 그리고 하나님은 단지 원래대로의 창조세계가 아닌, 자신의 투자에 대한 수익을 원하신다.

그리스도인의 청지기 역할이 종종 십일조, 즉 수입("세금을 떼기 전인가요 후인가요?")의 10분의 1을 주의 일에 드리는 것으로 축소되어 온 것은 비극이다. 구약에서 십일조는 성전에 바치는 세금 같은 것이었다. 즉, 자유재량의 선물이 아니었다(예외는 창 14:20을 보라).

이 십일조는 네 가지를 만족시켰다. (1) 하나님의 선하심을 경축하고(신 14:26) (2) 모든 것이 하나님의 소유임을 인정하고 (3) 예배 처소를 유지, 관리하고(민 18:21; 신 14:27) (4) 가난한 이들을 보살폈다(신 14:28-29). 구약에서조차, 십일조는 이스라엘의 청지기 역할에서 일부분일 뿐이었다. 신약에서는 십일조를 단 한 번 언급한다(마 23:23). 예수님이 바리새인들에게 더 중요한 것이 있음을 일깨우시는 문맥이었다. 신약의 원칙은 10분의 1이 아니라 "기쁜 마음으로", 말 그대로 신나게 내는 것(고후 9:7), 즉 계산하지 않고 내는 것이다. R. T. 프랜스는 그것을 "씁쓸한 의무감에서가 아니라 따뜻하고 이기심 없는 긍휼에서 나오는, 거의 무모하기까지 한 관대함"으로 묘사한다.[4] 모든 것이 하나님께 속했기 때문에, 우리는 다른 사람들을 돕기 위해 우리가 할 수 있는 만큼 관대하게 지출해야 한다. 그러나 '해야 한다'는 표현은 그리스도인의 헌금이 갖는 의미 자체를 파괴한다. 그것은 율법이나 의무에서가 아니라, 우리 삶에 복 주시는 그리스도에 대해 자발적으로 흘러나오는 감사에서 나온다(고후 8:9).

주는 것의 은혜

많은 사람이 기부를 한다. 기부는 우리가 주는 것이 우리의 소유이며, 우리 마음의 관대함에서 다른 사람들에게 우리가 가진 일부를 준다는 것을 함축한다. 청지기 역할은 그 모든 것이 하나님의 소유이며, 그렇기에 그분의 목적대로 사용되어야 한다는 것을 함축한다. 기부의 영성은 자기를 긍정하며, 계산된 효과가 따른다. 청지기 영성은 다른 이들을 향하며, 다른 것은 신경 쓰지 않는다. 기부 영성은 수혜자에게 "감사합니다"라는 말을 듣고 싶어 한다. 청지기 영성은 주님이 다시 오실 때 "잘했다"라는 말씀을 듣는 것을 목표로 한다.

생각해 볼 몇 가지 문제가 있다. 의무감이나 사회적 기대에 기인하지 않고 우리가 주는 것은 얼마나 되는가? 우리는 우리가 갖는 부분이 사실상 우리 몫인 것처럼 행동하는가? 요한네스 크리소스토무스(John Chrysostom)가 권면한 것처럼, 우리가 가진 어떤 부든, 가난한 이들을 위해 청지기 역할을 하도록 주어진 것으로 생각하는가?[5] 수표나 카드 고지서에 나타나는 우리의 지출 내역은 매일의 삶에서 하나님의 우선권을 드러내는가?

주는 것의 은혜는 실제적으로 어떻게 드러나는가? 물론 그리스도인은 성경이 가르치는 것처럼, 기독교 사역자와 기독교적 대의를 뒷받침하기 위해 경제적 후원을 해야 한다. 그러나 우리는 또한 구약의 세계관에 따라, 우리가 우리 가족들을 유익하게 하는 방식으로 돈과 재산을 관리하는 청지기임을 알아야 한다. 교회를 위해 희생하느라 가족을 소홀히 하는 것은 잘못이다. 예수님과(막 7:11) 바울 모두 이것에 대해 분명히 했다. 정말로, 가족을 돌보지 않는 것은 우리를 믿지 않는 자들보다 더 나쁘게 만든다(딤전 5:8). 또한, 우리는 다음과 같은 예수님의 경고에도 귀를 기울여야 한다. "불의한 재물로 친구를 사귀어라. 그래서 그 재물이 없어질 때에, 그들이 너희를 영원한 처소로 맞아들이게 하여라"(눅 16:9). 이는 사람들에게 투자하고, 가난한 사람들에게 (가능하면 익명으로) 돈을 주고, 환대를 베푸는 것을 의미한다. 토마스 아퀴나스가 그토록 아름답게 설명한 것처럼, 이러한 전인적 청지기 역할은 경제적 후원보다 훨씬 더 많은 것을 의미한다. 그는 일곱 가지 육체적 자선 행위를 열거했다. 목마른 사람에게 마실 것 주기, 배고픈 사람에게 먹을 것 주기, 헐벗은 삶에게 입을 옷 주기, 갈 곳 없는 사람에게 피할 곳 내주기, 아픈 사람 찾아가 보기, 포로의 몸값 내주기, 죽은 사람 장사 지내 주기. 그는 이것을 일곱 가지 영적 자선 행위와 연결시킨다. 무지한 사람 가르치기, 의심하는 사람 조언해 주기, 슬퍼하는 사람 위로하기, 죄인 꾸짖기, 상처 용서하기, 우리를 불편하고 화나게 하는 이들 참아 주기, 모두를 위해 기도하기.[6] 육체적 자선 행위와 영적 자선 행위의 이러한 결합은 사역이나 섬김에 대한 좋은 지침이 되기도 한다.

교회는 종종 '희생적으로' 드리는 것에 호소한다. 즉, 단 10퍼센트만 혹은 우리의 필요를 채운 뒤 남는 여분에서 드리는 것보다 더 많이 드리라는 것이다. 그러나 정말로 필요한 것은 성례전적으로 드리는 것이다. 즉 은혜를 끼칠 수 있도록 드리는 것이다.[7] 모세

벤 마이몬(Moses ben Maimon)이라고도 불리는 중세 유대인 마이모니데스(Maimonides, 1135-1204)는 자선의 여덟 단계를 가장 낮은 것부터 시작하여 탁월하게 순위를 매김으로써 규정한다.

1. 주지만, 오직 가난한 사람이 부탁할 때에만 준다.
2. 주지만, 줄 때 침울해진다.
3. 기쁘게 주지만, 주어야 하는 것보다 더 적게 준다.
4. 부탁하지 않아도 주지만, 가난한 사람에게 직접 준다. 이제 가난한 사람은 누가 자신에게 도움을 주었는지 알고, 준 사람 역시 자신이 누구에게 도움을 주었는지 안다.
5. 가난한 누군가의 집에 돈을 보낸다. 가난한 사람은 자신이 누구에게 빚졌는지 알지 못하지만, 준 사람은 자신이 누구를 도왔는지 안다.
6. 자신의 후원금을 어딘가에 놓아두고 거기서 등을 돌림으로써 자신이 가난한 사람 중 누구를 도왔는지 알지 못하게 한다. 그러나 그 가난한 사람은 그가 누구에게 빚졌는지 안다.
7. 가난한 사람을 위해 쓰일 재정에 익명으로 돈을 낸다. 여기서 가난한 사람은 자신이 누구에게 빚졌는지 알지 못하며, 준 사람도 자신이 누구를 도왔는지 알지 못한다.
8. 그러나 가장 높은 단계는 이것이라고 그는 말했다. 다른 사람들이 가난해지는 것을 막는 데 돈을 사용하는 것. 일자리를

주거나, 장사를 가르치거나, 사업을 시작할 수 있게 해 주는 것처럼, 돈을 구걸하기 위해 손을 내미는 끔찍한 대안으로 내몰리지 않게 하는 것이다. 이것이 가장 높은 단계이자, 자선의 황금 계단 최정상에 있는 것이다.[8]

자선의 이 여덟 단계는 오늘날에도 중요한 방식으로 실행되고 있다. 영세민 대출, 즉 가난한 사람에게 사업을 시작할 수 있는 적은 액수의 돈을 대출해 주는 것은 세계 수백만의 사람들에게 변화를 가져다주었다. 그러나 또한 우리는 앞에서도 언급했듯 브라이언 그리피스와 킴 탄이 하고 있는 일도 필요하다. 바로 중소기업을 지원하는 일인데, 중소기업들이 내는 세금은 대다수의 국가에서 사회 기반 시설, 교육, 의료를 개선하는 자원이 되기 때문이다. 그리피스와 탄은 기업 활동을 통해 가난과 싸우는 것을 제안한다.[9]

받는 것보다 주는 것이 더 복되다

주는 일에서 마음의 차원은 결정적이다. 여기 몇 가지 요인이 있다.

- 우리가 주는 것이 궁극적으로 우리의 소유가 아님을, 따라서 우리는 좋은 신탁 관리자가 될 책임이 있음을 인식하고 있는가?
- 우리가 가진 것에 감사하는가?

- 세금이, 적어도 그 일부는 우리 이웃을 돕고 있으며 정부가 사회 기반 시설, 의료, 교육 혜택을 공급할 수 있게 한다는 것을 인식하고, 기쁘고 관대한 마음으로 세금을 낼 수 있는가?
- 사람들이나 기관에 '연결된 끈 없이' 기부할 수 있는가? 이는 그 돈이 지혜롭게 사용될 것을 믿고(조사를 통해 알아볼 수 있다), 어디에 사용되는지 계속 간섭하려고 하지 않는 것을 뜻한다.

그리스도인은 만약 하나님의 부르심이 있다면, 언제든 기꺼이 '모든 것을 팔고' 예수님을 따를 준비가 되어 있어야 한다.

이 모든 것은 우리의 영혼에 변혁을 가져오는 효과가 있다. 고대 그리스인들이 흔히 생각했던 것처럼, 그리고 슬프게도 오늘날 많은 그리스도인이 믿는 것처럼, 영혼은 악한 몸 안에 갇혀 있는 고귀한 불멸의 기관이 아니다. 영혼은 인격, 갈망하는 인격, 하나님을 향해 손을 뻗으며, 궁극적 실재와 삶의 의미를 찾고자 하는 인격이다. 우리는 영혼이 있는 것이 아니라, 우리가 영혼이다. 그리고 주는 것은 영혼을 위한 일이다. 자크 엘룰은 이에 대해 웅변한다. 그는 돈이 하나의 권세라고 주장한다. (정부 같은) 사회적 구조부터 보이지 않는 영적 실재, 귀신, 심지어 성경에 따르면 사람들을 평생 꽁꽁 묶어 놓는 죽음 자체에 이르기까지, 하나님 나라의 도래에 저항하는 "통치자들과 권세자들"(엡 6:12)이라 불리는 복잡하며 보통은 보이지 않는 실재들의 일부라는 것이다.[10] 그리고 이러한 권세로서 돈은 우리에게 하나님 행세를 한다. 그러나 자크 엘룰이 너무나 분명하게 보여 주듯, 남에게 돈을 줄 때 우리는 그것이 지니던 **힘을 박탈한다**.[11] 우리는 돈에서 부정적인 측면, 방사능과 같은 위험한 힘, 하나님처럼 보이려는 호소력을 벗겨 내고, 그것을 성례전으로, 즉 다른 사람들과 심지어 우리 자신에게 은혜를 가져오는 수단으로 변화시킨다.

이러한 청지기 역할에서, 교회는 모범적인 청지기로서 앞장서야 한다. 그런데 우리는 그렇게 하고 있는가?

교회의 청지기 역할

존 스택하우스 주니어(John Stackhouse Jr.)는 기독교 역사에서 돈이 어떻게 사용되어 왔는지를 돌아보면서, 부를 하나님이 주신 복으로 치켜세우는 것부터 부를 버리는, 특히 성직자가 원치 않게 가난을 받아들이는 경우에 이르기까지, 오랜 세대를 거치며 헌금에 대한 수많은 태도가 존재했음을 지적한다. 스택하우스는 종교개혁이 500년 전, 돈으로 면죄부(연옥에서 보내는 시간에서 면제되는)를 사는 것을 거부하면서 시작되었다고 말한다. 모인 돈은 로마의 성 베드로 대성당을 짓는 데 쓰였다. 죄인이 정말 속죄의 행위로 교회에 돈을 낼 수 있는가? 스택하우스는 계속해서 이렇게 말한다. "마르틴 루터의 유명한 95개조 반박문은 면죄부 판매에서 촉발되었다.

따라서 종교개혁은 기금 마련 논쟁에서 시작되었다고도 말할 수 있다."[12] 그러나 헌금의 문제에는 무엇이 포함되어 있는가?

우리의 돈에서 어느 만큼을 하나님의 목적을 위해 드려야 하는지 묻는 대신, 하나님의 돈에서 어느 만큼을 우리를 위해 남겨야 하는지 물을 수 있을까? 리처드 포스터(Richard Foster)는 이렇게 말한다. "이 두 질문의 차이는 엄청나다."[13]

교회의 시간 사용, 그 구성원들의 은사와 재능 사용, 그 재정 자원의 배분은 교회의 청지기 역할을 보여 주는 생생한 진술이다. 지역 교회가 그 구성원들에게 가족과 이웃을 위해 쓸 수 있는 시간을 주지 않고 그들의 자유 시간을 모두 차지한다면, 또한 교회가 재정을 교회 자체를 위해(인건비와 건물에) 모두 사용한다면, 그것은 **쌓아 두기**다. 교회가 영적·자연적 은사를 사용하지 못하고 사람들이 그것을 '낭비'하게 한다면, 그것은 **탕진하기**다. 그렇다면 지역 교회가 하나님 나라의 청지기로서 투자한다는 것은 무엇을 의미할까?

여기 생각해 볼 몇 가지 특별한 제안이 있다. 교회 재정의 절반을 교회 이외의 곳에 사용하라. 단순한 생활을 위한 원칙을 개인만이 아니라 교회에도 적용하라. 바울이 대대적인 구제 모금에서 했던 것처럼(고후 8-9장), 가난한 교회와 부유한 교회, 제3세계 교회와 서구의 교회를 연결하고, 불의와 싸우고 평화를 가져오고, 연합과 평등을 위해 일함으로써 시간, 능력, 재정을 하나님의 연합

사역을 위해 일하는 데 투자하라. 지도자들과 자원을 교회의 프로그램을 위해 끌어 모으는 대신, 하나님이 세상에서 그들을 두신 자리에서 사람들을 돕는 일을 할 수 있게 하라. 국내와 해외의 빈곤층을 돌보는 일을 위해 (수표만이 아니라) 사람들을 보내라. 그러나 논쟁의 여지가 있고 더 자세한 설명이 필요한 영역이 있다. 선교사와 전문적인 기독교 사역에 종사하는 이들의 재정 후원이다.[14]

기독교 사역자의 재정 후원

아직 그리스도인이 되지 않은 이들의 눈에, (때로 호화로운 생활을 하는) 기독교 사역자를 후원하기 위해 돈을 모금하는 것은 종교적 보따리장수 냄새를 풍기며, "복음을 전하는 일에 지장을" 주는 일일 수 있다(고전 9:12). 특정 교단에 속하지 않은 단체들은 소속 사역자들이 스스로 후원을 모금하게 한다. 그러나 그렇게 할 때, 사역자들은 마치 자신을 팔도록 강요당하는 것처럼 느낀다. 반면, 성경은 어떤 기독교 사역자들이 특정 사역을 수행하기 위해 재정 후원을 받는 것을 분명하게 승인한다. 그 일을 하는 방식은 후원을 받는 사람과 후원을 하는 사람들, 그리고 지켜보는 세상 모두를 세울 수도, 무너뜨릴 수도 있다. 이것은 두 저자에게도 모두 개인적으로 해당되는 사안이다. 클라이브는 자비량(텐트메이킹) 신학 교육자다. 폴은 임금을 받는 목사이자 신학 교육자로 살아왔고, 또한 자비량

목사이자 교육자로도 살았다.

바울 서신은 신약의 다른 어떤 부분보다 재정 후원에 대해 많이 다룬다. 고린도전서 9장에서, 바울은 자신과 같은 사도들이(그리고 함축적으로는 다른 기독교 사역자들 역시) 그리스도인들로부터 재정 후원을 받을 권리가 있음을 변호한다. 그의 논거는 예수님의 말씀(고전 9:14), 성전에서 일하는 사람들을 후원하던 유대인과 이방인의 관습(13절), 타작 일을 하는 소에게 망을 씌우지 말 것을 명령하는 율법(8, 9절), 사람들이 자신이 하는 노동으로 먹고 살기를 기대하는 일상의 관례(7절)에서 온다. 그러나 그런 다음 바울은 어째서 자신이 사도로서의 권리를 사용하지 않고 텐트메이커로 섬기기를 선택했는지 설명한다. 텐트메이킹이란, 사도 바울의 경우 그의 직업이었던 천막 만드는 일 같은, 세상에서의 일을 통해 생활비를 충당하면서 교회에서 넉넉히 섬기는 것을 말한다. 그런데 바울은 왜 이렇게 했을까? 그것은 두 가지와 관련이 있다. 하나는 복음의 진보다. 바울은 공개적으로 자신의 개인적 소득이나 다른 이들에 대한 의무에 매이지 않음으로써 이 일을 더 잘 섬길 수 있다고 믿었다. 그리고 다른 하나는, 복음을 값없는 사랑의 선물로 전하고자 하는 바울 자신의 영적 갈망이었다(행 18:1-3과 비교해 보라). 우리는 바울이 가장 힘든 시기를 보낸 것이 고린도에 있을 때였음을 기억해야 한다. 바울은 그릇된 행실을 한다는 비난을 듣고 오해를 받았는데, 대부분의 순회 철학자들이 가르침을 받으러 오는 사람들에게 의무적으로 후원을 받았기 때문이다. "피리 부는 사람에게 돈을 내는 사람이 곡을 정하는 법" 아니던가. 그러나 바울의 관심은 오롯이 복음을 위한 것이었다. 그렇다고 바울이 늘 이러한 텐트 메이킹 접근을 했던 것은 아니다.

바울은 빌립보 교회로부터 재정 후원을 받았는데, '감사의 말이 없는 감사 인사'(빌 4:14-19)가 보여 주듯 바울이 말을 아끼기는 했지만, 빌립보 교회가 극도로 가난했음을 생각할 때(고후 8:2) 이 후원은 더욱 놀랍다. 바울이 그들을 섬기는 동안 그들에게 후원을 받았다거나, 그들과 함께 있을 때 다른 이들에게 후원을 받은 적이 있다는 암시는 없다. 에베소에서 2년 동안 사역할 때에는(행 19장) "약한 사람을 도와[주기]" 위해(행 20:35) 자신의 손으로 일을 해서 필요한 것을 마련했다(행 20:33-35). 그는 "주는 것[이 문맥에서는, 대가 없이 사역하는 것]이 받는 것[사람들의 선물]보다 더 복이 있다"(35절) 하신 예수님의 말씀을 인용하면서 에베소에서의 사역을 마무리한다. 데살로니가에서도 바울은 폐를 끼치지 않으려고 밤낮으로 일했고(살전 2:9), 이를 통해 일에 대해 바르지 못한 태도를 가진 이들에게 본을 보였다(살후 3:8-10). 우리는 바울이 갈라디아에서 무슨 일을 했는지는 알지 못하지만, 사역의 상호 원칙을 가르쳤다는 것은 안다(갈 6:6). 이것이 반드시 재정 후원을 의미하지는 않을 수도 있지만, 이러한 원칙은 디모데전서 5:17-18에서도 언급된다. 데살로니가에 있을 때에는, 빌립보 교인들로부터 후원을 받기도 했다(빌 4:16).

이 모든 것은 오늘날 우리에게 무엇을 의미하는가? 첫째, 우리는 율법이 아닌 은혜를 다루고 있다는 것이다. 누구도 후원받을 권리를 억지로 주장해서는 안 된다. 동일한 방식으로, 어떤 교회도 모든 사역자에게 자비량을 요구해서는 안 된다. 그것은 바울의 언어로 하자면 "두 배로 존경을 받아야"(딤전 5:17-18, 여기에 사용된 단어는 의사의 사례비를 지칭하는 단어다) 마땅한 장로들을 후원하지 않는 일이다.

둘째, 후원을 받는 것은 기독교 사역자에게 특수한 경우의 특권이지만(아마도 백 명 중 한 명에 해당하는), 사람들에게 나가서 자신의 후원을 찾으라고 말하는 명령은 없다. 사실, 신약 전체의 정신은 반대 방향을 지시하는 것 같다. 즉 다른 사람들에게 짐이 되지 않기 위해 할 수 있는 모든 일을 하라는 것이다. 재정 지원을 받으며 섬기도록 사람들을 분별하고 부르는 일은 교회의 책임이다. 다른 말로 하면, 재정 지원을 받는 것으로의 부름은(사역으로의 부름과는 달리) 하나님께로부터 직접 오는 것이 아니라 하나님의 백성으로부터 온다. 일부 사람들이 재정 부담에 매이지 않고 후원받는 사역자로 자유롭게 섬기도록 하는 것은 하나님의 백성이다.

셋째, 오늘날 기독교 기관들에서 사역자들의 후원금을 직접 모금하게 하는 거의 보편적인 관행을 정당화할 근거는 거의 없는 반면, **다른 이들을 위한 후원금 모금은 강력한 근거가 있다**. 바울은 예루살렘의 궁핍한 성도들을 도와야 한다고 가르치고 공격적으로 모금을 했으며(고전 16:1-4; 고후 8-9장), 동역자를 재정적으로 지원하기 위해 열심히 일했다. 이 시대의 딜레마에 건설적으로 접근하는 한 방식은, 후원을 스스로 찾아야 하는 단체에서 일을 하게 된 사람은 기도하는 가운데 자신의 교회 장로들과 어느 정도 오랫동안 자신을 알았던 사람들에게 조언과 도움을 구하는 것이다. 만약 이런 사람들이 재정적으로 후원하는 것을 꺼리거나 할 수 없는 상황이라면, 성경은 어떻게 해야 하는지 분명히 가르친다. 즉, 후원을 구걸하는 편지를 보내거나 전단지를 돌리며 전국을 누벼서는 안 된다. 대신, 그들은 일을 해야 한다(살전 4:11-12; 살후 3:6-13).

넷째, 바울의 실천과 가르침은 한 사람이 일생 동안 때와 장소에 따라 유연할 필요성을 제안한다. 어떤 상황에서는 재정 후원을 거절하고 텐트메이커로 사역하는 것이 복음의 진보에 더 도움이 된다. 다른 경우에는 후원을 받는 것이 낫다. 우리가 재정 지원을 받는 기독교 사역자에만 전적으로 의존한다면 세상 끝까지 복음을 전하거나 세상을 온전히 섬기는 것이 불가능할 것이다. 그것이 신학교 시스템에서 거의 보편적으로 당연시되는 것이기는 하지만, 재정 지원을 받는 기독교 사역을 일생의 직업으로 삼아야 하는지는 재고의 여지가 많다.

돈은 우리의 것이 아니다. 청지기가 되는 것은 우리의 삶에 의미를 부여하며, 우리가 우리의 일상을 이해하도록 돕는다. 그리고 지구를 인간화하고 영광스러운 창조세계로 개발하고자 하시는 하나님의 거대한 계획을 위해 우리의 모든 에너지와 자산과 창조성을 사로잡는다. 그것은 이중의 위험, 곧 절망(지구가 어떻게 될까?)과 거짓 메시아주의(우리가 이 행성을 구하지 않는다면, 누가 구한다는 말인가?)에서 우리를 구해 준다. 청지기로서 우리는, "모든 것을 새롭게" 하심을 통해(계 21:5; 마 19:28) 창조세계와 세상의 민족들에게 합당한 결말을 가져오는 일에 그토록 단호하신 하나님과 협력하고 있기 때문이다. 청지기 역할은 우리의 영성과 제자도의 온도계다. 우리의 재물이 있는 곳에 우리의 마음도 있을 것이다(눅 12:34). 궁핍한 형제자매에 대한 우리의 반응이 하나님을 향한 우리 사랑의 척도다(약 2:15-16; 요일 3:17). 그러나 또한 청지기 역할은 그리스도 안에서 자라기 위한 인센티브를 제공한다. 주는 것에 인색할 때, 우리는 비좁고 빈약한 삶을 살 것이다. 주는 것에 관대할 때, 우리는 넓고 깊은 삶을 살게 될 것이다. 예수님은 이렇게 말씀하셨다. "남에게 주어라. 그리하면 하나님께서도 너희에게 주실 것이니, 되를 누르고 흔들어서, 넘치도록 후하게 되어서, 너희 품에 안겨 주실 것이다. 너희가 되질하여 주는 그 되로 너희에게 도로 되어서 주실 것이다"(눅 6:38). 그러나 이 구절은 부자가 되는 공식으로 아주 잘못 이해되어 왔고, 이는 우리를 다음 장의 주제인 부와 건강의 복음으로 데려간다.[15]

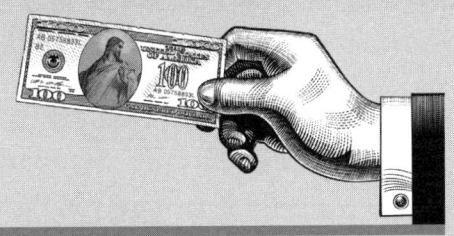

9장
건강과 부의 복음

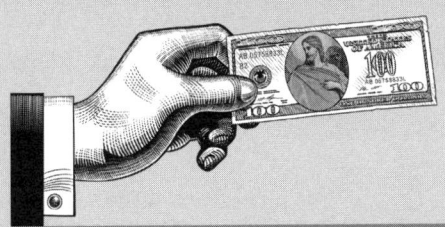

모든 이단을 위험하게 만드는 것은 그들에게 있는 진리의 요소다.
- 랜디 알콘[1]

가시적 교회 안의 많은 이들을 포함하여 오늘날 우리 세계의 수백만 인구의 마음과 영혼에게, 진정한 기독교의 가장 큰 경쟁자는 단연 물질주의라고 주장할 수 있을 것이다.
- 크레이그 블롬버그[2]

2013년 5월에 시작되어 140일간 진행된 재판 과정이 끝난 2015년 11월 20일, 의기양양한 여섯 명의 교회 지도자 전원은 그들의 가족과 함께 선고를 듣기 위해 싱가포르 법원에 도착했다. 시티 하비스트 교회(City Harvest Church)의 담임 목사와 다섯 명의 지도자로 이루어진 그의 팀은 교회 재정에서 5천만 싱가포르 달러(한화 약 400억 원)를 가지고 도주한 혐의를 받았다.[3] 그 돈은 담임 목사 아내의 세속 음악 경력을 위해 사용되었다. 2010년 범죄 조사가 시작되었고, 이 사건은 싱가포르 역사상 가장 큰 규모의 기금 횡령이었다. 시티 하비스트 교회는 1989년 시작되었고, 교인 수가 가장 많을 때는 3만 명에 달했다. 돈도 아주 많았다. 예를 들어, 2010년 시티 하비스트 교회는 싱가포르의 주요 상업 회의장 겸 쇼핑센터인 선텍 컨벤션 센터(Suntec Convention Centre)의 상당한 지분을 얻기 위해 3억 1천만 싱가포르 달러(한화 약 2,500억 원)의 예산을 세웠다고 발표하여 대중을 깜짝 놀라게 했다.[4]

많은 교회 지지자들은 경쟁이 치열한 법정관람권을 따내기 위해 밤을 새워 줄을 섰고, 여섯 명이 법정으로 걸어 들어갈 때 그들을 향해 손을 흔들며 격려했다. 여섯 명 전부, 유죄로 7개월에서 3년 6개월까지의 징역형을 선고받았다.[5] 오래 끌었던 재판은 싱가포르인의 의식 속에 번영복음이라 불리는 이 시대 기독교의 한 형태를 각인시켰다. 이러한 소위 기독교 운동은 20세기 후반에 대중화되었고, 세계 많은 지역에서 가장 빠르게 성장하는 기독교 운동으로서 조금도 수그러들지 않고 계속되었다.

기원 1. 아메리칸드림

캐나다인 케이트 보울러(Kate Bowler)는 그녀가 '신의 돈'이라 부르는 것을 연구하면서, "번영복음은 미국의 많은 종교적 현장에서만이 아니라 전 세계적으로 가장 규모가 큰 일부 교회에서도 지배적 특징인 영적·신체적·경제적 통제권에 대한 아주 인기 있는 기독교 메시지"라고 말한다.[6] 미국에서 번영복음은 오순절 교회에만 제한되지 않으며, 다른 기독교 교단들과 라틴계 교회 그리고 소위 흑인 교회에서도 발견된다. 보울러는 미국의 풍광과 역사를 추적하면서 어떻게 돈과 건강, 행운이 미국 그리스도인 사이에서 거의 신적인 것이 되었는지 논한다. 그러한 운동은 19세기 후반 갑자기 출현하여 2차 세계대전 동안 오순절 교회의 부흥 운동 안에서 꽃을 피웠고 1960년대 이후 미국의 개인주의 안에서 무르익었다. 그렇다면 번영복음이란 무엇인가?

번영복음은 복음과 아메리칸드림 추구를 결합하는 대중적 기독교 상상력의 끊임없는 변형이다. 보울러는 번영복음이 "변덕스러운 경제, 견고하게 자리 잡은 인종주의, 만연한 빈곤, 미래가 가느다란 실 한 올에 매달려 있다고 예언하던 신학적 비관주의에 대해 미국의 낙관주의가 거둔 승리를 대변한다"고 주장한다.[7] 성취를 향한 미국의 추구는 긍정적 고백과 믿음의 말 그리고 우리의 삶에 건강, 부, 행복의 말들을 주입하는 것을 통해 실현된다. 우리의 건강, 소유물, 외모, 성공에 대한 불만족을 부추기는 소비자 광고가 여기에 지속적으로 양분을 공급한다. 낙관주의와 개인주의 같은 특징에 맞춰진 미국의 초점은 인간의 잠재력을 높이 평가하는 견해를 고취하는 경향이 있다. "번영복음은 당신이 선하며, 당신의 뜻에 환경을 굴복시킬 수 있는 능력이 있다고 말한다. 단순히 당신의 생각과 당신의 말을 바꾸고, 믿어라. 그러면 당신의 우주적 사환인 하나님이 당신을 성공의 길로 떠밀어 줄 것이다"라고 주석가 러셀 우드브리지(Russell Woodbridge)는 말한다.[8] 이와 더불어, 널리 읽히는 주요 잡지들도 이 운동에 대한 논평을 내놓았다.

2006년 9월, 「타임」지는 "하나님은 정말로 당신이 부유하기를 원하시는가?"라는 표지 기사를 실었다.[9] 표지에는 롤스로이스 차량의 앞부분 사진이 실렸는데, 날개와 곧게 뻗은 팔의 그 유명한 시그니처 '환희의 여신상'(Spirit of Ecstasy) 대신 십자가를 달았다. 「타임」지에 따르면 번영복음 운동이 전하는 좋은 소식은, 하나님은 우리가 약속된 좋은 삶을 마냥 기다리기만 하는 것을 원치 않으신다는 것이다. 우리가 달라고 요청할 수 있을 만큼 담대하기만 하다면 말이다. 번영복음은 "'믿음, 건강, 부의 말씀', '말하고, 주장하라', '번영신학' 같은 표현으로도 알려져 있으며, 강조점은 이 생애에서 하나님이 후하게 약속하신 것과 그것을 자기 것으로 주장하는 신자들의 능력이다."[10] 하나님이 정말로 우리를 사랑하신다면 우리가 파산하기를 원하지 않으실 것이라는 주장이다. 이는 매우 광범위한 운동이다.

「타임」지 같은 호에 실린 설문에서는, 17퍼센트의 그리스도인이 자신을 그러한 운동의 일부와 동일시했고, 61퍼센트는 하나님이 사람들이 번영하기를 원하신다는 데 동의했다. 또 다른 31퍼센트는 우리가 관대하게 베푼다면, 하나님이 우리에게 더 많은 금전적 복을 주실 것이라고 믿었다. 킹제임스 성경의 요한복음 10:10은 이러한 번영복음의 보증 마크라고 할 수 있을 것이다. "내가 온 것은 그들로 생명을 얻고 더 풍성히 얻게 하려 함이라."

번영복음은 미국의 가장 큰 일부 대형 교회들에 의해 인터넷, 텔레비전, 라디오를 통해 선포되며, 매일 세계 전역의 수백만 사람들에게 전파된다. 2006년 9월 「타임」지와 인터뷰를 했던 조엘 오스틴(Joel Osteen)은 그의 웹사이트에서, 그의 설교가 미국의 1억 개 가정과 100개 국가의 천만 이상의 가정에 전해진다고 주장한다. 매주 백만 명 이상이 오스틴의 웹사이트에 접속해 오디오와 비디오 팟캐스트를 다운받으면서, 세계에서 가장 규모가 큰 팟캐스트 중 하나로 만든다. 조이스 마이어(Joyce Meyer)의 텔레비전 프로그램 "매일의 삶 즐기기"(Enjoying Everyday Life)는 95개 이상의 언어로 방송되며, 전 세계적으로 45억 명의 잠재적 시청자가 있다고 주장한다. 번영복음이 교회의 역사적이고 정통적인 메시지에서 심각하게 이탈해 있음을 고려할 때 대부분의 그리스도인들이 그것을 거부할 것이라고 예상하겠지만, 그 인기는 점점 자라가고 있다. 데이비드 존스(David Jones)와 러셀 우드브리지는 "이 새로운 복음은 당혹스럽다. 그것은 예수님을 생략하고, 십자가를 무시한다"고 논평한다.[11] 그들은 이 새로운 메시지가 어떻게 그리스도의 복음을 가려 왔는지 지적하는데, 그것에는 "매력적인 그러나 치명적인 메시지가 있기 때문이다. 하나님을 받아들여라. 그러면 그가 당신에게 복을 주실 것이다. 왜냐하면 당신은 그것을 받을 자격이 충분하니까."[12] 그러나 이 복음에는 아메리칸드림 말고도 다른 기원이 있다.

기원 2. 신사상 운동

신사상 운동(New Thought Movement)은 번영복음의 철학적 뿌리다. 에마누엘 스베덴보리(Emanuel Swedenborg, 1688-1772)는 스웨덴의 과학자이자 발명가로, 자신이 천국과 지옥 그리고 영적 세계의 다른 차원들을 오갈 수 있는 능력을 가졌다고 믿었다. 존스와 우드브리지는 그가 자신의 저작을 통해 "하나님은 신비한 힘이며, 인간의 지성은 물리적 세계를 통제할 능력이 있다는 생각, 행위에 근거한 자기 구원 계획에 대한 가르침 등, 이후 신사상의 핵심 교리가 되는 생각들"을 선전했다고 주장한다.[13] 스베덴보리는 "신사상의 조상"으로 여겨진다.[14] 신사상 운동은 19세기에 시작되었고, '마음 치료'(Mind-Cure), '정신 치유'(Mental Healing), '하모니얼리즘'(Harmonialism)과 같은 다른 이름으로 알려지게 되었다. 국제신사상연맹(International New Thought Alliance)은 신사상을 옹호하는 그룹들이 매사추세츠주 보스턴에 모여서 총회를 열었던 1899년까지 거슬러 올라간다. 연맹은 새 회원들이 "영적 계몽과 각 개인과 세상의 변혁"에 대한 헌신에 동참하도록 격려했다.[15] "'삶은 의식이다.' 이 구호는 우리 삶에 변화를 가져오기 위해, 의식이라 불리는 정신의 영역이 먼저 변화해야만 한다고 끊임없이 생각하도록 이끌었다."[16] 이것은 새로운 생각이 아니다. 이전에도 영지주의와 플라톤주의에서 이와 유사한 철학 형태가 발견되었고, 이 둘 모두 생각이 실재를 그려 낸다고 믿었다.

앞에서 언급한 캐나다 연구원 보울러는 기독교의 틀 안에 슬며시 자리 잡고 싹을 틔우는 신사상의 뚜렷한 세 가지 측면을 집어낸다. 첫째는 하나님과 인간의 일치다. 기독교의 '구원'은 하나님의 단독 행위가 아니라, 인류의 잠재력을 이끌어 내는 신적 행위다. 둘째, 세상은 실체가 아닌 생각으로 재구성된다. 절대적 실재는 영적 세계다. 물질세계는 정신의 투사다. 셋째, 신사상은 사고를 통해 우리가 하나님의 창조 능력을 공유할 수 있다고 주장한다. 하나님이 생각을 사용하여 세상을 창조하신 것처럼, 우리의 세계는 우리의 생각에 의해 형성된다. 긍정적 사고는 긍정적 결과를 낳고, 부정적 사고는 부정적 환경을 낳는다. 보울러는 "고(高) 인간론, 영적 실재의 우월성, 긍정적 사고의 발생 능력, 이 세 가지 특징은 발달하는 마인드파워의 주요한 전제를 이룬다"고 주장한다.[17] 1905년, 저명한 미국 심리학자이자 철학자인 윌리엄 제임스(William James)는 미국 문화에서 신사상의 인기를 언급했다. "마음 치료의 원칙들은 어디에나 만연하기 시작하여, 우리는 간접적으로 그들의 정신을 접한다. 우리는 '느긋해지기의 복음', '걱정 말아요 운동', 매일 아침 옷을 입으면서 자신에게 '젊음, 건강, 활력!'이라고 반복해서 외치는 사람들에 대해 듣는다."[18] 제임스에 따르면, 신사상은 힌두교, 철학적 이상주의, 초월주의(transcendentalism), 대중적 과학 진화, 진보의 낙관적 정신에서 발견되는 이방 철학들의 조합이다.

세상이 현대화되고 산업화되면서 삶의 속도가 빨라졌고, 우리는 일들이 빠르게 진행되기를 기대하게 되었다. 인류의 잠재력에 대한 확신과 낙관주의는 실용적인 자기통제나 자기개발을 고무했고, 이는 신사상의 생각들이 '긍정적 사고' 안에서 구체적으로 자라가는 것을 가능하게 했다.

기원 3. 긍정적 사고

긍정적 사고는 2차 세계대전 이후 소비문화의 급성장과 함께 성행했다. 이는 종종 낙관주의와 헷갈리지만, 사실 긍정적 사고는 일원론과 철학적 이상주의에 기댔으며, 여러 종교를 심리학 및 약물과 혼합한다. 그것은 바른 생각을 가진 이들에게 삶이 어떻게 보상하는지 알려 주는 '자조'(self-help)와 '…하는 법'(how-to)의 대중적 심리학으로 발전했다. 존스와 우드브리지는 "1950년대에 이르러, 긍정적 사고로 옷을 갈아입은 마인드파워는 대중적인 종교적 상상력과 미국의 번영 운동 안에서 확고하게 자리를 잡았다"고 주장한다.[19] 그 옹호자 가운데는 침례교 사역자이자 변호사였던 러셀 콘웰(Russell H. Conwell, 1843-1925)이 있는데, 그는 '다이아몬드 밭'이라는 설교를 6천 번 이상 전했다.[20] 콘웰은 이후에 나온 노먼 빈센트 필(Norman Vincent Peale), 로버트 슐러(Robert Schuller), 브루스 바턴(Bruce Barton) 같은 긍정적 사고 주창자들에게 영향을 주었다. 1952년, 뉴욕 마블 대학교회의 목사였던 노먼 빈센트 필은 백만 부가 팔린 「뉴욕 타임스」 베스트셀러 『긍정적 사고방식』(*The Power of Positive Thinking*, 세종)을 출판했다. 보울러는 미국에서 필의 인기가 치유 문화의 부흥 덕분에 때를 잘 만난 것이었다고 말한다. 그가 "출세와 종교적 쾌활함을 신학적으로 종합한 것이 전후 분위기와 잘 맞아떨어졌고, 한 사람을 하나의 운동으로 바꾸어 버렸다."[21] 필은 단순한 공식을 주창한다. "구상하고, 기도하고, 실현시켜라."[22]

긍정적 사고는 사업적 성공과 부를 찾는 이들에게 매력적이었고, 미국의 성공 문학이라는 새로운 장르를 낳았다. 던 허친슨(Dawn Hutchinson)은 "부자가 되려면 정신의 힘을 통해 자신이 부에 이룰 수 있는 길을 생각해야 했고, 이는 미국의 사업가들에게 매력적인 생각이었다"고 주장한다.[23] 저널리스트이자 출세 지향적 사업가였던 나폴레온 힐(Napoleon Hill, 1883-1970)은 기업가 앤드루 카네기(1835-1919)를 설득하여, 평범한 사람들을 위한 성공의 공식을 도출하기 위해, 미국에서 가장 성공적인 사람 504명을 20년 동안 연구하는 프로젝트를 따내는 데 성공했다. 그 연구의 결과로, 그는 베스트셀러 고전이 될 『생각하라 그리고 부자가 되어라』(Think and Grow Rich, 반니)를 1938년에 썼다. 힐에 대한 가장 유명한 말은 이것이다. "정신은 그것이 구상할 수 있고 믿을 수 있는 무엇이든 성취할 수 있다."[24] 2010년 이메일 인터뷰에서, 말레이시아의 나폴레온 힐 협회(Napoleon Hill Associates) 컨템퍼러리 파트너인 크리스티나 치아(Christina Chia)는 힐이 랠프 월도 에머슨(Ralph Waldo Emerson, 1803-1882), 오리슨 스웨트 마든(Orison Swett Marden), 윌리엄 제임스(1842-1910) 같은 신사상가들의 영향을 받았고, 찰스 필모어(Charles Fillmore), 어니스트 홈스(Ernest Holmes), 헨리 우드(Henry Wood), 랠프 월도 트린(Ralph Waldo Trine)으로부터 영향을 받았을 가능성도 높다고 인정했다.[25] 그러나 모든 것이 돈에 관한 것만은 아니었다.

덕(德) 역시 성공적인 사업가에게 중요하다. 지식, 상상력, 잘 조직된 계획, 집요함은 필수다. "갈망이 꿈을 구체적인 행동으로 변화시킬 때, 그 꿈은 현실이 된다."[26] 도널드 메이어(Donald Meyer)는 신사상가들에 대한 연구에서, 성품이 지속적인 초점이었다고 말한다.

그것은 종교적 이상이 실제적 가치들과 결합된 프로테스탄트 직업 윤리의 부흥으로, "믿음, 소망, 자선 등의 표준적인 '종교적' 덕목을 근면, 절약, 정직, 실용성, 합리성 등의 '세속의' 덕목으로 대체[했다]."²⁷ 기독교 청중에 맞추어졌던 신사상의 성공 문학과는 달리, 사업 문학은 번영의 종교적 미사여구에서 점차 멀어졌고 보다 중립적인 성공과 부의 언어를 채택했다. 그러나 우리는 번영복음이 가르치는 것이 정확히 무엇인지 확인할 필요가 있다.

기본 가르침

학자들은 E. W. 케니언(Kenyon, 1867-1948)과 케네스 해긴(Kenneth E. Hagin, 1917-2003)이라는 두 이름을 현대 번영복음 운동의 창시자로 인식한다. 지난 100년 동안 이 운동이 가르쳐 온 내용은 대부분이 두 사람에게서 나왔다. 두 사람의 노력이 결합된 방식은 다음과 같다. 케니언이 저술을 통해 신사상을 기독교 신학의 체계 안에 주입하는 동안, 해긴은 '믿음의 말씀'(Word of Faith) 운동을 통해 번영복음을 대중화했다.

데일 시몬스(Dale Simmons)는 "케니언은 독립적 은사주의 운동의 건강과 부의 복음이 나온 최초의 기원"이라고 주장한다.²⁸ 케니언은 1900년, 매사추세츠주 스펜서에 베델 성경 대학(Bethel Bible College)을 세웠다. 그는 이후 워싱턴주로 이주하여 새언약 침례

교회(New Covenant Baptist Church)를 세웠고, '케니언의 방송 교회'(Kenyon's Church of the Air)라는 라디오 프로그램을 시작했다. 보울러가 쓴 것처럼, "그의 소식지 '헤럴드 오브 라이프'(Herald of Life)와 시애틀 성경 학원(Seattle Bible Institute)은 거기서 시작되었다. 『아버지와 그의 가족』(The Father and His Family) 『놀라운 이름 예수』(The Wonderful Name of Jesus)"를 제외하고, 케니언은 그의 주요 책들 대부분을 이 시기에 출간했다."[29]

해긴은 미국 전역에 번영복음의 가르침을 퍼뜨린 '믿음의 말씀' 운동의 창시자다. 1970년대에 '믿음의 말씀' 운동은 돈과 건강, 승리를 얻는다는 긍정적인 기독교 신앙 고백의 밀교(密敎)적인 형태로 무르익었다. 그는 1962년 레마 성경 훈련 센터(Rhema Bible Training Center)를 세웠고, 케니언의 생각들을 반영하는 다양한 책들과 함께 잡지 「믿음의 말씀」을 창간했다. 해긴은 예수님이 자신에게 개인적으로 나타나서 이런 메시지를 명령했다고 주장했다. "말해라. 행해라. 받아라. 알려라."[30]

『말씀-믿음 논쟁』(The Word-Faith Controversy)의 저자 로버트 바우만 주니어(Robert Bowman Jr.)는 '믿음의 말씀' 운동의 핵심 신조를 적절하게 요약하는데,[31] 여기서 우리는 이를 대략적으로 분류할 것이다. 첫째, 이 운동은 하나님의 피조물인 인간을 높이 평가하여 인간 자체를 신으로 본다. 그리고 하나님이 말씀으로 세상을 존재하게 하셨기 때문에, 우리 역시 충분한 믿음을 가지고 말하기만

한다면 동일한 능력을 갖는다. 둘째, 예수님은 육체적으로만이 아니라 영적으로도 죽으셨고, 지옥에서 다시 태어나셨다. 셋째, 오늘날에도 '기름부음 받은' 사도들과 예언자들이 계속 존재한다. 정경만큼의 동일한 권위는 갖지 못할지라도, 그들은 계속해서 예수님이나 성령으로부터 계시를 받는다. 넷째, 하나님은 우리를 율법의 저주에서 해방시키셨고, 그리하여 이제 우리는 모든 질병과 가난으로부터도 해방되었다. "죄 용서를 구하는 것과 똑같이, 단지 건강과 번영의 복을 '구하기만' 하면 된다. 이런 것들이 모든 기독교 신자의 권리이기 때문이다. 계속 아픈 사람들은 단순히 하나님의 말씀을 믿지 않은 것이다."³² '믿음의 말씀'의 이 같은 신조들이 이 시대의 번영복음을 형성했다.

보울러는 수십 년 동안 번영복음 지지자들을 방문하여 연구했다. 그녀는 번영복음이 믿음, 부, 건강, 승리라는 네 가지 주제에 초점을 맞춘다고 말한다.

(1) 번영복음은 믿음을 활성제, 즉 영적인 능력을 풀어 주고, 말한 것을 현실로 바꾸는 힘이라고 생각한다. (2) 이 운동은 믿음이 손으로 만질 수 있는 부로 증명된다고 말한다. (3) 또한 믿음은 건강으로도 증명된다고 본다. 즉 믿음은 지갑(개인적 부유함)과 신체(개인적 건강) 두 가지 모두에서 측정될 수 있으며, 따라서 물질적 실재는 비물질적 믿음의 성공을 평가하는 척도가 된다. (4) 이 운동은 믿음이 승리를

가져올 것이라고 예상한다. 신자들은 문화가 믿음에 어떠한 정치적·사회적·경제적 장애물도 되지 못하며, 어떤 환경도 신자들이 이 땅에서 완전한 승리를 거두며 사는 것을 막지 못한다고 믿는다.[33]

재물이나 헌금과 관련해 번영복음이 가장 좋아하는 구절 중 하나는 말라기 3:10이다. 하나님이 "내가 하늘 문을 열고서, 너희가 쌓을 곳이 없도록 복을 붓지 않나 보아라"라고 약속하시는 구절이다. 이런 일은 하나님의 집에 십일조를 온전히 바칠 때 일어난다. 그러나 하나님이 말라기를 통해 말씀하신 대상은, 깨어지고 영적으로 빈곤했던 이스라엘이다. 타락한 유다의 백성들을 향해 십일조와 성전을 후원하는 일에서 하나님께 순종하라고 말씀하고 계셨던 것이다. 또 다른 구절은 "적게 심는 사람은 적게 거두고, 많이 심는 사람은 많이 거둡니다"라고 말하는 고린도후서 9:6이다. 이 구절은 상을 후하게 받으려면 십일조를 후하게 내라고 고무하기 위해 사용된다. 모자라게 내는 사람은 모자라게 살 것이다. 존스와 우드브리지에 따르면, 로버트 틸튼(Robert Tilton)의 '보상의 법칙'은 어떤 공식에 기초한다. "그리스도인들은 헌금을 넉넉하게 할 필요가 있는데, 그렇게 할 때 하나님이 그 보상으로 더 많이 주시기 때문이다. 결국 이것은 점점 증가하는 번영의 순환으로 이어진다."[34] 번영복음은 우리가 단지 보상을 받을 뿐 아니라, 기하급수적으로 받는다고 주장한다.

9장 건강과 부의 복음

더 나아가, 예수님의 씨 뿌리는 자 비유는 "[뿌린 것의] 삼십 배, 육십 배, 백 배" 보상을 받는 금전적 계산법으로 사용된다(막 4:20). 글로리아 코플랜드(Gloria Copeland)는 자신의 독자들에게 백 배 보상에 초점을 맞추라고 격려하면서, 그에 관해 자주 성찰하고 생각함으로써 이러한 말씀이 자라나게 하라고 충고한다. "복음을 위해 1달러를 드리면, 그에 대한 완전한 백 배 보상은 백 달러가 될 것입니다. 십 달러는 천 달러가 되겠지요. 천 달러의 백 배 보상은 십만 달러고요."[35] 그녀는 "이 사역을 위해 헌금을 받을 때, 우리는 헌금을 하는 사람들에게 백 배의 보상이 돌아갈 거라고 믿습니다"라고 강조한다.[36]

건강과 관련해 번영복음이 가장 좋아하는 구절 가운데에는, 요한이 가이오에게 "그대에게 모든 일이 잘되고, 그대가 건강하기를 빕니다"라고 인사하는 부분이 있다(요삼 1:2). 신약학자 고든 피(Gordon Fee)는 수신자에게 "건강하기를" 그리고 "모든 일이 잘되[기를]" 비는 것은 "고대의 개인적 서신에서 전형적인 인사 형식이었다"라고 주석을 달았다.[37] 예수님을 믿는 사람들을 위한 풍성한 생명에 대해 말하는 킹제임스 성경 버전의 요한복음 10:10 역시 그들이 좋아하는 구절인데, 이에 대해 피는 이렇게 응수한다. "생명, 그리고 더 넘치는 생명은 물질적 풍요와 아무런 상관이 없다. 요한복음에서 '생명'이나 '영원한 생명'은 공관복음[마태복음, 마가복음, 누가복음]에 나오는 '하나님 나라'에 해당한다. 그것은 말 그대로

'장차 올 시대의 생명'을 의미한다."[38]

믿음이라는 주제에 대해서, 번영복음은 "마태복음 9:29, 마가복음 11:23-24, 히브리서 11:6, 야고보서 1:6-8처럼 하나님이 믿음을 귀하게 여기신다는 것을 우리에게 일깨우는 수많은 본문 전체"를 참고한다.[39] 완벽한 건강을 위한 탐구는 치유를 대속의 일부로 보는 데 있다. 사실 우리가 우리의 치유를 요구할 수 있는 것은 하나님이 그것을 제공해 주셨기 때문이다. 우리에게 필요한 전부는 신앙에 대한 올바른 공식뿐이다. 따라서 강조점은 우리의 신앙을 키우는 것에 있다. 베드로전서 2:24과 이사야 53:5은 그 추종자들에게 "그가 매를 맞음으로써 우리의 병이 나았다"(사 53:5)는 것을 일깨우기 위해 자주 사용된다. 인기 번영 설교가이자 작가인 조이스 마이어는 이사야 53:3-4을 언급하면서 "예수님이 내 모든 통증을 감당하셨기 때문에, 통증은 내 몸을 침범하는 데 성공할 수 없다"고 주장한다.[40] 피는 이렇게 반박한다. "베드로전서에서 인용한 이사야 53:5은…신체적 치유를 말하지 않는다.…여기서 '나음'이란 죄라는 질병에서 건강하게 회복되었음을 의미하는 은유적 표현이다."[41] 놀라울 것 없이, 번영복음 운동에 반대 입장을 표명하는 이들은 성경학자들만이 아니다.

번영복음에 반대하는 외침들

2015년 초, 크레플로 달러 미니스트리(Creflo Dollar Ministries)의 웹사이트에는 "G650 항공기를 구입하는 우리 목표를 달성하도록 돕기 위해 300달러 이상을 씨 뿌리겠다고 헌신할 2만 명"을 찾는다는 6분짜리 동영상이 올라왔다. 애틀랜타 지역에 위치한 월드 체인저스 국제 교회(World Changers Church International)의 호화스러운 생활을 하는 번영복음 설교자 크레플로 달러는 "전 세계에 복음의 좋은 소식을 안전하고 재빠르게 전할 수 있도록" 6,500만 달러짜리 걸프스트림 제트기가 필요했다. 달러는 자신이 원하는 무엇이든 가질 권리가 있다고 믿는다. 달러는 자신의 청중에게 말했다. "내가 6,500만 달러의 비행기에 대해 하나님을 믿기 원한다면, 여러분은 나를 막을 수 없습니다. 여러분은 내가 꿈꾸는 것을 막을 수 없어요. 나는 예수님이 오실 때까지 꿈을 꿀 것입니다." 월드 체인저 교회 이사회는 "장거리 고속 비행의 대륙 간 제트 항공기는 사역의 임무를 달성하기 위해 필요한 수단"이라며 달러에게 동의했고, 모금이 달성되어 구입을 진행할 것이라고 발표했다.[42] 역설적으로, 예수님의 이동 수단은 노새였고, 그것을 살 돈을 모금하는 대신 빌려 타셨다.

마이클 호튼(Michael Horton)은 그의 책 『그리스도 없는 기독교』(*Christless Christianity*, 부흥과개혁사)에서, 미국인들은 얼굴을 붉히는 법이 없다고 비판한다.⁴³ 불성실한 유다 왕국 시대에, 예레미야는 사람들을 안심시키려 노력하며 거짓말을 일삼던 거짓 예언자들을 비판하며 소리를 높였다. "그들이 그렇게 역겨운 일들을 하고도 부끄러워하기라도 하였느냐? 천만에! 그들은 부끄러워하지도 않았고, 얼굴을 붉히지도 않았다…"(렘 6:15). 바울은 고린도 교인들에게 쓴 편지에서, 거짓 선생에 맞서 자신을 변호하고 그들이 잘 속아 넘어간다고 지적했다.

> 어떤 사람이 와서 우리가 전하지 않은 다른 예수를 전해도, 여러분은 그러한 사람을 잘도 용납합니다. 여러분은 우리에게서 받지 아니한 다른 영을 잘도 받아들이고, 우리에게서 받지 아니한 다른 복음을 잘도 받아들입니다. (고후 11:4)

불행히도, 거짓 선생들은 우리의 약점을 잘 안다. "이런 사람들은 우리 주 그리스도를 섬기는 것이 아니라 자기네 배를 섬기는 것이며, 그럴듯한 말과 아첨하는 말로 순진한 사람들의 마음을 속이는 것입니다"라고 바울은 말한다(롬 16:18). 그런 선생들은 정확히 사람들이 듣고 싶어 하는 것을 들려주고자 한다(딤후 4:3-5). 그럴듯한 말과 아첨하는 말은 잘 먹힌다. 호튼은 "어떤 세속의 자기계발 전문가도 그들의 경쟁자인 복음주의자들의 '팔아먹기 기술'에는 따라오지 못한다"고 말한다.⁴⁴ 과거 노먼 빈센트 필과 로버트 슐러, 그리고 현재 조엘 오스틴과 조이스 마이어가 바로 그런 예다.

번영복음을 따르지 않는 대형 교회 목사 릭 워렌(Rick Warren)은 번영복음 운동에 따가운 비판을 가했다. 그는 코웃음을 치며, "하나님은 모든 사람이 부자가 되기를 원하신다는 이런 생각. 거기에 적합한 단어가 있죠. 바로 헛소리입니다. 그들은 거짓 우상을 만들고 있어요. 당신의 가치를 당신의 총 자산 가치로 평가할 수는 없습니다. 나는 여러분에게, 가난하게 사는 신실한 그리스도의 추종자 수백만 명을 보여 드릴 수 있습니다. 교회의 모든 사람이 왜 백만장자가 아닐까요?" 『의로운 부자들』(Righteous Riches)을 쓴 캘리포니아 대학교 데이비스 캠퍼스의 밀먼 해리슨(Milmon Harrison)은 「타임」지 인터뷰에서, 번영복음을 "사람들을 나쁘게 이용함으로써 사역자들이 돈을 벌게 해 주는, 교회의 또 다른 형태"로 간주한다.[45] 그러나 아메리칸드림을 향한 질주가 계속되는 한, 번영복음은 사라지지 않을 것이다. 같은 인터뷰에서 휘튼 칼리지(Wheaton College)의 미국 복음주의 연구 센터(Center for the Study of American Evangelicals) 소장이었던 고(故) 이디스 블럼호퍼(Edith Blumhofer) 역시, 프로테스탄티즘은 시간이 지나면서 "아메리칸드림을 포기하지 않아도 돼요. 그저 그것을 하나님의 복의 징표로 보면 되죠"라는 생각을 조용히 채택했다고 지적한다.[46] 청교도는 종교적 불안을 근면, 절약, 정직과 결합하여 프로테스탄트 직업 윤리를 만들어 냈다. 이 시대의 그리스도인들은 종교적 열망을 낙관주의, 출세, 물질주의, 웰빙과 결합시켜 번영복음 운동을 만들어 냈다. 놀랄 것도 없이, 이 운동은 전 세계로 퍼졌다.

번영복음의 세계화

세계화는 아메리칸드림과 중산층의 열망을 전 세계가 추구하게 만들었다. 이 길을 따라, 더 많은 2/3세계의 교회들, 특히 가난한 이들 가운데 있는 교회들이, 희망과 낙관주의를 준다고 유혹하는 번영복음을 채택했다.

미국, 라틴아메리카, 아프리카, 아시아에 있는 10개국의 오순절 교회를 대상으로 한 퓨 포럼(Pew Forum)의 설문에서, 응답자들은 하나님이 "믿음이 충분한 사람에게 물질적 부를 허락하시는가"라는 질문을 받았다. 다수의 답변이 강력한 긍정이었다. 라틴아메리카에서는 64퍼센트, 아프리카에서는 83퍼센트, 아시아에서는 82퍼센트가 동의했다.[47] 랜디 알콘(Randy Alcorn)은 번영과 영원에 대해 고찰하면서 이렇게 쓴다.

건강과 부의 복음은 북아메리카, 서구 유럽, 한국, 일본, 싱가포르, 그 밖에 경제적으로 진보한 나라들에서 번성할 것이다. 성경의 가르침에 대한 묵상과는 동떨어진 번영신학은 우리의 장소와 시간의 산물이며, 우리의 물질주의와 자기 몰두를 반영한다.[48]

슬프게도, 부유한 나라에서만 번영복음이 번성하는 것은 아니다. 나(폴)는 세계에서 가장 가난한 나라 중 하나에서 일하는 선교사와 인터뷰를 했다. "하나님 나라의 좋은 소식을 전하는 일을 하면서 직면하는 가장 큰 어려움은 무엇인가요?"라고 내가 물었다. 그녀는 대답했다. "건강과 부의 복음이요." 다음 장에서는 이 생애에서 번영을 누리는 것에 대한 이러한 고찰에서 떠나, 도전적이고 불편한 예수님의 말씀을 살펴보면서 우리를 위하여 하늘에 보물을 쌓는 것, 다른 말로 하면 영속하는 부에 대해 알아볼 것이다.

10장

하늘에 투자하기

미래의 통치는 이미 여기에 있지만, 세상이라는 거대한 반죽 속에
누룩이 숨겨진 것과 같은 방식으로 있다. 우리는 무엇을 해야 하는가?
우리는 그 둘이 완전히 뒤섞여 동일한 운명을 공유하게 될 때까지,
세상이라는 반죽 안에 영원을 집어넣고 계속 치대야 한다.

- 존 호히[1]

그대는 이 세상의 부자들에게 명령하여…

선을 행하고, 좋은 일을 많이 하고, 아낌없이 베풀고,

즐겨 나누어 주라고 하십시오. 그렇게 하여 앞날을 위하여

든든한 기초를 스스로 쌓아서, 참된 생명을 얻으라고 하십시오.

- 사도 바울, 디모데전서 6:17-19

나(폴)는 아시아의 한 대도시에서 열리는 신앙과 일 컨퍼런스에서 강연을 해 달라고 초청받았다. 그런데 그 도시의 많은 기독교 사역자들의 재정을 지원하는 부유한 지역 사업가가 자신도 강연을 하겠다고, 그것도 가장 먼저 강연을 하겠다고 우겼다. 자신의 주제는 "부자 되는 법. 그것도 빨리!"라고 했다. 나는 받아들일 수밖에 없었다. 속이 뒤틀렸다. 나는 그의 메시지를 비난하는 것은 가급적 자제했다. 이 말만 빼고. "예수님을 따른다면, 여러분은 가난해질 수도 있습니다." 종종 사업을 하는 그리스도인에게는 금전적 대가가 따른다. 따라서 지난 장에서, 우리는 예수님을 믿는 것이 일반적으로 **현재 삶**에서의 부와 건강으로 이어지는가 하는 단순하지 않은 질문을 살펴보았다. 이 질문이 단순하지 않은 이유는 부분적으로, 베드로가 "우리는 모든 것을 버리고 선생님을 따라왔습니다"라고 말했을 때(막 10:28) 예수님이 답하신 방식 때문이다. 이 질문에 대해 예수님은 사실상, 중요한 것은 하나님의 거대한 가족 안에서 얻게 되는 영적 형제자매, 곧 "서로 나누어 쓰는 이들의 새로운 공동체"라고 대답하신다(10:29-30).[2] 이번 장에서, 우리의 눈은 더 멀리까지 갈 것이다. 우리의 질문은 이후의 삶, 즉 천국에 투자할 수 있는가 하는 것이다. 그리고 그 방법은? 놀랄 것 없이, 역사 내내 일부 사람들은 그 방법이 지금 여기 있는 교회에 투자하는 것이라고 생각했다.

4세기에 기독교가 공인되었을 때, 부유한 그리스도인들은 그들이 하늘의 보물이라고 믿었던 것에 점점 더 돈을 썼다. 화려한 교회 건물을 짓는 일과, 그에 더해 가난한 사람들을 돕는 일에 돈을 냄으로써 말이다. 교회가 제도화됨에 따라, 이런 식으로 하늘과 땅을 연결하는 것은 종교적 거래로 여겨졌다. 방대한 책 『바늘귀 통과하기』(Through the Eye of a Needle)에서 피터 브라운(Peter Brown)은 어떻게 로마의 통치가 경제를 금으로 넘쳐나게 했는지 기록한다. 그 금의 일부는 교회 건물로 들어갔다. 종교적 헌금이 상업화하자 그에 대한 반응으로 많은 이들이 사막을 택했고, 모든 것을 팔아 가난한 사람들에게 주고 기둥 위에서 지내거나 동굴 안에 스스로 갇혀 살았다. 그러나 기독교로 개종한 북아프리카에서 온 메시지는 이것이었다. "부를 성급하게 포기하고 내던져 버려서는 안 되었다. 그것은 교회들에서 사용되어야 했다. 무엇보다 죄를 갚기 위해 사용되어야 했다."[3] 그러나 예수님이 "너희를 위하여 보물을 하늘에 쌓아 두어라"(마 6:20)라고 말씀하신 것이 이런 의미인가? 우리가 하늘에 쌓아 둔 보물이 영적인 것일 수 있음은 어려움 없이 널리 받아들여진다. 즉, 하나님이 우리를 아시는 것과 같이 우리가 온전히 하나님을 아는 것(고전 13:12), 용서받은 사람으로 서는 것(마 6:14), 예수님의 평화와 기쁨을 온전히 우리가 나누어 받는 것(요 14:27; 15:11), 철회되지 않을 부르심을 받는 것(롬 11:29) 등이다. 그러나 다음 생애에는 물질적이고 현실적이며 인간적인 유업도 있을까?

우리는 약속된 미래인 "새 하늘과 새 땅"(계 21:1; 사 65:17)에서 너무 자주 "새 땅"을 빠뜨린다. 사실은, 굉장한 결혼식이 있을 것이다. 신랑을 위해 단장한 신부처럼 하늘이 땅으로 내려올 때(계 21:2), 보이지 않는 하늘과 보이는 창조세계가 하나로 결합될 것이다. 인간과 지구의 궁극적 미래는 이 세상의 소멸과 하나님에 의한 완전히 새로운 세상 건설이 아니라, 성경이 약속하는 것처럼(계 21:5; 마 19:28) 보이지 않는 세상뿐 아니라 이 세상과 이 생애의 완전한 갱신이다. 이 사실은 엄청난 차이를 가져온다. 이브 콩가(Yves Congar)는 그것을 이런 식으로 표현한다.

> 존재론적으로, 이것이 변화되고 새로워진, 하나님 나라에 들어갈 그 세상이다. 따라서…이원론적 입장은 잘못되었다. 최종 구원은 전적으로 하나님이 만드신 또 다른 배에 생존자들만 옮겨 태우는 것이 아니라, 우리의 흙먼지 날리는 이 세상이라는 배를 멋지게 다시 띄우는 것으로써 성취될 것이다.[4]

예수님의 육신의 부활은 이러한 멋지게 "다시 띄우는 것"을 향하여, 우리 자신의 미래뿐 아니라 보이는 것과 보이지 않는 것 모두의 완전한 갱신을 내다보는 달콤한 맛보기다. 그러나 또 다른 맛보기가 있다. 바로 지금의 삶에 침입해 들어오는 하나님 나라(때로는 '하늘나라'라고도 부르는), 즉 샬롬과 온전함, 인간의 번영과 갱신을 가

저오는 하나님의 기쁨 가득한 통치가 그것이다.

이번 장에서 우리는 돈과 관련해 이 생애와 다음 생애 간의 연관성을 살펴볼 것이다. 예수님은 영원히 지속되는 부를 묘사하면서 두 가지 수수께끼 같은 표현을 사용하신다. '하나님께 대하여 부요한 것', '하늘에 우리의 재물을 쌓아 두는 것.' 예수님이 이런 말씀을 하시면서 "그리고 이 표현을 통해 내가 하고 싶은 말은 바로…" 이렇게 덧붙이셨더라면 얼마나 좋았을까. 그 말씀이 무엇을 의미하는지 숙고하고, 조사하고, 연구하고, 예수님의 다른 가르침들을 반추해 보는 일은 우리에게 남겨졌다. 그리고 바로 그것이 정확히 우리가 지금부터 하려고 하는 일이다.

하나님께 대하여 부요하기

이 첫 번째 표현은 예수님이 가르치신 비유에서 나온다. 비유는 한 가지 요점을 분명히 전달하기 위해, 보통은 하나님 나라에 대한 어떤 것을 말하기 위해 주로 일상의 터전에서 가져온 삶의 그림들(life-pictures)이다. 누가복음 12:13-21의 이야기에는 '어리석은 부자'라는 제목이 붙어 있지만, 주인공은 분명 어리석어 보이지 않는다. 그는 사업가적 기질이 있었고, 자신의 농경 사업을 잘 개발해서 풍성한 소출을 거두었다. 그는 근면했다. 돈을 사랑하지만 않는다면, 돈 버는 것 자체가 나쁜 일은 아니다. 그는 청지기였다. 돈에 집착하지만 않는다면, 가진 것을 썩히기보다 잘 관리하는 것은 나쁜 일이 아니다. 이야기에서, 우리는 그의 사업의 세계를 들여다본다. 그는 아마도 그의 하인들에게 말하고 있다. "내 곳간을 헐고서 더 크게 짓고, 내 곡식과 물건들을 다 거기에다가 쌓아 두겠다"(18절). 다음으로, 우리는 그의 내면의 세계로 들어간다. "그리고 내 영혼에게 말하겠다. '영혼아, 여러 해 동안 쓸 많은 물건을 쌓아 두었으니, 너는 마음 놓고, 먹고 마시고 즐겨라'"(19절). 그러나 하나님은 그에게 이렇게 말씀하신다. "어리석은 사람아, 오늘밤에 네 영혼을 네게서 도로 찾을 것이다. 그러면 네가 장만한 것들이 누구의 것이 되겠느냐?"(20절) 한 가지는 분명하다. 죽음은 우리가 궁극적으로 무엇을 위해 살아왔는지 드러내리라는 것. 비유의 문맥은 실제로 일어났던 사건이다. 여기에 상상의 이야기는 없다.

누군가 가족 유산 문제를 해결하기 위해 예수님께 찾아왔다. "내 형제에게 명해서 유산을 나와 나누라고 해 주십시오"(13절). 때로 유산은 후손들을 망쳐 놓을 뿐 아니라 그들 사이를 갈라놓는다. 필립 마르코비치(Philip Marcovici)는 "어떤 양의 재산도 가족을 파괴시키기에 충분하다"고 쓴다.[5] 그리고 이것은 그러한 슬픈 사례 중 하나였다. 예수님은 슬기로운 방식으로 대답하신다. 그분은 역기능적인 가족 안에서 삼각관계에 놓이는 것을 피하면서 단호하게 경고하신다. "너희는 조심하여 온갖 탐욕을 멀리하여라. 재산이 차고 넘치더라도, 사람의 생명은 거기에 달려 있지 않다"(15절). 언젠가 "얼마면 충분하겠습니까?"라는 질문에 "조금만 더 있다면"이라고 답한 것은 바로 존 록펠러 시니어(John D. Rockefeller Sr.)였다. 그리고 어리석은 부자의 이야기가 따라온다. 그러므로 우리는 인생이 세상적인 부에 있다고 생각하는 것이 어떤 의미인지 쉽게 볼 수 있다. 예수님은 "자기를 위해서는 재물을 쌓아 두면서도, 하나님께 대하여는 부요하지 못한 사람은 이와 같다"라고 말씀하신다(21절). 그러나 "하나님께 대하여 부요"하다는 것은 무엇을 의미하는가? 두 번째 가르침으로 넘어가 보자. 이번엔 비유 형태가 아니라 직설적인 말씀이다.

하늘에 쌓아 둔 보물

"너희는 자기를 위하여 보물을 땅에다가 쌓아 두지 말아라. 땅에서는 좀이 먹고 녹이 슬어서 망가지며, 도둑들이 뚫고 들어와서 훔쳐 간다. 그러므로 너희를 위하여 보물을 하늘에 쌓아 두어라. 거기에는 좀이 먹고 녹이 슬어서 망가지는 일이 없고, 도둑들이 뚫고 들어와서 훔쳐 가지도 못한다"(마 6:19-20). 그런 다음 예수님은 급소를 찌르신다. "너의 보물이 있는 곳에 너의 마음도 있을 것이다"(21절). 아마도 이것은 돈과 소유에 대해 예수님이 하신, 개인에게 가장 도전이 되는 말씀일 것이다. 이 말씀은 산상수훈이라고 불리는, 하나님 나라에서의 삶에 대한 말씀을 모아 놓은 가르침의 문맥에서 나온다. 예수님은 속을 헤집어 놓는 말씀을 계속 이어 가신다. "아무도 두 주인을 섬기지 못한다.…너희는 하나님과 재물을 아울러 섬길 수 없다"(24절). 어떤 번역에서는 재물 대신 '맘몬'이라는 단어를 쓴다. 그 뒤에는 먹고 마시고 입는 것에 대해 걱정하지 말라는 긴 말씀이 따라온다. 예수님은 자신의 말을 듣는 이들에게, 하나님이 들의 꽃도 온갖 영화로 차려 입은 솔로몬보다 더 화려하게 입히신다는 것을 상기시키신다. 예수님은 걱정하는 대신 하나님의 나라와 하나님의 의를 먼저 구하라고, "그리하면 이 모든 것을 너희에게 더하여 주실 것"이라고 말씀하신다(33절). 예수님이 행하시고 말씀하신 많은 것은 단순한 답으로 끝나지 않고, 탐색하고 마음을 살피고 영적으로 꼼꼼히 따져 보는 것으로 이어진다. 이 경우는 특히 그렇다.

『거룩한 돈의 사용』(*The Holy Use of Money*)에서 존 호히(John Haughey)는 한 장 전체를 '맘몬주의'에 할애한다. 호히는 예수님의 말씀을 들었던 사람들의 마음에 만연한 주된 질병이 바로 이것이었다고 주장한다. '맘몬'은, 대부분 기도를 마칠 때 '이것이 확실하고 분명하게 될지어다'라는 의미로 사용하는 '아멘'과 동일한 어원에서 나왔다. 맘몬은 한 사람이 온 마음을 다해 신뢰하는 것을 의미한다. 호히는 예수님의 가르침을 샅샅이 살펴보면서, 이렇게 영적으로 허약해진 상태의 세 가지 증상을 분별해 낸다. 첫째, 사람들이 무언가를 쫓아다닌다. 그 뿌리는 불안이다. 둘째, 사람들이 무감각해지는 것을 경험한다. 그 전형적인 경우가 누가복음 16장에 나오는, 자신의 문 앞에서 구걸하는 거지 나사로를 무시했던 부자다. 또 다른 예는 여리고로 가는 길에서 강도를 당해 쓰러져 있는 남자를 그냥 지나쳐 갔던 제사장과 레위인이다(눅 10:25-37). 셋째, 맘몬주의에 시달리는 사람들은 **분열된 양심**을 갖는다. 이런 사람들은 두 주인, 즉 하나님과 돈을 동시에 섬기거나 동시에 섬기려고 노력한다.[6] (일단 진단이 내려졌다면) 이 질병의 해결책은 "좀이 먹지 않고 누구도 당신에게서 훔쳐 갈 수 없는 다른 지갑, 다른 금고, 다른 은행 계좌에 돈을 넣어라"라고 호히는 말한다.[7] 그러나 이는 깊고도 개인적인 질문을 불러일으킨다.

우리는 우리의 보물이 어디에 있는지 묻는 것에서 시작해야 한다. 예수님은 "너의 보물이 있는 곳에, 너의 마음도 있을 것이다"라고 말씀하셨다(마 6:21). 우리는 어디에 가장 의지하는가? 우리를 가장 안전하게 지켜 주는 것은 무엇인가? 우리는 무엇을 가장 바라는가? 우리의 생각과 꿈, 열정을 지배하는 것은 무엇인가? 하늘에 우리 보물이 쌓여 있다는 것을 정말로 알 수 있을까? 우리가 다루는 모든 것 가운데, 영원히 지속될 가능성이 가장 큰 것은 무엇인가? 이러한 질문들은 우리를 속속들이 캐묻는다. 우리의 삶에 귀 기울이는 것을 통해, 성찰과 관찰을 통해, 성령의 분별을 통해 우리가 무엇을 발견하든, 바로 거기에 하늘에 투자할 수 있도록 우리를 준비시켜 줄 방법이 있다.

하늘에 투자하기 위한 전제 조건

나는 하늘의 보물을 얻기 위한 우리의 접근에 두 가지 근본적 차원이 있다고 제안한다.

첫째, 우리의 양심, 즉 통일된 시각을 갖는 것이다. 우리는 분열된 양심(하나님과 돈)을 가진 사람들의 증세 중 하나가 두 마음을 품는 것임을 보았다. 예수님은 앞서 언급한 '하늘에 쌓아 둔 보물' 가르침 안에 들어가 있는 짧은 비유에서(마 6:22-23) 이것을 다루신다. 예수님은 눈의 비유를 사용하셔서 우리 신앙, 우리 삶의 초점이, 그 자체를 볼 수는 없지만(거울로 보는 것은 제외하고) 빛이 들어오게 해 주는 눈과 같다고 말씀하셨다. 우리의 눈이 단일하고 건전하고 건강하다면, 우리의 몸 전체가 빛으로 가득할 것이다. 그러나 예수님은 우리 안에 있는 빛이 어둠이 아닌지 조심해야 한다고 경고하신다. 그런데 우리가 빛이라고 생각하는 것이 사실은 어둠이라는 것을 어떻게 알 수 있는가? 그 방법은 이렇다. 우리는 또렷하게 혹은 총체적으로 보지 못할 것이다. 우리의 신앙/눈이 건전하다면, 먹고, 자고, 일하고, 돈을 사용하고, 투자하고, 관계를 맺고, 시민이자 창조세계의 청지기로서 역할을 하는 등 우리 온몸으로 살아가는 삶 전체가 밝게 깨어날 것이다. 그렇다면 우리 삶 전체를 밝혀 주는 이 통일된 시각을 어떻게 얻는가? 로마서 12:1-2에 따라 우리 자신과 우리가 가진 전부를 하나님께 온전히 드림으로써, 즉 우리

육신의 삶을 하나님께 산 제물로 드림으로써 얻는다. 그러나 더 효과적인 방법이 있다. 바로 기도다.

시편은 교회의 기도집이다. 장 칼뱅은 시편을 "영혼의 모든 부분을 다루는 해부학"이라고 불렀다.[8] 시편은 인간의 열정, 갈망, 욕망을 믿을 수 없을 정도로 깊이 탐색하며, 그런 만큼 시편 안에서 그리고 시편을 통해 드러나는 하나님 말씀의 한 측면은 우리가 하나님께 무엇이든 가져갈 수 있다는 것이다. 우리는 우리의 탄식, 슬픔, 굶주림, 재난, 두려움, 질병, 감사, 불평(맞다. 심지어 하나님에 대한 불평까지도), 만족, 의문들을 하나님께 가져갈 수 있다. 하나님은 우리가 모든 것에 대한 온전한 진실을 말씀드릴 수 있는 분이심이 드러난다. 시편을 기도하는 것은 하나님 아래 있는 모든 것에 대한 단일한 시각을, 우리가 여기에서 통일된 양심이라고 부르는 것을 우리에게 준다. 디트리히 본회퍼(Dietrich Bonhoeffer)는 그의 강력한 작은 책 『본회퍼의 시편 이해: 기도의 책』(*Psalms: The Prayer Book of the Bible*, 홍성사)에서, 시편이 우주를 포괄하며, 우리에게 창조, 율법, 거룩한 역사, 메시아, 교회, 삶, 고난, 죄책감, 원수, 그리고 마지막에 대한 통일된 양심을 준다는 것을 보여 준다.[9] 그러나 하나님과 돈에 대한 통합된 접근을 가능하게 해 주는 두 번째 길이 있는데, 바로 우리의 생각하는 삶이다.

두 번째, 하나님 나라 세계관이다. 제임스 사이어(James Sire)는 고전적 작품 『기독교 세계관과 현대사상』(*The Universe Next Door*, IVP)

에서, 세계관을 다음과 같이 정의한다.

> 세계관은 이 세계의 기초적 구성에 대해 우리가 (의식적으로든 무의식적으로든, 일관적이든 비일관적이든) 견지하고 있는 하나의 이야기 혹은 일련의 전제로 표현될 수 있는 마음의 헌신 혹은 근본적인 정향이며, 이는 우리가 살아가고 사랑하고 우리 존재를 지속해 가는 토대를 제공한다.[10]

세계관은 우리에게 의미를 주고 삶을 이해하도록 도와주는 모든 것에 대한 이야기다. 우리가 모든 것을 바라보는 방식 혹은 우리가 모든 것을 보는 렌즈다. 그것은 우리가 생각하고 행동하는 방식에 영향을 준다. 우리 인생과 돈을 다루는 문제에 접근하기 위해 예수님이 우리에게 주신 지배적인 세계관은 하나님 나라, 즉 사람의 마음에서 시작하여 삶의 모든 것을 다스리시는 하나님의 통치다. 그것은 물질적인 것과 영적인 것을 융합시키는 세계관이다. 그것은 지금의 삶과 미래의 삶 역시 융합시키는데, 하나님 나라는 이 세대로 강하게 밀고 들어오는 쐐기의 얇은 쪽 모서리처럼 이미 '가까이 왔고', 바로 지금 '우리 가운데' 있기 때문이다. 그러나 그리스도가 다시 오시고 하나님 나라가 완성될 때에는 훨씬 더 많은 것이 올 것이다. 따라서 현재의 삶에서 하나님 나라의 세계관을 가지고 돈을 다룰 때, 우리는 미래의 삶에 투자할 수 있다. 우리의 일, 관계, 행위의 일부는 마지막 때에 불로 정화되어 새 하늘과 새 땅에서 그 자리를 찾을 것이기 때문이다(고전 3:10-15; 벧후 3:10, 13). 호히는 예수님이 이 세상에서 자신의 삶을 보셨던 방식을 언급하면서, 이러한 세계관에 대해 유려하게 말한다.

> 예수님에게 하나님 나라는 몽롱하고 영적인 다른 세계가 아니었다. 그 나라는 이 세상의 것들로 구성되지만, **다른 방식으로 초점이 맞춰져 있고**, 이는 그들이 예수님의 아버지이신 성부의 가깝고 긍휼 넘치며 강력한 임재와 맺고 있는 관계 안에서 드러났다.…일단 예수님의 시야를 갖게 된 사람은, 그가 다시 소유하게 될 동전 하나까지도 그 가치가 변하는 것을 피할 수 없었다.[11]

하나님 나라의 세계관은 어떤 형태를 띠는가? 기독교 세계관은 하나님 나라의 가치를 반영한다. 예를 들면, 마리아의 찬가(Magnificat)에서, 정말로 큰 사람들은 작은 사람들이다(눅 1:46-55). 이러한 세계관은 산상수훈(마 5-7장), 특별히 팔복의 생활 방식과 가치를 반영한다. 그것은 평범하고 '가시적인' 실재를 걷어 젖혀, 정말로 일어나고 있는 일, 즉 우주적인 영적 전쟁과 하나님의 절대적 통치, 세상에서 우리의 삶과 일을 위해 주어진 영적 자원을 볼 수 있게 해 준다. 성경의 가장 마지막 책인 요한계시록은 성령 안에 있는 사람에게 세상이 어떻게 보이는지에 관한 것이다. 그리고 기독교 세계관에서, 이원론은 온전한 통합에게 자리를 내준다. '영적인 직업'(목사나 선교사 같은)이 더 거룩하거나 하나님 보시기에 더 받으실 만하거나 심지어 가사 노동이나 사업, 법률, 장사 같은 직업보다 본질적으로 더 영속적인 것은 아니다. 모두가 '주님의 일'을 하고 있다. 믿음, 소망, 사랑으로 행해진 일은 영원할 것이며, 죄가 제거된 뒤 새 하늘과 새 땅에서 제자리를 찾을 것이다. 우리는 신약의 말씀에 깊이 잠김으로써 이러한 세계관을 얻는다. 그러나 우리가 취해야 할 행동들도 있다.

하늘에 투자하기 – 네 가지 구속적 행동

첫째, 우리는 우리의 돈을 관계적으로 사용함으로써 하늘나라 혹은 하나님 나라에 투자할 수 있다. 우리는 이미 앞 장에서 관계가 어떻게 죽음을 초월할 수 있는지 살펴보았다. 누가복음 16:1-9의 비유는 세상의 재물로 친구를 사귐으로써 그 재물이 사라질 때(우리의 죽음으로) 그들이 우리를 영원한 집으로 맞아들이게 하라는 다소 기이한 예수님의 말씀을 담고 있다. 얼마나 장엄한 랑데부가 되겠는가! 또 다른 예는 바울이 이방 세계 곳곳을 돌아다니면서 모았던 엄청난 헌금이다. 그것은 교회 건물을 짓기 위한 것이 아니었고, 심지어 기독교 사역자를 지원하기 위한 것도 아니었다. 그 헌금은 예수님의 제자가 된 것 때문에 집과 일자리를 잃은 예루살렘과 유대 지역의 가난한 유대인 신자들을 위한 직접적인 구제금이었다. 고린도전서 16장, 고린도후서 8, 9장이 모두 이러한 일에 관한 것이다. 로마서 15:27은 바울이 사실 무엇 때문에 편지를 쓰고 있는지를 드러내는데, 그의 비전은 바로 이러한 모금에 대한 것이었다. 즉, 이방 세계의 상대적으로 부유한 그리스도인들이 그들의 부유함을 물질적으로 가난한 유대 세계의 그리스도인들과 나누는 것이다. 그러나 유대인 그리스도인들 역시 그들이 가진 부유함—율법, 예언자, 메시아, 영적 축복—을 나누고 있었다. 이러한 모금의 목적은 연합과 평등을 가져오고(고후 8:14), 다양성과 상호의존성에서 나오는 풍요로운 일치를 이루는 것이었다. 그리고 우리가 하나님의 백성 가운데 연합과 평등을 세우는 일에 기여한다면, 하늘의 보물은 무엇인가? 바로 새 하늘과 새 땅에서 어린양과 함께 서 있는 "모든 민족과 종족과 백성과 언어에서 나온" 셀 수 없을 만큼 큰 무리 안에 참여하는 것이다(계 7:9). 그러나 그 이상이 있다.

둘째, 우리는 가난한 이들을 돕는 자선 활동을 통해 하늘나라 혹은 하나님 나라에 투자할 수 있다. 사회 변혁에 대한 장에서, 우리는 이 일을 할 수 있는 방법으로 직접 구제, 영세민 대출, 사람들에게 일자리와 일의 존엄성을 제공하는 중소기업 지원을 살펴보았다. 이것을 긍정하면서도, 우리는 그러한 보물의 형태와 성격을 완벽하게 기술할 수는 없다. 조지 맥도널드(George MacDonald)의 소설 『부목사의 깨달음』(*The Curate's Awakening*)에서 암시하듯, 아마도 새 하늘과 새 땅에는 상업 활동이 존재할 것이다. 맥도널드는 새 하늘과 새 땅에서 행해지는 온갖 종류의 교환을 묘사하는데, 돈은 오가지 않는다! "이 행복한 사람들은 어떻게 동전 하나 주고받지 않으면서도 사업을 할 수 있습니까?"라는 질문에 그는 이런 답을 받는다. "탐욕과 야심, 자기애가 지배하는 곳에서는 돈이 꼭 있어야겠지요. 탐욕도, 야심도, 자기애도 없는 곳에서는 돈이 쓸모없답니다."[12]

아마도 자선 활동과 청지기 역할로 하늘에 쌓아 둔 보물은 번영과 복, 아름다운 관계의 형태로 존재할 것이다. 예수님은 이것을 "창세 때로부터 너희를 위하여 준비한 이 나라"라고 부르신다(마 25:34). 그러나 장소, 사람, 하나님의 임재라는 유업과 더불어, 우리는 경이롭고 놀라운 사실을 알게 된다. 주님은 이렇게 말씀하실 것이다. "네가 나에게 먹을 것을 주었다. 네가 나에게 입을 옷을 주었다. 네가 나를 찾아와 주었다." 양과 염소 비유에서, 예수님의 오른쪽에 있는 의로운 사람들은, 자신들이 가난하고 소외된 이들에게 대가 없이 베푼 사랑이 사실은 예수님을 섬긴 것이었다는 사실에 깜짝 놀란다(그들은 가난한 사람의 가면을 쓰고 계신 예수님을 보지 못했기 때문이다). 그들은 "주님, 우리가 언제 주님께서 주리신 것을 보고 잡수실 것을 드[렸습니까?]"(37절)라고 묻는다.[13] 이것은 불의한 사람들의 충격과 짝을 이루는데, 그들은 가난한 사람들을 섬기고 사랑하는 것이 예수님을 직접적으로 섬기고 사랑하는 것임을 알

앗더라면 소외되고 취약한 사람들을 기쁘게 먹이고 입히고 환영하고 찾아갔을 것이라고 항의한다. 그러나 하늘에 투자할 수 있는 또 다른 방법이 있다. 바로 영속하는 일을 통해서다. 이에 대해서는 『일의 신학』(*Work Matters*, CUP)에서 자세히 다루었다.[14]

셋째, 우리는 '주님을 위해 주님 안에서' 행한 일을 통해 하늘나라 혹은 하나님 나라에 투자할 수 있다. 이는 교회와 충돌하는 문화다. 대중적인 '기독교' 신앙은 이 세상이 전부 화염에 싸여 재가 될 것이고, 성도들은 거기에서 탈출해 하나님이 완전히 새로 만드신 새 창조세계에서 영적인 미래를 즐기게 될 것이라고 주장한다. 그러나 하나님이 왜 자신이 사랑으로 만드신 것을 파괴하신다는 말인가? 일과 세상에 대한 이러한 비관적 시각과 정반대로, 미래에 대한 기독교적 시각은 하나님이 생존자들과 그들의 일만 또 다른 구조선에 옮겨 태우는 것이 아니라 이 세상이라는 배 전체를 다시 띄우신다는 것이다. 이것이 어떻게 가능한가? 이 소망에 대한 몇 가지 성경적 근거가 있다. 예수님의 부활, 이후의 삶에 대한 그림이 지금의 삶과 연속성을 갖는다는 점, 그리고 "믿음, 소망, 사랑, 이 세 가지는 항상 있을 것"이라고 말하는 고린도전서 13:13을 포함하여, 주 안에서 행한 우리의 수고가 사라지지 않을 것이라고 주장하는 구절들이 바로 그것이다.[15]

바울은 예수님의 부활과 미래에 있을 우리의 부활에 대한 실제적 함의를 설명한 끝에 고린도전서 15:58에서 고린도 교인들에게 이렇게 권고한다. "주님의 일을 더욱 많이 하십시오. 여러분이 아는 대로, 여러분의 수고가 주님 안에서 헛되지 않습니다." 이 구절에서 바울이 지칭하는 "주님의 일"이 일차적으로는 고린도 교인들이 참여하는 다양한 사역을 가리킨다는 것은 인정할 수 있다. 그러나 그러한 사역조차 '돕는 일'과 '관리하는 일'을 포함했다. 15장을 더 넓게 적용해 보면, 바울은 친구들에게 그들의 모든 수고를(집안일이든 다리를 놓는 일이든) 가치 있고 영속하게 만드는 것은 그것이 "주님 안"에 있다는 사실임을 확신시키고 있다. 일 신학을 개척한 앨런 리처드슨(Alan Richardson)은 소망에 찬 이 본문에 대해 말하면서 이렇게 논한다. "우리는 그리스도의 부활에서, 이 생애에 행하는 모든 일의 최종적 신원 그리고 우리의 고역과 분투와 고통이 영속적인 가치를 지닌다는 확신을 발견한다. 우리가 지상에서 일하는 짧은 '6일'은 하늘의 안식이라는 왕관을 쓰게 될 것이고, 그곳에서 우리는 우리의 일을 점검하고 좋은지 볼 것이다."[16] 이 일은 어떻게 일어나는가?

존 호히는 말한다. "미래의 통치는 이미 여기에 있지만, 세상이라는 거대한 반죽 속에 누룩이 숨겨진 것과 같은 방식으로 있다. 우리는 무엇을 해야 하는가? 우리는 그 둘이 완전히 뒤섞여 동일한 운명을 공유하게 될 때까지, 세상이라는 반죽 안에 영원을 집어넣고 계속 치대야 한다."[17] 그러나 하늘에 투자하고 하늘에 보물을 쌓아 놓는 것에는 마지막 차원이 있다.

넷째, 이 생애에서 그리고 다음 생애에서는 더욱, 우리의 궁극적인 보물은 그리스도다. 호히는 "'누군가가 내 재산이다'라고 말하는 것은 우리를 낯선 은유의 세계로 들어가게 한다. 연결 지점이 즉각적으로 명백하게 보이지 않는 서로 다른 실재들을 결합하기 때문이다"라고 인정한다.[18] 그러나 사도 바울은 이 사실을 즐겼다. 빌립보서 3:7-11에서 바울은 이렇게 말한다. "나는 내게 이로웠던 것은 무엇이든지 그리스도 때문에 해로운 것으로 여기게 되었습니다. 그뿐만 아니라, 내 주 예수 그리스도를 아는 지식이 가장 고귀하므로, 나는 그 밖의 모든 것을 해로 여깁니다. 나는 그리스도 때문에 모든 것을 잃었고, 그 모든 것을 오물로 여깁니다. 나는 그리스도를 얻고, 그리스도 안에 있는 사람으로 인정받으려고 합니다.… 내가 바라는 것은 그리스도를 알고, 그분의 부활의 능력을 깨닫고, 그분의 고난에 동참하여…어떻게 해서든지, 죽은 사람들 가운데서 살아나는 부활에 이르고 싶습니다." 우리가 이 생애에서 그분을 알고, 그분의 임재를 즐거워하고, 그분이 길과 진리이실 뿐 아니라 생명 자체이심을 알아가기 시작했다면, 우리가 그분을 얼굴과 얼굴로 마주하게 될 때, 이 생애에서 하나님이 우리를 온전히 아신 것과 같이 우리가 그분을 알게 될 때에는 얼마나 더 그분을 알게 되겠는가? 어떤 번역본은 빌립보서 3:8 마지막 부분을 "그리스도가 나의 재산이 되시도록"(NAB)이라고 쓴다. 이보다 더 큰 보물은 없다.

자기 세대의 많은 이들을 대변했던 레슬리 뉴비긴(Lesslie

Newbigin)은 "우리는 역사의 진통이 가져올 어떠한 가치 있는 종국에 대해서도 확신이 없다"고 말한다.[19] 그렇지 않다. 사실, 우리에게는 영광스러운 미래가 있고, 심지어 새 하늘과 새 땅에 들어갈 가구를 마련하는 데 공헌할 수도 있다. 돈은 그 일부다. 비록 새 하늘과 새 땅에서 그것을 계속 사용할지는 아직 알 수 없지만 말이다. 그러나 지금 우리가 돈을 사용하는 방식은 그 "나라가 [온전히] 임하[고]" 하나님의 "뜻이 하늘에서 이루어진 것같이 땅에서도 이루어[질]" 우리의 궁극적 미래에 기여할 수 있다. 주기도문의 이 부분에 대해 N. T. 라이트는 "이는 우리가 말할 수 있는 가장 강력하고 혁명적인 문장 가운데 하나로 남는다"고 말한다.[20]

나(폴)는 오늘날 전 세계의 훌륭한 설교가들의 설교를 많이 들었다. 고백하건대, 그들이 말한 어떤 것도 기억나지 않는다. 그러나 내가 십대일 때 들었던, 분명 유명하지 않았을 어떤 작은 교회 목사님의 설교는 기억한다. 목사님은 우리가 돈을 가지고 하는 것을, 인생을 가지고도 할 수 있다고 말했다. 우리는 탕자처럼 그것을 낭비하고 허비해 버릴 수 있다. 아니면, 그것을 잔뜩 쌓아 놓고, 수건으로 꽁꽁 싸 놓고, 손대지 않고 그대로 보관할 수도 있다. 아니면, 그것을 투자할 수도 있다. 그리고 오늘, 나는 여러분의 삶을 그리스도와 그분의 나라에 투자하라고 여러분을 초대한다. 따라서 그 목사님과 함께 우리는 이렇게 책을 마친다. 지금부터 영원토록 돈이 하나님 나라를 위해, 하나님 나라에 투자될지어다.

성찰과 토론을 위한 질문

서론

1. (돈과 하나님 나라 관점에 대한) 마지막 단락의 몇 가지 질문 중에서 어떤 질문이 가장 와 닿는가?
2. 이 책을 읽으면서, 그룹에서 혹은 친구나 가족과 함께 다루고 싶은 다른 질문이 있는가?

1장 가난하게 자란 클라이브의 이야기

1. 제이콥 니들먼은 돈을 연구하는 것은 우리 자신을 연구하는 것이라고 말한다. 당신이 돈과 맺고 있는 관계는 당신에 대해 무엇을 말해 준다고 생각하는가?
2. 사도 바울은 돈을 가진 자들을 두고, "이 세상의 부자들에게 명령하여, 교만해지지도 말고, 덧없는 재물에 소망을 두지도 말고, 오직 우리에게 모든 것을 풍성히 주셔서 즐기게 하시는 하나님께 소망을

두라고 하십시오"라고 말한다(딤전 6:17). 가난하게 자란 이들에게는 바울이 무슨 말을 할 것 같은가?
3. 당신은 자라면서 가족으로부터 돈에 대해 무엇을 배웠는가?
4. 기도와 기독교적 가치보다는 돈에 이끌려 결정을 내릴 때가 얼마나 자주 있는지 솔직하게 성찰해 보라. 왜 그렇다고 생각하는가?

2장 유복하게 자란 폴의 이야기

1. 폴이 (아버지를 떠올리면서) 돈을 **사랑하지** 않으면서도 돈 **버는** 것은 좋아할 수 있다고 말하며 그 두 가지를 구분하는 것에 대해 어떻게 생각하는가?
2. 폴은 극도로 가난한 이웃의 옆집에서 자란 이야기와 그것이 자신에게 끼친 영향에 대해 들려준다. 오늘날 우리 대부분은 벽으로 차단된 사일로에 살면서, 우리와 반대의 처지에 있는 사람들과는 미디어를 통해서만 접촉한다. 극도로 빈곤한 사람들과 관계를 맺는 더 좋은 방법은 무엇일까?
3. "자식이 부모를 위하여 재산을 모아 두는 것이 아니라, 부모가 자식을 위하여 재산을 모아 두는 것이 마땅한 것입니다"(고후 12:14). 사도 바울은 자신이 고린도 교인들에게 재정적 부담을 끼치고 싶어 하지 않는 것이 부모가 자녀를 부양하는 원칙과 같다고 주장하고 있다. 이 장에서 우리는 이것을 '서구의' 방식이라고 불렀다. 어떤 문화에서든 이것이 정말로 의미하는 것이 무엇이라고 생각하는가?
4. 재미 삼아 그림을 그려 보자. 인생의 수평선을 하나 그리고 그것을 10년 단위로 나눈 뒤(1-10년, 11-20년, 21-30년 등), 수직축을 하나 더

그래서 각 시기마다 당신에게 돈이 얼마나 중요했는지 표시해 보라. 시기별로 왜 차이가 생긴다고 생각하는가?

3장 거룩한 돈

1. 우리가 돈을 단순히 중립적인 교환의 매체로 보는지 권력으로 보는지가 중요한가? 중요하다면 그 이유는 무엇인가?
2. 돈이 신전에 뿌리를 둔 '성스러운' 기원을 갖는다는 이 장의 주장에 대한 당신의 반응은 어떠한가?
3. 돈에 '영혼'이 있다는 진술을 어떻게 생각하는가?
4. 우리가 바르고 정의롭게 살고 일하는 것을 어렵게 만드는, 눈에 보이거나 보이지 않는 세력들인 통치자들과 권세자들에 대해 말하는 에베소서 6:10-17을 읽어 보라. 본문은 돈을 '권세'라고 주장한다. 모든 것이 선하게 창조되었으나(골 1:15-16) 오염되었고, 그러나 궁극적으로 그 오염은 그리스도에 의해 제압될 것이다(골 2:13-15). (예수님의 초림과 모든 것의 마지막 갱신 사이의) '혼란스러운 그 중간'을 살아가면서, 우리는 어떻게 실제적으로 돈을 가치 있지만 신성하지는 않은 것으로 대할 수 있는가?

4장 하나님과 황제에게 바치기

1. 마태복음 22:15-22을 다시 읽어 보라. 하나님께 합당한 것을 '하나님께 돌려드리라'는 심오한 말씀에 대해 예수님은 왜 애를 태우듯 어떤 설명도 하지 않으셨을까? 대부분 사람들은 왜 이 말씀이 교회 사역, 선교, 자선 사업에 기부하는 것을 의미한다고 이해하는가?

그러한 이해가 좋은 점은 무엇인가? 그다지 좋지 않은 점은 무엇인가?
2. 여러분이 속한 문화에서 작동하는, 이원론(어떤 것은 거룩하고 어떤 것은 속되다는 생각)으로 이어지는 요소들은 무엇인가?
3. 하나님 나라의 세계관은 (우리가 돈을 다루는 것을 포함하여) 삶을 하나님으로부터 오는 은혜의 단일한 실재에 통합시킨다. 예수님이 돈을 문젯거리에서 성례전(물질적 수단을 통한 영적인 은혜)으로 바꾸신다고 말하는 것은 옳은가? 어떻게 그러한가?

5장 자본주의와 슬기롭게 씨름하기

1. 그토록 선한 것(자본주의 발흥과 그것의 엄청난 생산력)이 어떻게 그토록 많은 부정적인 부작용투성이일 수 있는가?
2. 예수님의 비유에 나오는 '부자와 거지'(눅 16:19-31)의 상황이 전 세계적으로 확산하고 있기는 하지만, 당신이 볼 수 있는 '은혜로운 자본주의'의 증거가 있는가?
3. 자본주의 시스템 그 자체를 위해 일하지 않고, 하나님 및 이웃과의 사귐을 위해 그 안에서 일해야 한다고 말하는 크레이그 게이의 말을 어떻게 생각하는가?
4. "돈은 모든 가치를 평면적으로 만들고, 모든 결정과 목적을 금전적 토대에서 비교하게 만든다." 그렇다면 어떻게 해야 할까?
5. 자본주의가 종교가 되었다는 주장에 대해 당신은 어떻게 생각하는가?

6장 돈으로 영원한 친구 사(귀)는 법

1. 누군가 당신의 우정을 '샀던' 경험이나 친구를 얻기 위해 돈이 사용

되는 것을 본 적이 있는가? 그때의 상황을 자세하게 말해 보라.

2. 관계를 세우는 데 돈을 사용하는 것에서 무엇이 문제가 되는가? 그것에서 좋은 점은 무엇인가?

3. 불의한 청지기 비유에서(눅 16:1-15), 주인에게 빚진 사람들은 자신의 빚을 누가 탕감해 주었는지 알았다. 오늘날 아주 많은 자선 행위에서, 시혜자와 수혜자 간의 개인적 연결고리는 존재하지 않는다. 이것을 문제로 보는가, 좋은 점으로 보는가? 이유는 무엇인가?

4. 이 비유에서 청지기는 주인의 돈으로 슬기롭게 행동한 것에 대해 칭찬받는다(눅 16:8). 대부분의 경우, 돈을 다룰 때의 **슬기로움(영리함)**은 부정적으로 여겨지며, 개인적 교활함과 사리사욕이 가득한 것으로 간주된다. 어떻게 하면 슬기로움(영리함)이 우리가 돈을 다루는 데 좋은 접근법이 될 수 있을까? (또한 마 10:16을 보라.)

5. 다른 사람을 돌보는 데 돈을 사용함으로써 그 부산물로 영원한 우정을 쌓을 수 있는 방법을 몇 가지 생각해 보라.

7장 돈이 '말하는' 이유

1. 돈이 사회관계에 긍정적·부정적으로 영향을 주는 것을 어떻게 보는가? 가능한 한 자세히 말해 보라.

2. 자신의 삶에서 다양한 사회적 용도에 따라 돈에 '표식'을 남기는 것과 관련해 어떤 예가 있는가? '좋은 돈'과 '나쁜 돈'(성스러운 돈과 속된 돈)을 직접 경험한 적이 있다면, 그 상황에서 당신은 어떻게 했는가?

3. 사사기 17:5-6에서 미가가 훔쳤다가 돌려놓은 돈을 우상으로 바꿈으로써 성스러운 것과 속된 것을 뒤섞는 이야기를 다시 읽어 보라.

오늘날에도 이와 같은 일이 일어난다고 보는가? 그리고 어떻게 일어난다고 보는가? 만약 우상숭배가 하나님 아닌 다른 것을 자신의 절대적 관심사로 만드는 것이라면, 오늘날 사람들로 하여금 돈을 섬기게 만드는 것은 무엇인가?

4. "돈의 말은 곧 남자의 말이다"라는 진술에 대해 어떻게 반응하겠는가? 여자들은 돈을 남자들과 다르게 보는 경향이 있다는 데 동의하는가? 당신이 동의하거나 동의하지 않는 이유는 무엇인가?

5. 당신의 사회적 교제권에서는 돈에 대해 말하는 것이 금기인가? 그렇다면 그 이유는 무엇인가? 그렇지 않다면 그 이유는 무엇인가?

6. 비비아나 젤라이저의 다음 질문에 어떻게 답하겠는가? "돈은 언제 도덕적 관심을 강화하고 사회적 삶을 부양하는가? 돈의 창출은 어떤 조건에서 정의와 평등의 진보를 가져오는가?"

8장 결국 누구의 돈인가

1. 교회에서 돈에 대해 배운 것이 있다면 무엇인가? 청지기 역할에 대해서 배웠는가? 그러한 가르침은 어디에서 오는가? 성경인가, 교회 문화인가, 이 시대의 문화인가?

2. 자크 엘룰은 돈을 남에게 줄 때, 우리는 그것이 지니던 **힘을 박탈한다**고 주장한다. 우리는 돈에서 부정적인 측면, 방사능과 같은 위험한 힘, 하나님처럼 보이려는 호소력을 벗겨 내고, 그것을 성례전으로, 즉 다른 사람들과 심지어 우리 자신에게 은혜를 가져오는 수단으로 변화시킨다. 그 외에도 돈의 힘을 박탈할 수 있는 다른 방법이 있는가?

3. 이 장은 희생적으로 드리는 것에서 성례전적으로 드리는 것으로 이동하는 것이 우리의 영혼에 영향을 준다고 주장했다. 이 일이 어떻게 일어난다고 보는가?
4. 기독교 사역자를 지원하는 것에 대한 결론 부분은 주류 기독교 문화와 상충한다. 이것을 필요한 교정이라고 보는가? 그렇게 보지 않는다면 그 이유는 무엇인가?
5. "은도 나의 것이요, 금도 나의 것이다. 나 만군의 주의 말이다"(학 2:8). 이 말씀을 묵상해 보라. 이 말씀은 당신에게 무엇을 말하는가?

9장 건강과 부의 복음

1. 당신은 하나님이 모든 그리스도인이 부자가 되기를 원하신다고 믿는가? 이유는 무엇인가?
2. 건강과 부의 복음이 전하는 가르침에서 참인 것은 무엇인가? 참이 아닌 것은 무엇인가? 당신은 어떤 근거로 참되고 유익한 부분과 위험한 부분을 구분하겠는가?
3. 건강과 부의 복음이 가장 많이 인용하는 본문들인 말라기 3:10, 마가복음 4:20, 요한삼서 1:2, 요한복음 10:10, 이사야 53:3을 읽고, 성경 전체의 가르침이라는 맥락 안에서, 특히 지금 여기 (부분적으로나마) 있으며 또한 마지막 때에 온전히 올 하나님 나라의 맥락 안에서 그 본문들을 이해해 보라. 건강과 부의 복음은 사람들로 하여금 어떻게 현재의 삶에서 거짓 소망을 붙잡도록 이끄는가? 이는 우리가 성경에서 요청받는바, 보이지 않는 것들을 믿는 믿음을 포함하여(히 11:1, 13) 믿음으로 사는 것에 어떤 영향을 미치는가?

10장 하늘에 투자하기

1. 바울은 디모데전서 6:17-19에서 이렇게 말한다. "이 세상의 부자들에게 명령하여…선을 행하고, 좋은 일을 많이 하고, 아낌없이 베풀고, 즐겨 나누어 주라고 하십시오. 그렇게 하여, 앞날을 위하여 든든한 기초를 스스로 쌓아서, 참된 생명을 얻으라고 하십시오." 그러한 관대함은 어떤 방식으로 장차 올 삶에서 우리를 위한 기초를 쌓는가?

2. 이 시대 대부분의 기독교 지도자들은 '천국에 가는 것'에 대해 말하며, 특히 장례식과 추도식에서 그렇다. 우리의 궁극적 미래는 단지 천국에서 불멸의 영혼으로 사는 것이 아니라, "새 하늘과 새 땅"(계 21:1)에서 온전히 부활한 사람들로 사는 것이라고 말하는 것은 어떠한 근본적 차이를 만드는가?

3. 마지막 때가 올 때, 이 세상이 소멸하는 것이 아니라 놀랍게 변화되고 변형될 것이라고 말하는 것은 어떠한 실제적 차이를 만드는가?

4. 마태복음 6:21에서 예수님은 급소를 찌르신다. "너의 보물이 있는 곳에, 너의 마음도 있을 것이다." 당신의 보물은 어디 있는가? (아마도 이 장에서 제기했던 질문들이 이 성찰에 도움이 될 것이다.)

5. 예수님을 중심으로 하는 하나님 나라, 장차 올 하나님의 새로운 세상은 분열된 양심과 두 마음을 품는 것과 대조되는 '통일된 시각'을 가져온다. 특히 돈과 관련해 이러한 하나님 나라의 세계관(그리고 인생관)을 얻기 위해 어떤 실제적인 단계를 밟을 수 있겠는가?

6. 이 책에서 그리고 각 장에 대한 성찰과 질문에서 개인적으로 무엇을 배우고 받아들였는가?

주

서론

1. Jeffrey K. Salkin, Being *God's Partner: How to Find the Hidden Link between Sprituality and Your Work* (Woodstock, VT: Jewish Lights Publishing, 1994), 145에서 인용.
2. Jacob Needleman, *Money and the Meaning of Life* (New York: Doubleday, 1991), 112. 『돈과 인생의 의미』(고려원).
3. 또한 잠 23:4-5; 28:20; 30:8-9; 시 49:6-7; 호 12:8을 보라.
4. Craig Blomberg, *Neither Poverty nor Riches: A Biblical Theology of Possessions* (Downers Grove, IL: InterVarsity Press, 1999), 83. 『가난하게도 마옵시고 부하게도 마옵소서』(IVP). 원저자 강조. Blomberg는 부와 가난에 대한 성경의 자료를 능숙하게 살펴본다.
5. Blomberg, *Neither Poverty nor Riches*, 145.
6. 하나님 나라에 대해 더 자세히 다룬 글은, R. Paul Stevens, "The Kingdom of God: Biblical Research"를 보라. Institute for Marketplace Transformation을 통해 구할 수 있다. paul@imtglobal.org.

7. Blomberg, *Neither Poverty nor Riches*, 113.
8. Bruce K. Waltke, *An Old Testament Theology* (Grand Rapids: Zondervan, 2007), 209. 『구약신학』(부흥과개혁사).

1장

1. Melissa West, "Tie Your Camel to the Hitching Post: An Interview with Jacob Needleman", http://www.personaltransformation.com/jacob_needleman.html.
2. Saint Augustine, *Confessions*, trans. Henry Chadwick (Oxford: Oxford University Press, 1991), Book V, 87, §23. 『고백록』(대한기독교서회). 아우구스티누스는 수사학 선생 자리를 제안받고 로마에서 밀라노로 왔다. 밀라노에서 그는 "[하나님을] 경건하게 예배하는 훌륭한 사람들 가운데 하나로 세상 곳곳에 알려진" 암브로시우스 주교의 설교를 들었다.
3. Augustine, *Confessions*, Book V, 88, §23. 아우구스티누스는 하나님을 지겨워하고 경멸하면서도, 암브로시우스의 설교에 이끌렸다.
4. Jacob Needleman, *Money and the Meaning of Life* (New York: Doubleday, 1991). 『돈과 인생의 의미』(고려원).
5. Needleman, *Money and the Meaning of Life*, 206.
6. West, "Tie Your Camel to the Hitching Post"에서 재인용.

2장

1. Søren Kierkegaard, *Papers and Journals*, trans. Alastair Hannay (New York: Penguin, 1996), 161.
2. Kierkegaard, *Papers and Journals*, 161.
3. imtglobal.org.
4. 가족을 돌보는 것에 대한 딤전 5:8의 말씀은 부모를 부양하는 것과 자녀를 부양하는 것, 양쪽 모두에 해당하는 것으로 이해할 수 있다.

3장

1. John Maynard Keynes, *Treatise on Money* (New York: Harcourt, Brace, 1930), II, 28992, Norman Oliver Brown, *Life against Death; The Psychoanalytical Meaning of History* (Middletown, CT: Wesleyan University Press, 1985), 247에서 재인용.
2. William Goetzmann, *Money Changes Everything: How Finance Made Civilization Possible* (Princeton, NJ: Princeton University Press, 2016), 100. 『금융의 역사』(지식의날개).
3. Glyn Davies, *A History of Money: From Ancient Times to the Present Day* (Cardiff: University of Wales Press, 2002), 48.
4. Goetzmann, *Money Changes Everything*, 44.
5. 사회학자 Emile Durkheim은 사회가 종교의 원천이라고 주장한다. 종교적 믿음과 실천이 공동체에서 발전하는 것은 공동체적 생활의 감정적 안정성에 대한 필요 때문이라는 것이다. Emile Durkheim, *The Elementary Forms of Religious Life*, trans. Karen E. Fields (New York: Free Press, 1995). 『종교생활의 원초적 형태』(한길사).
6. Goetzmann, *Money Changes Everything*, 22.
7. Goetzmann, *Money Changes Everything*, 49.
8. Karl Polanyi, *The Great Transformation: The Political and Economic Origins of Our Time* (Boston: Beacon, 2001), 48. 『거대한 전환』(도서출판 길).
9. Bernhard Laum, *Heiliges Geld* (Tübingen: Mohr, 1924), 880, Brown, *Life against Death*, 246에서 재인용.
10. Alla Semenova, "The Origins of Money: Evaluating Chartalist and Metallist Theories in the Context of Ancient Greece and Mesopotamia" (University of Missouri-Kansas City 박사학위논문, 2011), ii, http://mospace.umsystem.edu/xmlui/bitstream/handle/10355/10843/SemenovaOriMonEva.pdf. 흥미로운 동전 이름의 역사와 관련하여, 이러한 제의적 잔치에서 쇠꼬챙이에 구운 고기는 헬라어로 '오벨로스'(*obelos*)라고 불렸다. Laum에 따르면, 바로 여기에서 '오볼로스'(*obolos*)라는 동전의 이름이 나왔다. 따라서 제의용 쇠꼬챙이(*obeloi*)에 구운 황소 고기에

서 돈의 개념이 진화하였고, 그렇게 만들어진 돈은 처음에 이러한 구운 황소 고기의 상징적 표상으로 사용되었다.

11. Jan Sokol, "Money and the Sacred: B. Laum's Hypothesis on the Origins of Money", (lecture, Center for the Study of World Religions, Harvard University, Cambridge, MA, October 1, 2008).

12. John Maynard Keynes, *Treatise on Money* (New York: Harcourt, Brace, 1930), II, 28992, Brown, *Life against Death*, 247에서 재인용.

13. David Graeber, *Debt: The First 5,000 Years* (New York: Melville House, 2012), 21-41. 『부채, 첫 5,000년의 역사』(부글북스).

14. Adam Smith, *The Wealth of Nations* (New York: Bantam Classic, 2003), 33. 『국부론』(비봉출판사).

15. Smith, *The Wealth of Nations*, 33.

16. Caroline Humphrey, "Barter and Economic Disintegration", *Man* 20: 48-72, Graeber, *Debt*, 29에서 재인용.

17. Graeber, *Debt*, 34.

18. Graeber, *Debt*, 37.

4장

1. Jacob Needleman, *Money and the Meaning of Life* (New York: Doubleday, 1991), 51. 『돈과 인생의 의미』(고려원).

2. Eusebius Caesarea, *Demonstration of the Gospel*, W. R. Forrester, *Christian Vocation* (New York: Scribner's, 1953), 43에서 재인용. 저자 강조.

3. Craig L. Blomberg는 "유대인의 십일조, 성전세, 그 밖의 특별 헌금으로 재화의 23.3% 이상을 내고, 부가적으로 로마에도 공물을 바쳐야 했던 1세기 초의 평균적 유대인들은 전체 수입에서 대략 30-50%에 이르는 세금의 부담을 안고 일해야 했다"라고 쓴다. *Neither Poverty nor Riches: A Biblical Theology of Possessions* (Downers Grove, IL: InterVarsity Press, 1999), 89. 『가난하게도 마옵시고 부하게도 마옵소

서』(IVP).

4. R. T. France, *Matthew*, Tyndale New Testament Commentaries (Grand Rapids: Eerdmans, 1985), 314. 『마태복음』(CLC).

5. N. T. Wright, *Matthew for Everyone*, Part 2 (London: SPCK, 2002), 87. 『모든 사람을 위한 마태복음 2』(IVP).

6. France, *Matthew*, 315.

7. France, *Matthew*, 315.

8. Yves Congar가 성경에서 왕, 예언자, 제사장은 교황, 주교, 교구 사제가 아니라 믿음의 공동체 전체임을 보여 줌으로써, 제2차 바티칸 공의회를 통해 성직자가 아닌 하나님 백성의 존엄과 사역을 급진적으로 재발견하는 길을 어떻게 준비했는지 보라. Yves M. J. Congar, *Lay People in the Church: A Study for a Theology of the Laity*, trans. D. Attwater (Westminster, MD: Newman Press, 1957).

9. I. Howard Marshall, "How Far Did the Early Christians Worship God?", *Churchman* 99, no. 3 (1985).

10. Needleman, *Money and the Meaning of Life*, 167.

11. Lee Hardy, *The Fabric of This World* (Grand Rapids: Eerdmans, 1990)를 보라.

12. Max Stackhouse 외, *On Moral Business: Classical and Contemporary Resources for Ethics in Economic Life* (Grand Rapids: Eerdmans, 1995), 39에서 인용.

13. Gordon Preece, "Business as a Calling and Profession: Towards a Protestant Entrepreneurial Ethic" (2001년 6월 시드니에서 열린 International Marketplace Theology Consultation에서 발표한 미출간 원고), 14에서 인용.

14. Karl Barth, "Vocation", *Church Dogmatics*, III/4 (Edinburgh: T&T Clark, 1961), 601, Paul Marshall, *A Kind of Life Imposed on Man: Vocation and Social Order from Tyndale to Locke* (Toronto: University of Toronto Press, 1996), 22에서 재인용. 『교회 교의학 III/4』(대한기독교서회).

15. 이상의 내용 중 일부는 R. Paul Stevens, *Doing God's Business: Meaning and Motivation for the Marketplace* (Grand Rapids: Eerdmans, 2006), 40-59를 축약한

것이다. 『일터신학』(IVP).

16. Martin Luther, *Luther's Works*, American Edition, 55 vols., ed. Jaroslav Pelikan (St. Louis: Concordia, 1955-1986), 36:78.

17. Max Weber, *The Protestant Ethic and the Spirit of Capitalism* (Mineola, NY: Dover Publications, 2003). 『프로테스탄트 윤리와 자본주의 정신』(현대지성).

18. Gianfranco Poggi, *Calvinism and the Capitalist Spirit: Max Weber's Protestant Ethic* (London: Macmillan, 1983), 61.

19. Guy Oaks, "The Thing That Would Not Die: Notes on Reflection", in *Weber's Protestant Ethic: Origins, Evidence, Contexts*, ed. Hartmut Lehmann and Guenther Roth (New York: Cambridge University Press, 1993), 241.

20. Poggi, *Calvinism*, 79. 저자 강조. Poggi는 Weber가 기술한 일련의 조건들이 자본주의의 기업가 정신의 발흥을 설명하는 데 **충분하지** 않다고 주장하지만, Weber는 이러한 현상들에서 "**필요한** 부분"이라고 묘사했다. 봉건주의에서 자본주의 경제체제가 출현하기 위해 필수적인 다양한 요소들은 다음에서 다루고 있다. Brian Griffiths, *The Creation of Wealth: A Christian's Defense of Capitalism* (Downers Grove, IL: InterVarsity Press, 1985), 94.

21. Griffiths, *The Creation of Wealth*, 31.

22. Craig Gay, *The Way of the (Modern) World: Or, Why It's Tempting to Live as If God Doesn't Exist* (Grand Rapids: Eerdmans, 1998), 140-141.

23. Gay, *The Way of the (Modern) World*, 145.

24. Gay, *The Way of the (Modern) World*, 153.

25. Georg Simmel, *The Philosophy of Money*, trans. Tom Bottomore and David Frisby (London: Routledge, 2004), 443-446. 『돈의 철학』(도서출판 길).

26. Oscar Wilde의 *Lady Windemere's Fan*에서, 달링턴 경은 냉소가는 "모든 것의 가격을 알지만, 어떤 것의 가치도 알지 못하는 사람"이라고 재치 있게 말한다. Wilde가 썼거나 말한 많은 것이 그렇듯이, 이는 그저 그럴듯하게 들리는 문구 이상이다. 그의 말들은 사회 문제의 핵심을 찌른다. *Lady Windemere's Fan*은 1892년에 쓰였

지만, Wilde가 쓴 말들은 120년 전보다 오히려 지금 더 참되다. 『윈더미어 부인의 부채』(동인).

27. William Perkins, *The Works of That Famous Minister of Christ in the University of Cambridge* (London: John Legatt, 1626), 754D.

28. Perkins, *The Works*, 555A.

29. Perkins, *The Works*, 555C.

30. Clavin의 비밀한 부름에 대해서는 R. Paul Stevens, *The Other Six Days: Vocation, Work, and Ministry in Biblical Perspective* (Grand Rapids: Eerdmans, 2000), 154를 보라.

31. R. H. Tawney, *Religion and the Rise of Capitalism* [Harmondsworth, UK: Pelican (Penguin Books), 1977], 248, Gay, *The Way of the (Modern) World*, 167에서 재인용. 또한, Gay는 Robert S. Michaelson, "Changes in the Puritan Concept of Calling or Vocation", *New England Quarterly* 26 (1953): 315-336도 인용한다. 『종교와 자본주의의 발흥』(한길사).

32. Klaus Bochmuehl, "Recovering Vocation Today", *Crux* 24, no. 3(1988): 25-35를 보라.

33. *Initiatives: In Support of Christians in the World*, PO Box 291102, Chicago, IL 60629.

34. *Initiatives* 234 (September 2017): 1.

35. Paul Cho, "Overcoming Cultural Barriers for Korean Pastors Becoming Tentmakers" (Vancouver의 Regent College, 미출간 ThM 논문, 2016). 또한 유동식, *The History and Structure of Korean Shamanism* (연세대학교출판부, 2012), 14-15; Sung-Gun Kim, "Pentecostalism, Shamanism, and Capitalism within Contemporary Korean Society", *Spirits of Globalization: The Growth of Pentecostalism and Experiential Spiritualities in a Global Age*, Sturla J. Stalsett 엮음 (London: SCM Press, 2006), 27를 보라.

36. Colin Lewis, "The Soul of Korean Christianity: How the Shamans, Buddha, and

Confucius Paved the Way for Jesus in the Land of the Morning Calm" (Seattle Pacific University, University Scholars Programs 프로젝트 발표문, 2014), 7.

37. Lewis, "The Soul", 10.
38. Andrew Powell, *Living Buddhism* (New York: Harmony Books, 1989), 28.
39. Young-hoon Lee, *The Holy Spirit Movement in Korea: Its Historical and Theological Development* (Oxford: Regnum Books International, 2009), 46.
40. Jason Mandryk, *Operation World* (Colorado Springs, CO: Biblica, 2010), 511. 『세계기도정보』(죠이선교회).
41. France, *Matthew*, 315-316.
42. John C. Haughey, SJ, *The Holy Use of Money: Personal Finance in Light of Christian Faith* (Garden City, NY: Doubleday, 1986)를 보라.

5장

1. Craig M. Gay, *Cash Values: Money and the Erosion of Meaning in Today's Society* (Grand Rapids: Eerdmans, 2004), 17.
2. Erich Fromm, *To Have or to Be?* (New York: Open Road Media, 2002), Kindle edition, 7. 『소유냐 존재냐』(까치).
3. Geoffrey Ingham에 따르면, "특정 수준의 어떤 보증과도 무관하게 존재하는 채권 발행 형태로 대출이 이루어짐으로써 신용-돈이 만들어진 것은 실로 중대한 발전이며…자본주의의 결정적 요인(*differentia specifica*)이다." *The Nature of Money* (Cambridge: Polity Press, 2004), 115. John Smith, "The Role of Money in Capitalism", *International Journal of Political Economy*, 2002년 2월호에서 재인용. 『돈의 본성』(삼천리).
4. 중국은 1978년 농업 개혁과 함께 자유시장 개혁을 시작했다. 농부가 땅을 소유하고 어떤 작물이든 기를 수 있도록 허용했고, 농업 생산물의 판매 가격은 극적으로 올라갔다. 1981년 산업 생산품의 가격이 자유화되었고, 사기업이 도시 지역에 공장을 짓는 것이 허용되었다. 1980년대 중반이 되자, 시골 지역의 상당 부분에 사

유 농장이 들어섰고, 기본 산업들이 발전했다.
5. 베를린 장벽은 1961년 동서 베를린을 가르기 위해 세워졌다. 베를린에서 소비에트가 점령한 지역에서 세워진 이 장벽은 서구의 '파시스트'를 경계하려는 의도였다. 3.6미터 높이, 1.2미터 폭의 돌판으로 이루어진 벽과 그것을 둘러싼 보안 체제는 '죽음의 띠'(The Death Strip)로 알려져 있었다.
6. Peter Berger, *The Capitalistic Revolution* (New York: Basic Books, 1986), 43. 『자본주의 혁명』(지문사).
7. Brian Griffiths, *The Creation of Wealth: A Christian's Defense of Capitalism* (Downers Grove, IL: InterVarsity Press, 1984).
8. Gay, *Cash Values*, 18.
9. Lawrence Mishel, Jessica Schieder, "CEO Compensation Surged in 2017 Report", Economic Policy Institute, 2018년 8월 16일, http://www.epi.org/publication/eco-compensation-surged-in-2017. 이 보고서는 2017년 CEO와 일반 사원의 임금 비율이 312 대 1인 것을 발견했다. 2017년은 미국 기업 수장들에게 호황의 해였다. 미국에서 가장 큰 350개 기업의 평균적인 CEO는 2016년보다 17.6% 오른 평균 1,890만 달러(189억 원)를 받았다.
10. 공리주의는 효율성의 극대화를 강조하며, 일반적으로 이는 이익의 고려 대상에 포함되는 사람들의 안녕으로 간주된다. John Stuart Mill, *Utilitarianism*, Kindle ed. (Heritage Illustrated Publishing, 2014)을 참고하라. 『공리주의』(현대지성).
11. Michael Sandel, *What Money Can't Buy: The Moral Limits of Markets* (New York: Farrar, Straus and Giroux, 2012), 34. 『돈으로 살 수 없는 것들』(와이즈베리).
12. Joseph Cropsey, "Adam Smith", *History of Political Philosophy*, 3차 개정판, Leo Strauss Joseph Cropsey 엮음 (Chicago: University of Chicago Press, 1987), 652. Gay, *Cash Values*, 53에서 재인용. 저자 강조. 『서양정치철학사』(인간사랑).
13. "우리와 그들('이교도')의 거리와 관련하여, 항해사의 나침반이 발명되기 전 그러한 이유로 어떤 반대가 있었든, 이 시대에는 타당성 있는 어떤 평계도 댈 수 없다.…그렇다. 그리고 섭리는 우리를 시험으로 초대하는 것처럼 보이는데, 우리가

알기로 이러한 야만인들이 거주하는 많은 곳에서 교역을 하는 무역회사들이 있기 때문이다.…성경 역시 이러한 방법을 지시하는 것처럼 보인다. '섬들이 나를 사모하며, 다시스의 배들이 맨 먼저 먼 곳에 있는 너의 자녀들을 데리고 온다. 그들이 주 너의 하나님의 이름을 높이려고, 이스라엘의 거룩하신 하나님께 드리려고 은과 금을 함께 싣고 온다'(사 60:9)." William Carey, *An Enquiry into the Obligations of Christians to Use Means for the Conversion of the Heathens* (London: The Carey Kingsgate Press Ltd., 1792/1961), 67-68. 『이교도 선교 방법론』(야스미디어).

14. Brian Griffiths and Kim Tan, *Fighting Poverty through Enterprise: The Case for Social Venture Capital* (Coventry, UK: The Venture Centre, 2007), 5.

15. Caleb E. Finch, "Evolution of the Human Lifespan and Diseases of Aging: Roles of Infection, Inflammation, and Nutrition", *Proceedings of the National Academy of Sciences of the United States* 107: 1718-1724 (January 26, 2010), https://www.pnas.org/content/107/suppl_1/1718/tab-article-info.

16. Michael Novak, *The Spirit of Democratic Capitalism* (New York: Simon & Schuster, 1982), 13. Gay, *Cash Values*, 18에서 재인용.

17. Nathan Rosenberg, L. E. Birdzell Jr., *How the West Grew Rich: The Economic Transformation of the Industrial World* (New York: Basic Books, 1986), 33. Gay, *Cash Values*, 25에서 재인용.

18. Jonathan Haidt, "How Capitalism Changes Conscience", *Center for Humans & Nature*, September 28, 2015, https://www.humansandnature.org/culture-how-capitalism-changes-conscience.

19. Ron Inglehart and Christian Welzel, *World Values Survey*, http://www.worldvaluessurvey.org/.

20. Inglehart, Welzel, *World Values Survey*의 Findings & Insights 부분을 보라. 더 많은 참고자료는, Christian Welzel, *Freedom Rising: Human Empowerment and the Quest for Emancipation* (New York: Cambridge University Press, 2013)을 보라.

21. 기업가 정신에 관한 다음의 논문은, 프로테스탄트 종교개혁이 가져오는 혁신의 가장 심오한 동기가 사랑과 감사라고 말한다. R. Paul Stevens, "The Spiritual and Religious Sources of Entrepreneurship: From Max Weber to the New Business Spirituality", *Crux* 36, no. 2 (2000년 6월): 22-23. *Stimulus: The New Zealand Journal of Chrisitan Thought and Practice* 9, no. 1 (2001년 2월): 2-11에 재게재.

22. Gay, *Cash Values*, 98-99. 원저자 강조.

23. Zhao Xiao, PBS의 *Frontline World* 인터뷰, www.pbs.org/frontlineworld/stories/china_705/interview/xiao.html.

24. Paul Mason, *Postcapitalism: A Guide to Our Future*, Kindle ed. (New York: Farrar, Straus and Giroux, 2015), loc. 25. 『포스트자본주의 새로운 시작』(더퀘스트).

25. The Organisation for Economic Co-operation and Development (OECD), *Policy Challenges for the Next 50 Years*, July, 2014, 10, https://www.oecd.org/economy/Policy-challenges-for-the-next-fifty-years.pdf.

26. Nick Srnicek and Alex Williams, *Inventing the Future: Postcapitalism and a World without Work*, rev., updated ed. (London: Verso Books, 2016), 103-110.

27. Jonathan Haidt, "Three Stories about Capitalism", *Righteous Mind*(블로그), 2014년 7월 20일, http://righteousmind.com/three-stories-about-capitalism/. 뉴욕대 스턴 경영대학원의 사회심리학자인 Jonathan Haidt는 자본주의의 도덕성에 대해 자주 논한다.

28. Robert Hahnel, *Of the People, by the People: The Case for a Participatory Economy* (Chico, CA: AK Press Distribution, 2012), 96-97.

29. Jacques Ellul, *Money and Power*, limited ed. (Eugene, OR: Wipf & Stock, 2009), 19.

6장

1. Daniel Draht, "Redeeming the Church's Understanding of Effectiveness in the Workplace" (Vancouver의 Regent College, Marketplace Theology 미출간 수업 발표문), 3.

2. 하나님 나라에 대해 더 자세히 다룬 글은, R. Paul Stevens, "The Kingdom of God: Biblical Research"를 보라. Institute for Marketplace Transformation, Paul@imtglobal.org를 통해 구할 수 있다.

3. N. T. Wright, *Luke for Everyone* (Louisville: Westminster John Knox, 2004), 196. 『모든 사람을 위한 누가복음』(IVP).

4. Draht, "Redeeming", 3.

5. Draht, "Redeeming", 5.

6. Craig L. Blomberg는 이렇게 쓴다. 1세기 유대교의 중요한 사안은 "한 사람의 사회경제적 수준 그 자체가 아니라, 그 사람에게 쌓이는 명예나 수치심이었다. 따라서 부유한 청지기는 주인의 호감에서 밀려나면서 평균적인 마을 주민보다 실제적으로 더 큰 위기를 맞는데, 부유한 가신(家臣) 계급에서 한낱 소모품으로 전락할 수 있었고, 말 그대로 굶어 죽을 위험에 처할 수 있었기 때문이다." *Neither Poverty nor Riches: A Biblical Theology of Possessions* (Downers Grove, IL: InterVarsity Press, 1999), 102. 『가난하게도 마옵시고 부하게도 마옵소서』(IVP).

7. John Nolland, *Luke 9:21-18:34*, vol. 35B *of Word Biblical Commentary*, ed. David A. Hubbard, Glenn W. Barker, John D. W. Watts, and Ralph P. Martin (Dallas: Word, 1993), 799. 『누가복음 중』(솔로몬).

8. Draht, "Redeeming", 5.

9. New International Version, New Living Translation, New American Standard Bible이 '슬기로운'(shrewd)으로 번역한다. (한글 성경 중에서는 새번역 성경이 이렇게 번역한다 — 옮긴이.)

10. King James Version, New Revised Standard Version이 '지혜로운'(wise)으로 번역한다. (한글 성경 중에서는 개역개정과 현대인의 성경이 이렇게 번역한다 — 옮긴이.)

11. New International Version, New Revised Standard Version, New American Standard Bible이 '순진한'(innocent)으로 번역한다. (한글 성경 중에는 새번역 성경이 이렇게 번역하며, 개역개정과 현대인의 성경은 '순결한'으로 번역한다 — 옮긴이.)

12. King James Version, New Living Translation, New Revised Standard Version이 '해를 끼치지 않는'(harmless)으로 번역한다.
13. Draht, "Redeeming", 1-2.
14. Kenneth E. Bailey, *Poet & Peasant and Through Peasant Eyes: A Literary-Cultural Approach to the Parables in Luke* (Grand Rapids: Eerdmans, 1983), 86. 『중동의 눈으로 본 예수님의 비유』(이레서원).
15. I. Howard Marshall, *Luke: Historian and Theologian* (Grand Rapids: Zondervan, 1974), 142. Marshall은 예수께서 어떻게 "마지막 때를 확장함으로써, 그것이 예수님의 사역과 함께 시작하고, 교회의 시대를 포함하며, '파루시아'(*parousia*, 예수님의 재림)에서 완성되게" 하셨는지에 주목한다. 성취의 이 시간은 가난한 사람에게 복음이 선포되고, 삶의 역전이 일어나는 구원의 시대다. 즉 가난한 이들, 말 그대로 의존적이며 억압받는 이들이 구원받으며, 독립적이고 스스로 의로운 부자들은 구원받지 못한다(121-124).
16. Wright, *Luke for Everyone*, 201.

7장

1. Viviana A. Zelizer, *The Social Meaning of Money: Pin Money, Paychecks, Poor Relief, and Other Currencies* (Princeton: Princeton University Press, 2017), 222.
2. Bruce G. Carruthers, "The Meanings of Money: A Sociaological Perspective", *Theoretical Inquiries in Law* 11, no. 1 (2010): 52에서 인용. 그 외의 참고자료는 George Herbert Mead, *Mind, Self, and Society* (1934)를 보라. 『정신·자아·사회』(한길사).
3. Carruthers, "The Meanings of Money", 52.
4. Georg Simmel, *The Philosophy of Money*, 3rd ed. (New York: Routledge, 2004). 『돈의 철학』(도서출판 길).
5. Simmel, *The Philosophy of Money*, 177.
6. Fernand Braudel, *The Structures of Everyday Life* (New York: Harper & Row, 1982).

Carruthers, "The Meaning of Money", 55에서 재인용. 『물질문명과 자본주의 1: 일상생활의 구조』(까치).

7. Joel Kaye, *Economy and Nature in the Fourteenth Century: Money, Market Exchange, and the Emergence of Scientific Thought* (Cambridge: Cambridge University Press, 1998), 16-17, 39, 53.

8. 이 단어는 19세기 스코틀랜드 역사가 Thomas Carlyle이 처음 사용했지만, Karl Marx와 Friedrich Engels의 정치경제학과 사회학 분야 저작들을 통해 유명해졌다.

9. Carruthers, "The Meanings of Money", 55.

10. Carruthers, "The Meanings of Money", 73.

11. Zelizer, *The Social Meaning of Money*, 1.

12. Zelizer, *The Social Meaning of Money*, 3.

13. Zelizer, *The Social Meaning of Money*, 3.

14. Zelizer, *The Social Meaning of Money*, 222.

15. Russell Belk and Melanie Wallendorf, "The Sacred Meanings of Money", *Journal of Economic Psychology* 11 (1990): 36.

16. Belk and Wallendorf, "The Sacred Meanings of Money", 37.

17. Belk and Wallendorf, "The Sacred Meanings of Money", 38.

18. Belk and Wallendorf, "The Sacred Meanings of Money", 62.

19. Liz Perle, *Money: A Memoir* (New York: Picador, 2006), 26. 『여자는 무엇으로 사는가』(까치).

20. Perle, *Money: A Memoir*, 28.

21. Perle, *Money: A Memoir*, 29.

22. Floyd W. Rudmin, "German and Canadian Data on Motivations for Ownership: Was Pythagoras Right?", 1989년 10월 19-22일, New Orleans, LA에서 열린 Association for Consumer Research 학회 발표문. Belk, Wallendorf, "The Sacred Meaning of Money", 51에서 재인용.

23. Viviana A. Zelizer, "On the Social Meaning of Money: 'Special Monies,'"

American Journal of Sociology 95, no. 2 (September 1989): 342-377.

24. Michael J. Silverstein and Kate Sayre, "The Female Economy", *Harvard Business Review*, September 2009, https://hbr.org/2009/09/the-female-economy.

25. Adele Azar-Rucquoi, *Money as Sacrament: Finding the Sacred in Money* (Berkeley: Celestial Arts, 2002), intro.

26. Perle, *Money: A Memoir*, 13.

27. Perle, *Money: A Memoir*, 221.

28. Suzanne Woolley, "Your Credit Score Could Make or Break Your Love Life", *Bloomberg.com*, August 21, 2017, https://www.bloomberg.com/news/articles/2017-08-21/a-high-credit-score-can-make-you-look-sexy-on-dating-apps.

29. Woolley, "Your Credit Score."

30. Catey Hill, "This Number Could Predict Your Chances of Getting Divorced", *New York Post*, May 10, 2017, https://nypost.com/2017/05/10/this-number-could-predict-your-chances-of-getting-divorced/.

31. Hill, "This Number."

32. Viviana A. Zelizer, "Money, Power, and Sex", *Yale Journal of Law and Feminism* 18 (2006): 303, https://papers.ssrn.com/sol3/papers.cfm?abstract_id=944055.

33. Woolley, "Your Credit Score."

34. David W. Krueger, "A Self-Psychological View of Money", in The Last Taboo: Money as Symbol and Reality in Psychotherapy and Psychoanalysis (New York: Brunner/Mazel, 1986).

35. Adrian Furnham, Michael Argyle, *The Psychology of Money* (New York: Routledge, 2008), 3. Liezel Alsemgeest, "Talking about Money Is Taboo: Perceptions of Financial Planning Students and Implications for the Financial Planning Industry", *Industry & Higher Education*, 2016년 9월 22일, http://reserchgate.net/publication/308570708에서 재인용. 『화폐 심리학』(학지사).

36. Perle, *Money: A Memoir*, 17.

37. Gordon Redding, *The Spirit of Chinese Capitalism* (Berlin: de Gruyter, 1995), 39.
38. Redding, *The Spirit of Chinese Capitalism*, 73.
39. Redding, *The Spirit of Chinese Capitalism*, 71.
40. Chan Kwok Bun and Claire Chiang, Stepping Out: The Making of Chinese Entrepreneurs (Singapore: Prentice-Hall, 1995), 246.

8장

1. Randy Alcorn, *Money, Possessions, and Eternity* (Carol Stream, IL: Tyndale, 1989), 205에서 인용. 『돈, 소유, 영원』(토기장이).
2. 이 장의 많은 부분은 R. Paul Stevens가 쓴 다음의 두 글에서 가져왔다. "Stewardship", "Financial Support", *The Complete Book of Everyday Christianity*, Robert Banks, R. Paul Stevens 엮음 (Downers Grove, IL: InterVarsity Press, 1997), 962-967, 419-422.
3. C. J. H. Wright, *God's People in God's Land: Family, Land, and Property in the Old Testament* (Grand Rapids: Eerdmans, 1990), 117.
4. R. T. France, "God and Mammon", *Evangelical Quarterly* 51 (1979): 18, Craig L. Blomberg, *Neither Poverty nor Riches: A Biblical Theology of Possessions* (Downers Grove, IL: InterVarsity Press, 1999), 145에서 재인용. 『가난하게도 마옵시고 부하게도 마옵소서』(IVP).
5. John Chrysostom, *On Wealth and Poverty*, trans. Catherine P. Roth (Crestwood, NY: St. Vladimir's Seminary Press, 1984).
6. Thomas Aquinas, "Treatise on Faith, Hope, and Charity", in *Summa theologiae* II-II, q. 32, art. 2.
7. 이에 관한 더 자세한 설명은 Jacques Ellul, *Money and Power*, limited ed. (Eugene, OR: Wipf&Stock, 2009), 62-65를 보라. 또한 Ellul은 그리스도가 "부에서 우리가 구약에서 인식했던 그것의 성례전적 특징을 벗겨 내신다"고 주장한다(70).
8. William E. Diehl and Judith Ruhe Diehl, *It Ain't Over Till It's Over* (Minneapolis:

Augsburg, 2003), 129-130.

9. Brian Griffiths and Kim Tan, *Fighting Poverty through Enterprise: The Case for Social Venture Capital* (Coventry, UK: The Venture Centre, 2007).

10. Ellul, *Money and Power*, 75.

11. Ellul, *Money and Power*, 109.

12. John Stackhouse Jr., "Money in Christian History", *Vocatio* 5, no. 1 (August 2001): 17-20.

13. Richard J. Foster, *Money, Sex, and Power: A Challenge of the Disciplined Life* (San Francisco: Harper & Row, 1985), 35. 『돈, 섹스, 권력』(두란노).

14. 청지기 정신에 대한 자료들은 다음과 같다. John Chrysostom, On Wealth and Poverty, trans. Catherine P. Roth (Crestwood, NY: St. Vladimir's Seminary Press, 1984); Oscar E. Feucht, Everyone a Minister (St. Louis: Concordia, 1974); R. Foster, *Freedom of Simplicity* (New York: Harper & Row, 1989), 8, 『심플라이프』(규장); D. J. Hall, *Stewardship of Life in the Kingdom of Death* (Grand Rapids: Eerdmans, 1988); L. T. Johnson, *Sharing Possessions: Mandate and Symbol of Faith* (London: SCM, 1981), 『공동소유: 미심쩍은 초대교회의 이상』(대장간); M. MacGregor, *Your Money Matters* (Minneapolis: Bethany House, 1988); R. J. Sider, *Cry Justice: The Bible on Hunger and Poverty* (New York: Paulist, 1980); R. J. Sider, *Living More Simply: Biblical Principles and Practical Models* (Downers Grove, IL: InterVarsity Press, 1980); R. J. Sider, *Rich Christians in an Age of Hunger* (Dallas: Word, 1990). 『가난한 시대를 사는 부유한 그리스도인』(IVP).

15. 재정 후원에 대한 자료들은 다음과 같다. R. Allen, *Missionary Methods: St. Paul's or Ours?* (Grand Rapids: Eerdmans, 1992), 『바울의 선교 vs. 우리의 선교』(IVP); J. M. Bassler, *God and Mammon: Asking for Money in the New Testament* (Nashville: Abingdon, 1991); J. M. Everts, "Financial Support", *Dictionary of Paul and His Letters*, G. F. Hawthorne, R. Martin, D. G. Reid 엮음 (Downers Grove, IL: InterVarsity Press, 1993) 295-300; G. Georgi, *Remembering the Poor: The History*

of Paul's Collection for Jerusalem (Nashville: Abingdon, 1992).

9장

1. Randy Alcorn, *Money, Possessions, and Eternity* (Carol Stream, IL: Tyndale, 1989), 103. 『돈, 소유, 영원』(토기장이).
2. Craig L. Blomberg, *Neither Poverty nor Riches: A Biblical Theology of Possessions* (Downers Grove, IL: InterVarsity Press, 1999), 132. 『가난하게도 마옵시고 부하게도 마옵소서』(IVP).
3. Danson Cheong, "City Harvest Trial: Six Accused Guilty of All Charges", *The Straits Times*, October 22, 2015, https://www.straitstimes.com/singapore/courts-crime/city-harvest-trial-six-accused-guilty-of-all-charges.
4. Sharon Chen, "Singapore Mega-Church Christian Faithful Invest in Malls", *Bloomberg*, September 4, 2012, https://www.bloomberg.com/news/articles/2012-09-03/singapore-mega-church-faithful-invest-in-malls-southeast-asia.
5. Huiwen Ng, "City Harvest Case: Is This the End of the Saga? Here's All You Need to Know", *The Straits Times*, February 1, 2018, https://www.straits times.com/singapore/courts-crime/city-harvest-case-recap-of-a-saga-that-dragged-on-for-7-years.
6. Kate Bowler, *Blessed: A History of the American Prosperity Gospel* (Oxford: Oxford University Press, 2013), 3.
7. Bowler, *Blessed*, 7.
8. Russell S. Woodbridge, "Prosperity Gospel Born in the USA", June 4, 2015, http://www.thegospelcoalition.org/article/prosperity-gospel-born-in-the-usa.
9. David Van Biema and Jeff Chu, "Does God Want You To Be Rich?", *Time*, Sept. 10, 2006, http://content.time.com/time/magazine/article/0,9171,1533448,00.html.
10. Van Biema and Chu, "Does God Want You to Be Rich?"
11. David W. Jones and Russell S. Woodbridge, *Health, Wealth, and Happiness: Has*

the Prosperity Gospel Overshadowed the Gospel of Christ? (Grand Rapids: Kregel Publications, 2011), 14.

12. Jones and Woodbridge, *Health, Wealth, and Happiness*, 16.
13. Jones and Woodbridge, *Health, Wealth, and Happiness*, 29.
14. Martin A. Larson, *New Thought; or a Modern Religious Approach: The Philosophy of Health, Happiness, and Prosperity* (New York: Philosophical Library, 1985), 6. Jones, Woodbridge, *Health, Wealth, and Happiness*, 29에서 재인용.
15. Larson, *New Thought*, 6.
16. "What Is New Thought?", International New Thought Alliance, https://newthoughtalliance.org/what-is-new-thought/.
17. Bowler, *Blessed*, 13-14.
18. William James, *The Varieties of Religious Experience* (London: Longmans, Green and Co., 1905), 95. Jones, Woodbridge, *Health, Wealth, and Happiness*, 28에서 재인용. 『종교적 경험의 다양성』(한길사).
19. Jones and Woodbridge, *Health, Wealth, and Happiness*, 30.
20. Russell H. Conwell, *Acres of Diamonds* (Uhrichsville, OH: Barbour and Company, 1993), 31.
21. Bowler, *Blessed*, 56.
22. Norman Vincent Peale, *The Power of Positive Thinking* (New York: Fireside/Simon&Schuster, 2003), 55. Bowler, *Blessed*, 57에서 재인용. 『노먼 빈센트 필의 긍정적 사고방식』(세종).
23. Dawn Hutchinson, "New Thought's Prosperity Theology and Its Influence on American Ideas of Success", *Nova Religio: The Journal of Alternative and Emergent Religions* 18.2 (Fall 2014): 28-44, 38.
24. Hutchinson, "New Thought's Prosperity Theology", 40.
25. Hutchinson, "New Thought's Prosperity Theology", 40.
26. Napoleon Hill, *Think and Grow Rich* (Wise, VA: Napoleon Hill Foundation,

1937), 33. 『생각하라 그리고 부자가 되어라』(반니).

27. Donald Meyer, *The Positive Thinkers: Popular Religious Psychology from Mary Baker Eddy to Norman Vincent Peale and Ronald Reagan* (Middletown, CT: Wesleyan University Press, 1988). Bowler, *Blessed*, 37에서 재인용.

28. Dale H. Simmons, *E. W. Kenyon and the Postbellum Pursuit of Peace, Power, and Plenty* (Lanham, MD: Scarecrow Press, 1997), xi. Jones, Woodbridge, *Health, Wealth, and Happiness*, 51에서 재인용.

29. Bowler, *Blessed*, 16.

30. Kenneth E. Hagin, *How to Write Your Own Ticket with God* (Tulsa, OK: Kenneth Hagin Ministries, 1979), 6-8. Jones, Woodbridge, *Health, Wealth, and Happiness*, 55에서 재인용. 『하나님이 주시는 승리의 티켓』(베다니).

31. Robert M. Bowman Jr., *The Word-Faith Controversy: Understanding the Health and Wealth Gospel* (Grand Rapids: Baker, 2001).

32. Robert Bowman Jr., "Word of Faith Movement", *Profile, Watchman Fellowship*, https://www.watchman.org/profiles/pdf/wordfaithprofile.pdf.

33. Bowler, *Blessed*, 7.

34. Jones and Woodbridge, *Health, Wealth, and Happiness*, 65.

35. Gloria Copeland, *God's Will Is Prosperity: A Roadmap to Spiritual, Emotional, and Financial Wholeness* (Fort Worth, TX: Kenneth Copeland Publications, 1978), 65.

36. Copeland, *God's Will Is Prosperity*, 66.

37. Gordon Fee, *The Disease of the Health and Wealth Gospels*, Kindle ed. (Vancouver, BC: Regent College Publishing, 2006), loc. 77.

38. Fee, *The Disease of the Health and Wealth Gospels*, loc. 80.

39. Fee, *The Disease of the Health and Wealth Gospels*, loc. 252.

40. Joyce Meyer, "List of Confessions by Joyce Meyer", https://joycemeyer.org/everydayanswers/ea-teachings/list-of-confessions-by-joyce-meyer.

41. Fee, *The Disease of the Health and Wealth Gospels*, loc. 285.

42. Steve Siebold, "The Biggest Scam of All: Pastor Creflo Dollar Will Get His $65 Million Luxury Jet", June 2005, 2016, https://www.huffpost.com/entry/the-biggest-scam-of-all-p_b_7521170.
43. Michael Horton, *Christless Christianity: The Alternative Gospel of the American Church* (Grand Rapids: Baker, 2008), 65-66. 『그리스도 없는 기독교』(부흥과개혁사).
44. Horton, *Christless Christianity*, 67.
45. Van Biema and Chu, "Does God Want You to Be Rich?"
46. Van Biema and Chu, "Does God Want You to Be Rich?"
47. Pew Forum, "Spirit and Power: A 10-country Survey of Pentecostals", (Washington, DC: Pew Research Center, 2006), 147.
48. Alcorn, *Money*, 89.

10장

1. John C. Haughey, *Converting Nine to Five: A Spirituality of Daily Work* (New York: Crossroad, 1989), 104.
2. Craig L. Blomberg, *Neither Poverty nor Riches: A Biblical Theology of Possessions* (Downers Grove, IL: InterVarsity Press, 1999), 140. 『가난하게도 마옵시고 부하게도 마옵소서』(IVP).
3. Peter Brown, *Through the Eye of a Needle: Wealth, the Fall of Rome, and the Making of Christianity in the West, 350-550 AD* (Princeton: Princeton University Press, 2012), xx.
4. Yves M. J. Congar, *Lay People in the Church: A Study for a Theology of the Laity*, trans. D. Attwater (Westminster, MD: Newman Press, 1957), 92.
5. Philip Marcovici, *The Destructive Power of Family Wealth: A Guide to Succession Planning, Asset Protection, Taxation, and Wealth Management* (Hoboken, NJ: John Wiley & Sons Inc., 2016), 17.
6. John C. Haughey, *The Holy Use of Money: Personal Finance in Light of Christian

Faith (Garden City, NY: Doubleday, 1986), 10-16.
7. Haughey, *The Holy Use of Money*, 12.
8. John Calvin, *Commentary on the Psalms*, trans. James Anderson (Grand Rapids: Baker, 1996), Part 1, Vol. 1, xxxvii. Clavin은 이러한 통찰력 있는 제목에 대한 이유를 다음과 같이 설명한다.

> 거울에 드러나는 것처럼 여기에서 표현되지 않는 감정을 하나라도 의식할 수 있는 사람은 없다. 더 정확히 말하면, 성령께서는…여기에 모든 비통, 슬픔, 두려움, 의심, 소망, 관심, 당혹감, 요약하면 사람의 정신을 뒤흔들어 놓는 버릇이 있는 모든 산란한 감정을 끌어다 놓으신다. 성경의 다른 부분들은 하나님이 우리에게 알려 주시기 위해 그분의 종들에게 명령하시는 계명들을 담고 있다. 그러나 여기에서는 하나님을 향해 말하는 자신들의 모습이 우리에게 드러난다는 것을 알고, 또한 자신들의 가장 내밀한 모든 생각과 사랑을 그대로 열어서 보여 주는 예언자들이, 특별히 그들 자신의 예를 면밀히 살펴보라고 우리를 부른다. 더 정확하게 말하면 끌어당긴다. 그럼으로써 우리가 가진 어떤 연약함도, 우리가 묶여 있는 어떤 악함도 더 이상 감추어져 있지 않게 하기 위해서다. 숨어 있던 모든 구석들을 찾아내고, 마음이 빛 가운데서 나오게 하며, 가장 해로운 전염병인 위선을 제거할 수 있다면, 그것이야말로 분명 진귀하고 독보적인 이점일 것이다.

9. Dietrich Bonhoeffer, *Psalms: The Prayer Book of the Bible* (Minneapolis: Augsburg, 1970), 27. 『본회퍼의 시편 이해: 기도의 책』(홍성사).
10. James W. Sire, *The Universe Next Door*, 4th ed. (Downers Grove, IL: InterVarsity Press, 2004), 17. 『기독교 세계관과 현대사상』(IVP).
11. Haughey, *The Holy Use of Money*, 24, 저자 강조.
12. George MacDonald, *The Curate's Awakening* (Minneapolis: Bethany House Publishers, 1985), 145.

13. Blomberg는 통찰력 있는 언급을 한다. "따라서 특별히 유명한 마더 테레사의 말에 기초하여 만들어진 구호, 그들이 믿는 종교가 무엇이냐에 상관없이 '가난한 이들의 얼굴에서 예수님을 본다'라는 구호는 최선의 경우 오직 부분적인 진실만을 담아내고, 최악의 경우 심각하게 오도한다." *Neither Poverty nor Riches*, 126.
14. R. Paul Stevens, *Work Matters: Lessons from Scripture* (Grand Rapids: Eerdmans, 2012), 154-166. 『일의 신학』(CUP).
15. Haughey는 이렇게 말한다. "영속하는 것은 순수한 의도 자체만도 아니고, 실행되지 않은 채 세 가지의 신학적 덕목으로 사람에게 주입된 믿음, 소망, 사랑도 아니다. 영속하는 것은 이러한 덕목에 근거하여 취한 행동, 의도에서 흘러나오는 실천, 덕을 형성하는 행위다. 이런 것들이 사라지지 않는다!" Haughey, *Converting Nine to Five*, 106.
16. Alan Richardson, *The Biblical Doctrine of Work* (London: SCM, 1954), 55-56.
17. Haughey, *Converting Nine to Five*, 104.
18. Haughey, *The Holy Use of Money*, 235.
19. Lesslie Newbigin, *Honest Religion for Secular Man* (Philadelphia: Westminster, 1966), 46.
20. N. T. Wright, *Surprised by Hope: Rethinking Heaven, the Resurrection, and the Mission of the Church* (New York: HarperOne, 2008), 29. 『마침내 드러난 하나님 나라』(IVP).

참고 문헌

Alcorn, Randy. *Money, Possessions, and Eternity*. Carol Stream, IL: Tyndale, 1989. 『돈, 소유, 영원』(토기장이).

Aquinas, Thomas. "Treatise on Faith, Hope, and Charity." In *Summa theologiae* II-II, q. 32, art. 2.

Azar-Rucquoi, Adele. *Money as Sacrament: Finding the Sacred in Money*. Berkeley: Celestial Arts, 2002.

Bailey, Kenneth E. *Poet & Peasant and Through Peasant Eyes: A Literary-Cultural Approach to the Parables in Luke*. Grand Rapids: Eerdmans, 1983. 『중동의 눈으로 본 예수님의 비유』(이레서원).

Barth, Karl. "Vocation." In *Church Dogmatics*, III/4. Edinburgh: T&T Clark, 1961. 『교회 교의학 III/4』(대한기독교서회).

Bassler, J. M. *God and Mammon: Asking for Money in the New Testament*. Nashville: Abingdon, 1991.

Belk, Russell, and Melanie Wallendorf. "The Sacred Meanings of Money." *Journal of Economic Psychology* 11 (1990): 35-67.

Berger, Peter. *The Capitalistic Revolution*. New York: Basic Books, 1986. 『자본주의 혁명』

(지문사).

Blomberg, Craig L. *Neither Poverty nor Riches: A Biblical Theology of Possessions*. Downers Grove, IL: InterVarsity Press, 1999. 『가난하게도 마옵시고 부하게도 마옵소서』 (IVP).

Bochmuehl, Klaus. "Recovering Vocation Today." *Crux* 24, no. 3 (1988): 25-35.

Bonhoeffer, Dietrich. *Psalms: The Prayer Book of the Bible*. Minneapolis: Augsburg, 1970. 『본회퍼의 시편 이해: 기도의 책』(홍성사).

Braudel, Fernand. *The Structures of Everyday Life*. New York: Harper & Row, 1982. 『물질문명과 자본주의 1: 일상생활의 구조』(까치).

Bright, John. *The Kingdom of God*. Nashville: Abingdon, 1953. 『하나님의 나라』(CH북스).

Brown, Norman Oliver. *Life against Death: The Psychoanalytical Meaning of History*. Middletown, CT: Wesleyan University Press, 1985.

Brown, Peter. *Through the Eye of a Needle: Wealth, the Fall of Rome, and the Making of Christianity in the West, 350-550 AD*. Princeton: Princeton University Press, 2012.

Calvin, John. *Commentary on the Psalms*. Translated by Rev. James Anderson. Grand Rapids: Baker, 1996.

Carey, William. *An Enquiry into the Obligations of Christians to Use Means for the Conversion of the Heathens*. London: The Carey Kingsgate Press Ltd., 1792/1961. 『이교도 선교 방법론』(야스미디어).

Carruthers, Bruce G. "The Meanings of Money: A Sociological Perspective." *Theoretical Inquiries in Law* 11, no. 1 (2010): 52.

Chan Kwok Bun and Claire Chiang. *Stepping Out: The Making of Chinese Entrepreneurs*. Singapore: Prentice-Hall, 1995.

Chrysostom, John. *On Wealth and Poverty*. Translated by Catherine P. Roth. Crestwood, NY: St. Vladimir's Seminary Press, 1984.

Congar, Yves M. J. *Lay People in the Church: A Study for a Theology of the Laity*.

Translated by D. Attwater. Westminster, MD: Newman Press, 1957.

Cropsey, Joseph. "Adam Smith." In *History of Political Philosophy*, edited by Leo Strauss and Joseph Cropsey, 3rd ed. Chicago: University of Chicago Press, 1987. 『서양정치철학사』(인간사랑).

Davies, Glyn. A History of Money: From Ancient Times to the Present Day. Cardiff: University of Wales Press, 2002. http://library.uniteddiversity.coop/Money_and_Economics/A_History_of_Money-From_Ancient_Times_to_the_Present_Day.pdf.

Diehl, William E., and Judith Ruhe Diehl. *It Ain't Over Till It's Over*. Minneapolis: Augsburg, 2003.

Draht, Daniel. "Redeeming the Church's Understanding of Effectiveness in the Workplace." Unpublished paper in Marketplace Theology. Regent College, Vancouver, 2016.

Durkheim, Emile. *The Elementary Forms of Religious Life*. Translated by Karen E. Fields. New York: Free Press, 1995. 『종교생활의 원초적 형태』(한길사).

Ellul, Jacques. *Money and Power*. Limited edition. Eugene, OR: Wipf & Stock, 2009.

Eusebius of Caesarea. *Demonstration of the Gospel*. Quoted in W. R. Forrester. *Christian Vocation*. New York: Scribner's, 1953.

Everts, J. M. "Financial Support." In *Dictionary of Paul and His Letters*, edited by G. F. Hawthorne, R. Martin, and D. G. Reid. Downers Grove, IL: InterVarsity Press, 1993.

Finch, Caleb E. "Evolution of the Human Lifespan and Diseases of Aging: Roles of Infection, Inflammation, and Nutrition." *Proceedings of the National Academy of Sciences of the United States* 107 (January 26, 2010): 1718-1724. https://www.pnas.org/content/107/suppl_1/1718/tab-article-info.

Foster, Richard J. *Money, Sex, and Power: A Challenge of the Disciplined Life*. San Francisco: Harper & Row, 1985. 『돈, 섹스, 권력』(두란노).

France, R. T. "God and Mammon." *Evangelical Quarterly* 51 (1979): 18. Quoted in Craig L. Blomberg. *Neither Poverty nor Riches: A Biblical Theology of Possessions*. Downers Grove, IL: InterVarsity Press, 1999. 『가난하게도 마옵시고 부하게도 마옵소서』(IVP).

―――. *Matthew*. Tyndale New Testament Commentaries. Grand Rapids: Eerdmans, 1985. 『마태복음』(CLC).

Fromm, Erich. *To Have or to Be?* New York: Open Road Media, 2002. Kindle edition. Introduction. 『소유냐 존재냐』(까치).

Furnham, Adrian, and Michael Argyle. *The Psychology of Money*. New York: Routledge, 2008. Quoted in Liezel Alsemgeest. "Talking about Money Is Taboo: Perceptions of Financial Planning Students and Implications for the Financial Planning Industry." *Industry & Higher Education*, September 22, 2016. https://www.researchgate.net/publication/308570708.

Gay, Craig. *Cash Values: Money and the Erosion of Meaning in Today's Society*. Grand Rapids: Eerdmans, 2004.

―――. *The Way of the (Modern) World: Or, Why It's Tempting to Live As If God Doesn't Exist*. Grand Rapids: Eerdmans, 1998.

Georgi, G. *Remembering the Poor: The History of Paul's Collection for Jerusalem*. Nashville: Abingdon, 1992.

Goetzmann, William. *Money Changes Everything: How Finance Made Civilization Possible*. Princeton: Princeton University Press, 2016. 『금융의 역사』(지식의날개).

Graeber, David. *Debt: The First 5,000 Years*. New York: Melville House, 2012. 『부채, 첫 5,000년의 역사』(부글북스).

Griffiths, Brian. *The Creation of Wealth: A Christian's Defense of Capitalism*. Downers Grove, IL: InterVarsity Press, 1985.

Griffiths, Brian, and Kim Tan. *Fighting Poverty through Enterprise: The Case for Social Venture Capital*. Coventry, UK: The Venture Centre, 2007.

Hahnel, Robert. *Of the People, by the People: The Case for a Participatory Economy*. Chico, CA: AK Press Distribution, 2012.

Haidt, Jonathan. "Three Stories about Capitalism." *Righteous Mind* (blog), July 20, 2014. https://righteousmind.com/three-stories-about-capitalism/.

_____. "How Capitalism Changes Conscience." *Center for Humans & Nature*, September 28, 2015. https://www.humansandnature.org/culture-how-capitalism-changes-conscience.

Hall, D. J. *Stewardship of Life in the Kingdom of Death*. Grand Rapids: Eerdmans, 1988.

Hardy, Lee. *The Fabric of This World*. Grand Rapids: Eerdmans, 1990.

Haughey, John C. *Converting Nine to Five: A Spirituality of Daily Work*. New York: Crossroad, 1989.

_____. *The Holy Use of Money: Personal Finance in Light of Christian Faith*. Garden City, NY: Doubleday, 1986.

Hill, Catey. "This Number Could Predict Your Chances of Getting Divorced." *New York Post*, May 10, 2017. https://nypost.com/2017/05/10/this-number-could-predict-your-chances-of-getting-divorced/.

Humphrey, Caroline. "Barter and Economic Disintegration." *Man* 20: 48-72.

Ingham, Geoffrey. *The Nature of Money*. Cambridge: Polity Press, 2004. 『돈의 본성』(삼천리).

Inglehart, Ron, and Christian Welzel. *World Values Survey*. http://www.worldvaluessurvey.org/.

Kaye, Joel. *Economy and Nature in the Fourteenth Century: Money, Market Exchange, and the Emergence of Scientific Thought*. Cambridge: Cambridge University Press, 1998.

Keynes, John Maynard. *Treatise on Money*. New York: Harcourt, Brace, 1930.

Kierkegaard, Søren. *Papers and Journals*. Translated by Alastair Hannay. New York: Penguin Books, 1996.

Krueger, David W. "A Self-Psychological View of Money." In *The Last Taboo: Money as Symbol and Reality in Psychotherapy and Psychoanalysis*. New York: Brunner/Mazel, 1986.

Kwak, Jaeeun. "Presbyterian Constitution." *Quizlet*, February 2014. http://quizlet.com/35814505/flasj-cards/. "강도사고시(헌법)."

Laum, Bernhard. *Heiliges Geld*. Tübingen: Mohr, 1924.

Lee, Young-hoon. *The Holy Spirit Movement in Korea: Its Historical and Theological Development*. Oxford: Regnum Books International, 2009.

Lewis, Colin. "The Soul of Korean Christianity: How the Shamans, Buddha, and Confucius Paved the Way for Jesus in the Land of the Morning Calm." A Project for the University Scholars Program, Seattle Pacific University, 2014.

Luther, Martin. *Luther's Works*. American Edition. 55 vols. Edited by Jaroslav Pelikan. St. Louis: Concordia, 1955-1986.

MacDonald, George. *The Curate's Awakening*. Minneapolis: Bethany House Publishers, 1985.

Mandryk, Jason. *Operation World*. Colorado Springs, CO: Biblica, 2010. 『세계기도정보』(죠이선교회).

Marcovici, Philip. *The Destructive Power of Family Wealth: A Guide to Succession Planning, Asset Protection, Taxation and Wealth Management*. Hoboken, NJ: John Wiley & Sons Inc., 2016.

Marshall, I. Howard. "How Far Did the Early Christians Worship God?" *Churchman* 99, no. 3 (1985).

_____. *Luke: Historian and Theologian*. Grand Rapids: Zondervan, 1974.

Marshall, Paul. *A Kind of Life Imposed on Man: Vocation and Social Order from Tyndale to Locke*. Toronto: University of Toronto Press, 1996.

Mason, Paul. *Postcapitalism: A Guide to Our Future*. Kindle ed. New York: Farrar, Straus and Giroux, 2015. 『포스트자본주의 새로운 시작』(더퀘스트).

Michaelson, Robert S. "Changes in the Puritan Concept of Calling or Vocation." *New England Quarterly* 26 (1953): 315-336.

Mill, John Stuart. *Utilitarianism*. Kindle ed. Heritage Illustrated Publishing, 2014. 『공리주의』(현대지성).

Mishel, Lawrence, and Jessica Schieder. "CEO Compensation Surged in 2017." *Economic Policy Institute*, August 16, 2018. https://www.epi.org/publication/ceo-compensation-surged-in-2017/.

Needleman, Jacob. *Money and the Meaning of Life*. New York: Doubleday, 1991. 『돈과 인생의 의미』(고려원).

Newbigin, Lesslie. *Honest Religion for Secular Man*. Philadelphia: Westminster, 1966.

Nolland, John. *Luke 9:21-18:34*. Vol. 35B of *Word Biblical Commentary*, edited by David A. Hubbard, Glenn W. Barker, John D. W. Watts, and Ralph P. Martin. Dallas: Word, 1993. 『누가복음 중』(솔로몬).

Novak, Michael. *The Spirit of Democratic Capitalism*. New York: Simon & Schuster, 1982.

Oaks, Guy. "The Thing That Would Not Die: Notes on Reflection." In *Weber's Protestant Ethic: Origins, Evidence, Contexts*, edited by Hartmut Lehmann and Guenther Roth. New York: Cambridge University Press, 1993.

The Organisation for Economic Co-operation and Development (OECD). Policy Challenges for the Next 50 Years, July, 2014, 10. https://www.oecd.org/economy/Policy-challenges-for-the-next-fifty-years.pdf.

Perkins, William. *The Works of That Famous Minister of Christ in the University of Cambridge*. London: John Legatt, 1626.

Perle, Liz. *Money: A Memoir*. New York: Picador, 2006. 『여자는 무엇으로 사는가: 여자, 돈, 행복의 삼각관계』(까치).

Poggi, Gianfranco. *Calvinism and the Capitalist Spirit: Max Weber's Protestant Ethic*. London: Macmillan, 1983.

Polanyi, Karl. *The Great Transformation: The Political and Economic Origins of Our Time*. Boston: Beacon, 2001. 『거대한 전환』(도서출판 길).

Powell, Andrew. *Living Buddhism*. New York: Harmony Books, 1989.

Preece, Gordon. "Business as a Calling and Profession: Towards a Protestant Entrepreneurial Ethic." Unpublished manuscript delivered at the International Marketplace Theology Consultation, Sydney, June 2001.

Redding, Gordon. *The Spirit of Chinese Capitalism*. Berlin: de Gruyter, 1995.

Richardson, Alan. *The Biblical Doctrine of Work*. London: SCM, 1954.

Rosenberg, Nathan, and L. E. Birdzell Jr. *How the West Grew Rich: The Economic Transformation of the Industrial World*. New York: Basic Books, 1986.

Rudmin, Floyd W. "German and Canadian Data on Motivations for Ownership: Was Pythagoras Right?" Paper presented at Association for Consumer Research conference, New Orleans, LA, October 19-22, 1989.

Salkin, Jeffrey K. *Being God's Partner: How to Find the Hidden Link between Spirituality and Your Work*. Woodstock, VT: Jewish Lights Publishing, 1994.

Sandel, Michael. *What Money Can't Buy: The Moral Limits of Markets*. New York: Farrar, Straus and Giroux, 2012. 『돈으로 살 수 없는 것들』(와이즈베리).

Semenova, Alla. "The Origins of Money: Evaluating Chartalist and Metallist Theories in the Context of Ancient Greece and Mesopotamia." PhD diss., University of Missouri-Kansas City, 2011. https://mospace.umsystem.edu/xmlui/bitstream/handle/10355/10843/SemenovaOriMonEva.pdf.

Silverstein, Michael J., and Kate Sayre. "The Female Economy." *Harvard Business Review*, September 2009. https://hbr.org/2009/09/the-female-economy.

Simmel, Georg. *The Philosophy of Money*. Translated by Tom Bottomore and David Frisby. London: Routledge, 2004. 『돈의 철학』(도서출판 길).

Sire, James W. *The Universe Next Door*. 4th ed. Downers Grove, IL: InterVarsity Press, 2004. 『기독교 세계관과 현대사상』(IVP).

Smith, Adam. *The Wealth of Nations*. New York: Bantam Classic, 2003. 『국부론』(비봉출판사).

Smithin, John. "The Role of Money in Capitalism." *International Journal of Political Economy*, February 2002.

Sokol, Jan. "Money and the Sacred: B. Laum's Hypothesis on the Origins of Money." Lecture, Center for the Study of World Religions, Harvard University, Cambridge, MA, October 1, 2008.

Srnicek, Nick, and Alex Williams. *Inventing the Future: Postcapitalism and a World without Work*. Revised, updated ed. London: Verso Books, 2016.

Stackhouse, John, Jr. "Money in Christian History." *Vocatio* 5, no. 1 (August 2001).

Stackhouse, Max, et al. *On Moral Business: Classical and Contemporary Resources for Ethics in Economic Life*. Grand Rapids: Eerdmans, 1995.

Stevens, R. Paul. *Doing God's Business: Meaning and Motivation for the Marketplace*. Grand Rapids: Eerdmans, 2006. 『일터신학』(IVP).

_____. "The Kingdom of God: Biblical Research." Institute for Marketplace Transformation. paul@imtglobal.org.

_____. *The Other Six Days: Vocation, Work, and Ministry in Biblical Perspective*. Grand Rapids: Eerdmans, 2000.

_____. "The Spiritual and Religious Sources of Entrepreneurship: From Max Weber to the New Business Spirituality." *Crux* 36, no. 2 (June 2000): 22-33. Reprinted in *Stimulus: The New Zealand Journal of Christian Thought and Practice* 9, no. 1 (February 2001): 2-11.

_____. "Stewardship" and "Financial Support." In *The Complete Book of Everyday Christianity*, edited by Robert Banks and R. Paul Stevens, 962-967 and 419-422, respectively. Downers Grove, IL: InterVarsity Press, 1997.

_____. *Work Matters: Lessons from Scripture*. Grand Rapids: Eerdmans, 2012. 『일의 신학』(CUP).

Tawney, R. H. *Religion and the Rise of Capitalism*. Harmondsworth, UK: Pelican (Penguin Books), 1977. 『종교와 자본주의의 발흥』(한길사).

Waltke, Bruce K. *An Old Testament Theology*. Grand Rapids: Zondervan, 2007. 『구약신학』(부흥과개혁사).

Weber, Max. *The Protestant Ethic and the Spirit of Capitalism*. Mineola, NY: Dover Publications, 2003. 『프로테스탄트 윤리와 자본주의 정신』(현대지성).

West, Melissa. "Tie Your Camel to the Hitching Post: An Interview with Jacob Needleman." https://www.personaltransformation.com/jacob-needleman.html.

Woolley, Suzanne. "Your Credit Score Could Make or Break Your Love Life." *Bloomberg.com*, August 21, 2017. https://www.bloomberg.com/news/articles/2017-08-21/a-high-credit-score-can-make-you-look-sexy-on-dating-apps.

Wright, C. J. H. *God's People in God's Land: Family, Land, and Property in the Old Testament*. Grand Rapids: Eerdmans, 1990.

Wright, N. T. *Luke for Everyone*. Louisville: Westminster John Knox, 2004. 『모든 사람을 위한 누가복음』(IVP).

_____. *Surprised by Hope: Rethinking Heaven, the Resurrection, and the Mission of the Church*. New York: HarperOne, 2008. 『마침내 드러난 하나님 나라』(IVP).

_____. *Matthew for Everyone*, Part 2. London: SPCK, 2002. 『모든 사람을 위한 마태복음 2』(IVP).

Zelizer, Viviana A. "Money, Power, and Sex." *Yale Journal of Law and Feminism* 18 (2006): 303. https://papers.ssrn.com/sol3/papers.cfm?abstract-id=944055.

_____. "On the Social Meaning of Money: 'Special Monies.'" *American Journal of Sociology* 95, no. 2 (September 1989): 342-377.

_____. *The Social Meaning of Money: Pin Money, Paychecks, Poor Relief, and Other Currencies*. Princeton: Princeton University Press, 2017.

Zhao Xiao. Interview by PBS. *Frontline World*. www.pbs.org/frontlineworld/stories/china_705/interview/xiao.html.

인명 및 주제 찾아보기

4세기 기독교 223-224

가난하게 자라다(클라이브 림의 이야기)
  23-43; 성찰과 토론을 위한 질문
  243-244
가롯 유다 165
가톨릭교회 104
건강과 부의 복음 》 번영복음 운동(건강과
  부의 복음)을 보라
『거룩한 돈의 사용』 229
게이, 크레이그 101-102, 112, 116, 125,
  135, 246
게티, J. 폴 175
경제적 정의 130
경제협력개발기구(OECD) 127
고리대금업 142-143. 또한 이자율과 부채

를 보라
골드바트, 스티븐 166
공리주의 117, 164, 259n10
공산주의 경제 115
괴츠만, 윌리엄 70
구세군 교회 48, 51
구약성경: 구약성경과 고대 이스라엘에서
  의 돈 관습 74-76; 번영복음의 구약 해
  석 19, 213-215; 복으로서의 부 17-
  18; 신탁관계와 창조 명령 182; 십일
  조에 대한 구약 말씀 184-185, 213,
  254n3; 언약과 성속 이원론 96-98;
  언약 모델 19, 96-98, 181-182; 재물
  을 위해 재물을 추구하는 것의 파괴성
  18-19; 하나님 나라의 관점 20-22
국내총생산 114

『국부론』(스미스) 83, 85, 118-119
국제신사상연맹 206
국제통화기금(IMF) 114, 129
그레이버, 데이비드 82-83, 84
그리스, 고대: 돈과 분배적 정의 80-81, 113; 동전('오볼로스') 253n10; 신전에서의 돈 79-81; 제의적 실천과 절기 음식 80, 253n10; 철학적 이원론과 초기 기독교에 끼친 영향 98-100
『그리스도 없는 기독교』(호튼) 216
그리피스, 브라이언 102, 116, 189
글로벌 경제 위기, 2008년 127-129
긍정적 사고 206-210; 긍정적 사고와 미국의 사업 성공 문학 208-210; 덕과 성품의 초점 209-210. 또한 번영복음 운동(건강과 부의 복음)을 보라
『긍정적 사고방식』(필) 208
기대 수명 122
『기독교 세계관과 현대사상』(사이어) 232-233
기업의 사회적 책임 124-125
기후 변화 129

나폴레온 힐 협회(말레이시아) 209
노박, 마이클 122
뉴비긴, 레슬리 240-241
느부갓네살, 바빌론 왕 79

니들먼, 제이콥 18, 24, 42, 43, 90, 97, 109, 243

다윗, 이스라엘 왕 76, 168
'다이아몬드 밭' 설교(콘웰) 208
달러, 크레플로 216
대한예수교장로회(PCK) 106
데이비스, 글린 71
『도덕경』 175
돈, 의미, 선택 연구소 166
『돈과 삶의 의미』(니들먼) 18, 42
돈에 관한 성경 말씀 17-20. 또한 신약성경, 구약성경을 보라
돈의 사회적 가치 》 사회적 가치, 돈의를 보라
돈의 역사 》 역사, 돈의를 보라
『돈의 철학』(지멜) 157
동독 공산당 116
동양의 종교와 철학 105-108; 동양의 종교 및 철학과 목사의 정체성 106-107; 동양의 종교 및 철학과 신사상 207; 무속신앙 105-106; 불교 105-107; 성속 이원론 105-108; 유교 34, 105, 107, 174; 한국 기독교에 끼친 영향 105-107
뒤르켐, 에밀 253n5
드래흐트, 대니얼 134, 139, 140, 146

라움, 베른하르트 80-81, 253n10

라이트, C. J. H. 182

라이트, N. T. 94, 137, 150, 241

레딩, 고든 173-174

레마 성경 훈련 센터 211

로젠버그, 네이선 123

록펠러, 존, 시니어 228

루드민, 플로이드 167

루터, 마르틴 100, 191

리브라(페이스북 암호화폐) 176

리젠트 칼리지 63, 104

리처드슨, 앨런 239

림, 클라이브 13-14, 23-43, 143, 193; 1960년대와 1970년대 탈식민화된 싱가포르에서의 삶 26-29, 69; 경력과 재정적 목표에 집착하던 초기 29-31, 35-36, 39-40; 기독교 신앙으로의 영적 여정 32-35; 돈 없이 자란 개인적 이야기 23-43; 부모님과 가족 배경 25-29, 32, 34, 36-37, 122; 사업을 시작하고 사업가가 된 이야기 36-39; 수입 원천에 따른 구분 시스템 161-162; 질병과 1년간의 사업 안식년 38-39, 40

립 인터내셔널 124

마든, 오리슨 스웨트 209

마르코비치, 필립 227

마르크스, 카를 157-158

마셜, I. 하워드 263n15

마스 재단 124

마이모니데스 187-188

마이어, 조이스 204, 218

『말씀-믿음 논쟁』(바우만) 211

맘몬(불의한 돈) 86, 91, 125, 138, 229

매치닷컴(Match.com) 170

매치미디어그룹 170-171

"매일의 삶 즐기기"(텔레비전 프로그램) 204

맥도널드, 조지 236-237

맨드릭, 제이슨 107

메이슨, 폴 127, 128

메이어, 도널드 209

모세 61, 75, 150-151

무속 신앙 105-106

물물교환과 물물교환 경제 70, 81-85

미가의 우상 숭배 164-165, 247

미국평신도센터 104

미드, 조지 허버트 157

『믿음의 말씀』, 잡지 211

'믿음의 말씀' 운동 210-212

『바늘귀 통과하기』(브라운) 224

바르트, 칼 99

바리새인 64, 93, 149, 152, 185
바빌론 신전에서의 돈 70, 71-74, 113; 서
  기와 회계 73; 은 본위 가격 제도 70,
  73-74; 정치·경제의 중심으로서의 신
  전 72-74
바우만 주니어, 로버트 211
바울, 사도: 가난한 유대인 그리스도인들을
  위해 이방인의 부를 모금하는 일 235-
  236; 거짓 선생들에 관하여 217; 기독
  교 사역자를 재정적으로 후원하는 문제
  에 대해 194-197; 재물을 좇고 돈을
  사랑하는 것에 대한 경고 19, 40; 재
  산이신 그리스도에 대하여 240; 하나
  님의 일에 자신을 온전히 드리는 것에
  대해 97, 238-239
바턴, 브루스 208
발렌도르프, 멜라니 163
버거, 피터 116
버젤, L. E., Jr. 123
번영복음 운동(건강과 부의 복음) 199-220;
  19세기 기원 206; 건강과 부에 관한
  구약의 가르침에 대한 해석 18-19,
  213-215; 건강과 부에 관한 신약의 가
  르침에 대한 해석 213-215; 긍정적
  사고, 번영복음 운동과 207-210; 기
  본 가르침과 주제 210-215; 대중성과
  인터넷, 텔레비전, 라디오를 통한 폭넓

은 전파 204-205; 미국의 사업 성공
  문학, 번영복음 운동과 208-210; 믿
  음의 말씀 운동 210-212; 비판과 성
  토 216-219; 성찰과 토론을 위한 질
  문 249-250; 세계화와 전 세계적 전파
  201-202, 219-220; 신사상 운동, 번영
  복음 운동과 205-207, 210; 아메리칸
  드림 추구, 번영복음 운동과 202-205,
  218-219; 정의 202-204; 창시자 케
  니언과 해긴 210-211
베델 성경 대학(매사추세츠주 스펜서) 210-
  211
베를린 장벽 116, 259n5
베버, 막스 101-102, 120, 256n20
벤하닷, 아람 왕 78
벨크, 러셀 163
'보상의 법칙'(틸튼) 213
보울러, 케이트 202, 206, 207, 208, 212
보크뮤얼, 클라우스 104
본회퍼, 디트리히 232
『부목사의 깨달음』(맥도널드) 236-237
『부의 창출: 기독교의 자본주의 변호』(그리피
  스) 116
부자와 거지 비유 116, 148-150, 230, 246
『부채, 처음 5000년의 역사』(그레이버) 82
분배적 정의 80, 113
불교 32, 105-107

브라운, 피터 224
브로델, 페르낭 158
브루킹스 연구소 171
블럼호퍼, 이디스 218
블룸버그, 크레이그 L. 19, 20, 200, 251n4, 254n3, 262n6, 273n13
비례적 혹은 기하학적 평등의 원칙 80
비트코인 176

사랑과 돈의 사회적 가치 169-172; 교제와 데이트에서 신용 점수의 역할 171-172; 이혼율 예측, 신용 점수에 의한 171-172; 잠재적 데이트 상대의 경제적 책임감의 자질 170
사이어, 제임스 232-233
사회적 가치, 돈의 155-177; 경제사회학자들의 의견, 돈과 사회적 가치에 대한 159-162; 동양과 서양의 문화적 가치 172-175; 목적에 따라 돈에 표식 남기기 160-162; 사랑, 돈의 사회적 가치와 169-172; 사회적 상호 작용에 끼치는 나쁜 영향과 좋은 영향 157-160; 성 역할, 돈의 사회적 가치와 166-169; 성속의 구분과 우리가 돈의 가치를 매기는 법 163-166; 성찰과 토론을 위한 질문 247-248; 신용 점수와 연애 관계 170-172; 암호화폐와 사회의 가치 175-177; 중세의 경제적 거래와 비인격적 금전 관계 158
사회주의 115, 130
산상수훈 228-229, 234
산업혁명 114
새언약 침례교회(워싱턴주) 211
샌델, 마이클 117
『생각하라 그리고 부자가 되어라』(힐) 209
『서구는 어떻게 부유해졌을까?』(로젠버그와 버젤) 123
서르닉, 닉 128
서비스마스터 125
선교사: 교역과 선교에 대한 캐리의 생각 119, 259n13; 기독교 사역자들의 재정 후원을 다루는 바울 서신 194-197; 선교사 재정 후원의 사안 193-198; 선교사와 한국 기독교 105; 우리 시대 기독교 기관들과 재정 후원을 스스로 모금하는 상황 193, 196-197
『성례전으로서의 돈』(아자르-루코이) 168
성별에 따른 역할과 돈 166-169
세계가치관조사(WVS) 123
『세계기도정보』(맨드릭) 107
세계무역기구 129
세계은행 114, 129
세계화: 세계화와 번영복음 219-220; 세계화와 자본주의의 미래 128-129

솔로몬 성전 76-77
슐러, 로버트 208, 217
스미스, 애덤 83-84, 118
스베덴보리, 에마누엘 205
스택하우스 주니어, 존 191
스티븐스, R. 폴 13-14, 45-66, 136, 141, 145, 149, 220, 223, 241; 가족의 청지기 역할에 대해 64-66; 그리스도인이 된 이야기 56-58; 목수로 일하다 60-61, 136, 141; 부를 쌓게 된 부모님 51-53, 117; 사업 경력과 교수 경력 13, 61-62, 136; 준은퇴 생활 63-66; 초기 목회 경력과 돈이 많이 없었던 결혼 생활 58-61; 캐나다에서 돈과 함께 자란 개인사 45-66
슬기로운 청지기 비유 125, 133-153, 246-247; 부자와 거지 나사로 비유 116, 148-150, 230, 246; 상업적 우정 148-150; 성찰과 토론을 위한 질문 246-247; 슬기로운 동시에 순진하라는 예수님의 일깨움 145-146; 우리 자신과 이웃을 금전적으로 사랑하기 위해 돈을 사용하는 것 151-153, 187; 일터 비유로서 135-137; 청지기가 주인의 채무자들을 다룬 방식 142-144; 친구를 사귀는 데 재물을 사용하는 것에 대한 예수님의 메시지 147-153; 하나님 나라 세계관 135-137
시몬스, 데일 210
시삭, 이집트 왕 77-78
시애틀 성경 학원 211
시티 하비스트 교회(싱가포르) 201
『시편 이해: 기도의 책』(본회퍼) 232
시편으로 기도하기 232
신사상운동 205-207, 210; 19세기 국제신사상연맹 206; 고(高) 인간론 207; 긍정적 사고의 발생 능력 207; 스베덴보리 205; 영적 실재의 우월성 207; 창시자 케니언 210-211. 또한 번영복음 운동(건강과 부의 복음)을 보라
신약성경: 거룩함 그리고 모든 것을 하나님께 바치는 것에 대한 메시지 97; 건강과 부와 관련된 구절들에 대한 번영복음의 해석 213-215; 부를 추구하고 돈을 사랑하는 것에 대한 경고(문젯거리로서의 부) 19-20; 십일조 원칙 184-185, 213; 하나님 나라 세계관 20-22
신용 점수와 연인 관계 170-172
십계명 64
십일조 184-185, 213, 254n3
싱가포르: 1980년대의 경제 32-33; 2차 세계대전의 일본 점령기 26; 가게 주인과 고객 간의 신뢰 관계와 외상 장부 69; 시티 하비스트 교회와 번영복

음 201; 실용주의, 싱가포르와 중국의 174; 유교 문화와 그 영향 34, 173-175; 음력 설 27; 자본주의와 빈부 간 임금 격차 117; 클라이브 림의 돈 없이 자란 개인사 23-43, 69

씨 뿌리는 자 비유 214

아랍의 봄 127

아리스토텔레스 82, 83, 99

아브라함 18, 74, 149

아사, 유다 왕 78

아우구스티누스, 성 33, 98, 252n2, 252n3

아자르 루코이, 아델 168

아퀴나스, 토마스 187

아하스, 유다 왕 78

알리페이 176

알콘, 랜디 200, 219

암브로시우스, 밀라노의 주교 33, 252n2, 252n3

암호화폐와 사회의 가치 175-176

애플페이 175

양과 염소 비유 237-238

어리석은 부자 비유 226-228

『얼마면 충분할까?』(클레이너) 167

에머슨, 랠프 월도 209

에우세비우스, 카이사레아의 92

엘룰, 자크 130, 190-191, 248, 266n7

여호아스, 이스라엘 왕 78

역사, 돈의 67-87; 고대 그리스 신전 79-81, 113; 고대 바빌론 신전 70, 71-74, 113; 고대 이스라엘 74-76; 공통의 신뢰에 기반한 거래와 장부 기록 69-70; 귀금속(금과 은) 71, 73, 76-79, 81, 85; 돈의 기원과 고고학자들 70-71, 80-85; 돈의 영혼 85-86; 물물교환과 물물교환 경제 70-71, 81-85; 분배적 정의, 돈의 역사와 80, 113; 성찰과 토론을 위한 질문 245; 예루살렘 성전 76-79; 이자율과 부채 제한 73, 74-75, 142-144

연방준비제도이사회 171

영세민 대출 189, 236

영지주의 206

예루살렘 성전에서의 돈 76-79; 로마의 2차 성전 포위와 파괴 79; 바빌론의 포위와 약탈 79; 성전 보물 약탈 78-79; 솔로몬 성전 76; 재건을 위한 백성들의 기여 77-78

예수님의 말씀, 돈에 관한 14-16, 19-20; "너희를 위하여 보물을 하늘에 쌓아 두"는 것에 관해 224, 228-230; 맘몬 86, 91, 108, 229-230; 바리새인들에게 64, 93, 149, 152, 185; 부자와 거지 나사로 비유 116, 148-150,

230; 사라지지 않을 부와 하늘에 투자하기 224-230; 슬기로운 청지기 비유 133-153, 246-247; 양과 염소 비유 237-238; 우리 자신과 이웃을 금전적으로 사랑하기 위해 돈을 사용하는 것 151-153, 186-187; 하나님과 황제에게 바치는 것(성속 이원론을 다루시면서) 92-96, 108-109, 113; '하나님께 대하여 부요'한 것에 관해(어리석은 부자의 비유) 226-228; 하나님 나라 세계관/관점, 예수님의 말씀과 20-22, 91, 108, 113, 135-138, 232-235
오순절 교회 202, 219
오스틴, 조엘 204, 218
요세푸스 77
요셉 이야기 72-73
요시야, 유다 왕 35
요아스, 유다 왕 78
요한, 세례자 151
우드, 헨리 209
우드브리지, 러셀 S. 203, 205, 208, 213
우루크, 고대 도시 72
우르, 고대 도시 74
울리 경, 레너드 74
워런, 릭 218
월가를 점령하라 82
월드 체인저스 국제 교회 216

윌키, 브루스 21
웰젤, 크리스천 123-124
윌리엄스, 알렉스 128
유교 105-107, 174-175; 가족에게 순종 34; 중국의 실용주의 174; 중국의 자본주의, 유교와 115; 한국 기독교에 끼친 이원론적 영향 105-107
유복하게 자라다(폴 스티븐스의 이야기) 45-66; 성찰과 토론을 위한 질문 244-245
유아 사망률 121, 122
은사주의 운동 210. 또한 번영복음 운동(건강과 부의 복음)을 보라
은혜: 은혜로운 자본주의 121-126; 청지기 정신과 주는 것의 은혜 185-189, 236-238
『의로운 부자들』(해리슨) 218
이스라엘, 고대: 돈에 관한 관습과 공동체 보존 74-76; 신탁과 구약의 언약 182-183; 이원론과 구약의 언약 96-98; 이자율 제한 74-76, 142-143
이신론 104
이영훈 107
이원론, 성속 89-109, 225, 235, 246 ; 구약의 히브리 백성과의 언약 96-98; 그리스 철학의 이원론과 초기 기독교 98-100; 동양의 종교와 철학에서의 이

원론 105-108; 무속 신앙 105-106; 불교 105-107; 성찰과 토론을 위한 질문 245-246; 유교 105, 107; 중세 수도원주의 99, 100; 청교도주의 103-104; 칼뱅주의와 금욕적 프로테스탄티즘 101-102, 120; 프로테스탄트 종교개혁과 일상의 거룩함 쇠퇴 100-105; 하나님과 황제에게 바치는 것에 대한 예수님의 말씀, 이원론과 91-96, 108-109, 113; 한국 기독교, 이원론과 105-107

이자율과 부채 73, 75, 142-143

이혼율과 신용 점수 171

인구 성장, 전 지구적 129

일본 26-28, 119, 219,

『일의 신학』(스티븐스) 238

일터변혁연구소 64

잉글하트, 론 123

잉햄, 지오프리 258n3

자본주의 111-131, 135; 공산주의와 사회주의 경제 115; 국내총생산 개념 114; 금욕적 프로테스탄티즘과 자본주의 발흥에 대한 베버의 논의 101-102, 120, 256n20; 기독교 신앙과 자본주의 제도들 비교 120-121; 놀라운 생산력의 문제 116-119; 도덕 논리와 시장 논리 117-119; 마르크스의 자본주의 비판 157-158; 번영 증가와 삶의 질 향상 121-126; 빈부 격차, 자본주의와 17, 116-117, 259n9; 성찰과 토론을 위한 질문 246-247; 어두운 면, 자본주의의 128-129; 은혜로운 자본주의 121-126; 자본주의라는 사회적 경제체제의 토대 115; 중국의 자본주의 115, 126, 258n4; 진보라는 새로운 종교로서의 자본주의 120-121; 채권으로 발행되는 신용화폐의 창출 115, 258n3; 출현, 자본주의의 113-116; 포스트 자본주의와 자본주의의 미래 127-131; 하나님 나라에의 참여, 자본주의와 113, 125-126, 135

『자본주의 혁명』(버거) 116

자선 행위 210, 247

자선 활동: 구제 187-189, 236, 245. 또한 기독교 청지기 정신을 보라

자선: 마이모니데스와 자선의 여덟 단계 188-189; 자선 활동 187-189, 236, 245; 주는 것의 은혜 185-189. 또한 기독교 청지기 정신을 보라

자오 샤오 126

재산권 115

저프, 앨버트 54

전미경제연구소 114

『정치학』(아리스토텔레스) 82
제2차 바티칸 공의회 104, 255n8
제임스, 윌리엄 207, 209
젤라이저, 비비아나 A. 156, 159-160, 162, 172, 176, 248
조, 폴 105-106
조지, 추기경 프랜시스 104
존스, 데이비드 W. 205, 208, 213
『종교와 자본주의의 발흥』(토니) 104
중국: 검소함의 덕목 174-175; 돈에 대한 개방적이고 실용적인 접근 173-175; 실용주의 174-175; 유교, 중국의 115, 174; 자본주의 시장경제와 자유시장 개혁 115, 126, 258n4. 또한 싱가포르를 보라
중세 수도원주의 99-100
지멜, 게오르크 102, 157

참여적 경제 130
채츠키, 진 170
청교도 103-104, 218
청지기 역할, 기독교 179-198; 가족의 청지기 역할 64-66, 181; 교회의 청지기 역할 191-193; 기독교 사역자의 재정 후원 문제 193-198; 기부 영성과 반대되는 청지기 영성 185-186; 돈의 청지기 역할 183-185; 마이모니데스가 말한 자선의 여덟 단계 188-189; 성례전적으로 드리는 것 187; 성찰과 토론을 위한 질문 248-249; 신탁 관계와 하나님의 집 관리하기 181-183; 십일조에 대한 신약의 원칙, 청지기 역할과 184-185; 영세민 대출 189, 236; 영혼에 변혁을 가져오는 효과 190; 자선 187-189, 236, 245; 정의하기 181; 주는 것의 은혜 185-189, 236-237; 친교(코이노니아), 청지기 역할과 183; 토마스 아퀴나스의 육체적 자선 행위와 영적 자선 행위 187
최고경영자 임금 117, 259n9
치아, 크리스티나 209

카네기, 앤드루 209
카루더스, 브루스 159
칼뱅, 장 103, 142, 232, 272n8
칼뱅주의 101
캐리, 윌리엄 119, 259-260n13
캘리포니아 대학교 로스앤젤레스(UCLA) 171
케니언, E. W. 210-211
케니언의 방송 교회 211
케인스, 존 메이너드 68, 81
코이노니아(공동체) 80, 183
코플랜드, 글로리아 214

콘웰, 러셀 H. 208

콩가, 이브 M. J. 225, 255n8

크레플로 달러 미니스트리 216

크루거, 데이비드 172

크리소스토무스, 요한네스 186

클라이너, 파멜라 요크 167

키르케고르, 쇠렌 46, 62

킨제이 연구소 170-171

「타임」 203-204, 218

탄, 킴 119, 189

텍사스 대학교, 달라스 171

텍사스 A&M 대학교 171

토니, R. H. 104

트린, 랠프 월도 209

티베리우스 율리우스 알렉산더 79

틸튼, 로버트 213

팔복 234

퍼킨스, 윌리엄 103

펄, 리츠 166-167, 169, 172-173

페이스북 176

페이팔 175

평등주의 원칙과 '평등'의 개념 80

포스터, 리처드 192

포지, 잔프랑코 101, 256n20

표식 남기기(돈에), 목적에 따른 160-162

프란치스코, 성 58

프랜스, R. T. 95, 108, 185

프로테스탄트 종교개혁 100-105, 191-192

프로테스탄티즘: 금욕적 프로테스탄티즘 101, 120-121; 프로테스탄티즘과 아메리칸드림 218-219; 프로테스탄트 직업 윤리 210, 218-219

프롬, 에리히 114

플라톤 80

플라톤주의 206

플로우 오토모티브 124

플로티누스 98

피, 고든 214-215

피셔, 헬렌 170-171

피타고라스 80

필, 노먼 빈센트 208, 217

필모어, 찰스 209

하나님 나라 세계관: 구약성경 21-22; 돈에 관한 예수님의 말씀, 하나님 나라 세계관과 20-22, 91, 108, 113, 135-138, 232-235; 슬기로운 청지기 비유 135-138; 신약성경 20-22; 자본주의와 하나님 나라 참여 113, 125-126, 135-136; 하늘에 투자하기 위한 전제조건으로서 232-235

하넬, 로빈 130

하늘에 투자하기 221-241; 가난한 이를 돕는 자선 활동을 통해 236-238; "너희를 위하여 보물을 하늘에 쌓아 두"는 것에 대한 예수님의 말씀 226, 228-230; 네 가지 구속적 행동 235-241; 돈을 관계적으로 사용하는 것을 통해 235-236; 두 가지 전제 조건 231-235; 성찰과 토론을 위한 질문 250; 이 생애와 다음 생애의 궁극적 보물 인식하기 240; "주님 안에서, 주님을 위해" 행한 일(사라지지 않을 일)을 통해 238-239, 273n15; 통일된 시각 갖기 (분열된 양심이 아닌) 231-232; 하나님 나라 세계관 232-235; "하나님께 대하여 부요"한 것에 대한 예수님의 말씀 226-228
하이트, 조너선 123, 128
한국 기독교 105-107
해긴, 케네스 E. 210-211
해리슨, 밀먼 F. 218
허친슨, 던 208
험프리, 캐럴라인 84
'헤럴드 오브 라이프'(케니언 소식지) 211
헤롯당원 93
『(현대) 세계의 길』(게이) 101
호튼, 마이클 216-217
호히, 존 222, 229-230, 234, 239, 240, 273n15
홈스, 어니스트 209
홍콩 173
황제의 세금, 로마 식민지 팔레스타인에서의: 유대인의 저항 93-94, 254n3; 예수님의 말씀, 하나님과 황제에게 바치는 것에 관한 90-95, 108-109, 113
휘튼 칼리지 미국 복음주의 연구 센터 218
희년 182-183
히스기야, 유다 왕 78-79
힐, 나폴레온 209

성경 찾아보기

구약성경

창세기
1:26-29 182
11:28 74
14:20 184
39:8 181

출애굽기
34:6 34

레위기
10:9-10 96
25:4-18 182
25:23 183
27 74

27:1-8 75
27:8 76

민수기
18:21 185

신명기
10:14-15 98
14:24-26 77
14:26 185
14:27 185
14:28-29 185
28:1 18
28:12 18

사사기
17:5-6 164, 247
18:31 165

룻기
4:9-12 182

사무엘상
25:3 168
25:11 168
25:17 168
25:18 168

열왕기상
15:18 78
15:19 78

열왕기하
14:14 78
16:8 78
16:10-16 78
18:14-16 78
20:13 79
22 78
25:13-15 79

역대기상
29:2-4 76

역대기하
12:9 78
24 78

시편
24:1 182
49:6-7 251n3
50:10 182

잠언
3:12 38
10:15 41
11:1 73
23:4-5 251n3
28:20 251n3
30:8-9 19, 41, 251n3

전도서
5:10 18, 19
5:19 18
10:19 18

이사야
5:8 42

53:3-4 215
53:5 215, 249
60:9 260n13
65:17 225

예레미야
6:15 217

호세아
12:8 251n3

학개
2:8 180, 249

스가랴
11:5 18

말라기
3:10 213, 249

신약성경

마태복음
5-7 234
6:14 224
6:19-20 228
6:20 224

6:21 20, 228, 230, 250

6:22-23 231

6:24 229

6:33 229

9:29 215

10:16 145, 247

19:21 20

19:28 198, 225

22:15-22 93, 108, 245

22:17 94

22:21 95

22:37-39 151

23:23 185

25:14-30 184

25:34 237

25:37 237

27:4 165

27:6-7 165

마가복음

1:14-15 137

4:20 214, 249

7:11 186

10:28 223

10:29-30 223

11:23-24 215

누가복음

1:46-55 234

6:38 198

10:25-37 230

10:38-42 99

11:34-36 108

12:13 227

12:13-21 226

12:15 227

12:18 227

12:19 227

12:20 227

12:21 228

12:34 198

15 146

16 146, 147, 148, 230

16:1-9 137, 235

16:1-15 246

16:8 144, 246

16:9 147, 187

16:16-17 151

16:19 149

16:19-31 115, 148, 246

요한복음

10:10 204, 214, 249

12:4-5 165

12:6 165

14:27 224

15:11 224

사도행전

2:17 96

2:44-45 184

4:32-35 184

11:27-30 184

18:1-3 194

19 195

20:33-35 195

20:35 195

로마서

5:8 34

8:28 38

11:29 224

12:1-2 46, 231

15:27 236

16:18 217

고린도전서

3:10-15 234

4:1 184

9 194

9:7 194

9:8, 9 194	에베소서	6:9-10 19
9:12 193	3:6 183	6:17 40, 244
9:13 193, 194	6:10-17 245	6:17-19 222, 250
9:14 193, 194	6:12 86, 130, 190	
13:12 224		디모데후서
13:13 238	빌립보서	4:3-5 217
15:58 238	3:7-11 240	
16 236	3:8 240	디도서
16:1 184	4:14-19 195	1:7 184
16:1-4 197	4:16 196	
		히브리서
고린도후서	골로새서	11:1 249-250
1:20 183	1:15-16 245	11:6 215
8 236	2:13-15 245	11:13 249-250
8-9 192, 197	3:22-23 126	
8:2 195		야고보서
8:9 185	데살로니가전서	1:6-8 215
8:13 184	2:9 195	2:15-16 198
8:14 236	4:11-12 197	
9 236		베드로전서
9:6 213	데살로니가후서	2:5 96
9:7 185	3:6-13 197	2:24 215
11:4 217	3:8-10 195	4:10 184
12:14 65, 244		
	디모데전서	베드로후서
갈라디아서	5:8 187, 252n4	3:10 234
6:6 195	5:17-18 195, 196	3:13 234

요한일서

3:17 198

요한삼서

1:2 214, 249

요한계시록

7:9 236

21:1 225, 250

21:2 225

21:5 198, 225

22:5 96

옮긴이 **백지윤**은 이화여대 의류직물학과를 졸업하고, 서울대 미술대학원에서 미술이론을, 캐나다 리젠트 칼리지에서 기독교 문화학을 공부했다. 2021년 현재 캐나다 밴쿠버에서 살면서, 다차원적이고 통합적인 하나님 나라 이해, 종말론적 긴장, 창조와 새창조, 인간의 의미 그리고 이 모든 주제에 대해 문화와 예술이 갖는 관계 등에 관심을 가지고 번역 일을 하고 있다. 옮긴 책으로는 『손에 잡히는 바울』 『이것이 복음이다』 『모든 사람을 위한 신약의 기도』 『오늘이라는 예배』 『밤에 드리는 예배』 『BST 스가랴』 『BST 예레미야애가』 『알라』 『일과 성령』 『세상에 생명을 주는 신학』 『바보와 이단』(이상 IVP) 등이 있다.

돈은 중요하다

초판 발행_ 2022년 10월 11일

지은이_ 폴 스티븐스·클라이브 림
옮긴이_ 백지윤
펴낸이_ 정모세

펴낸곳_ 한국기독학생회출판부
등록번호_ 제2001-000198호(1978.6.1)
주소_ 04031 서울시 마포구 동교로 156-10
대표 전화_ (02)337-2257 팩스_ (02)337-2258
영업 전화_ (02)338-2282 팩스_ 080-915-1515
홈페이지_ http://www.ivp.co.kr 이메일_ ivp@ivp.co.kr
ISBN 978-89-328-1958-7

ⓒ 한국기독학생회출판부 2022

책값은 뒤표지에 있습니다.
무단 전제와 복제를 금합니다.